Xavier Sala-i-Mar
Columbia Univers
Pompeu Fabra.

APUNTES DE CRECIMIENTO ECONÓMICO

Segunda edición

XAVIER SALA-I-MARTIN
Columbia University
y
Universitat Pompeu Fabra

APUNTES DE CRECIMIENTO ECONÓMICO

Segunda edición

Traducción de
Elsa Vila Artadi
Universitat Pompeu Fabra

Publicado por Antoni Bosch, editor
Manuel Girona, 61 - 08034 Barcelona
Tel. (+34) 93 206 07 30 - Fax (+34) 93 206 07 31
E-mail: info@antonibosch.com
http://www.antonibosch.com

Título original de la obra:
Lecture Notes on Economic Growth, Second Edition

ISBN: 84-85855-92-2
Depósito legal: B-44.530-2002

Diseño de la cubierta: Compañía de Diseño
Ilustración de la cubierta:
Salvador Dalí, *El gran masturbador, 1929.*
Archivo Fotográfico Museo Nacional Centro de Arte Reina Sofía, Madrid.

Fotocomposición: Alemany, S.C.C.L.
Impresión: Liberdúplex

Impreso en España
Printed in Spain

CONTENIDO

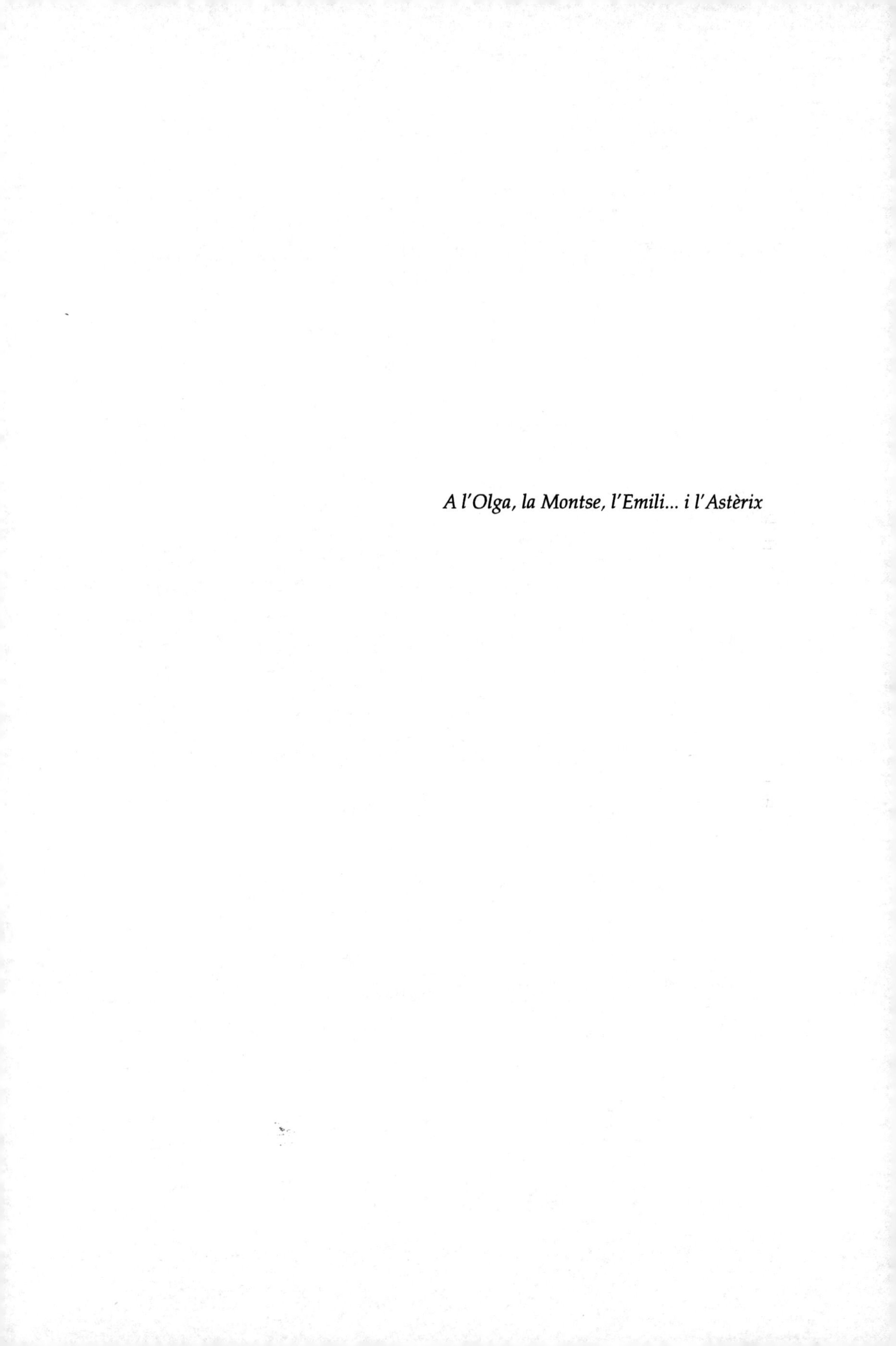

A l'Olga, la Montse, l'Emili... i l'Astèrix

PREFACIO

La primera edición de este libro fue el fruto de la transformación de los apuntes de clase que empecé en el año 1988, en la Universidad de Harvard. Aunque en un principio no pensé en publicarlos, el ánimo que me dieron muchos de los profesores que los utilizaron en diversas universidades me hicieron cambiar de parecer. Entre ellos están Robert Barro, Olivier Blanchard, Michael Connolly, Daniel Cohen, Juanjo Dolado, Francesco Giavazzi, Gene Grossman, Jeffrey Frenkel, Juan Francisco Jimeno, Michael Kremer, Alfonso Novales, Sergio Rebelo, Javier Vallés y Fabrizio Zilibotti.

El indudable éxito que tuvo la primera edición del libro me llevó a escribir la segunda edición. El lector que en su día utilizó la primera edición notará que se han introducido innumerables cambios y mejoras. Los capítulos 1 y 2 se han expandido notablemente. En la edición actual, se describen con mucho más detalle los diferentes modelos de tasa de ahorro constante y se incluyen modelos nuevos como los de gasto público, los de externalidades o los de mercado laboral y paro. El capítulo 3 ha mejorado la exposición y detalla mucho más el comportamiento de la economía de mercado. El capítulo 4 hace un análisis más minucioso de los tipos de tecnología exógena. Los capítulos 5, 6 y 7 amplían el detalle de los modelos lineales, los modelos de externalidades, y los modelos de gasto público. El capítulo 8 es más simple que el de la primera edición por cuanto considera la formación de capital humano sin la existencia de externalidades, lo cual simplifica el tratamiento matemático. El capítulo 9 es el que aporta más novedades. Se introduce la distinción crucial entre la economía de las ideas y la economía de los bienes normales y después se presenta un modelo muy simple de I+D y crecimiento endógeno, para acabar analizando las diferentes políticas económicas que se derivan de los modelos de tecnología. Finalmente, el capítulo empírico también presenta novedades. Al análisis tradicional se ha añadido una sección de contabilidad del crecimiento y una sección que trata de la evolución de la distribución mundial de la renta.

Antes de entrar en materia, me gustaría agradecer a las diversas generaciones de estudiantes de las universidades de Columbia, Harvard, Yale y Pompeu Fabra, los útiles comentarios y sugerencias que han ayudado a mejorar este libro de manera sustancial. Agradezco especialmente a Paul Cashin, Michelle Connolly, Bon-Cop deFalç, Berta Esteve-Volart, Rosa Fernández, Cristina Illa, Jinill Kim, Michael Kremer, Julie Lee, Serge Marquié, Casey Mulligan, Lluís Parera, Joan Ribas, Joan Rosselló, y Etsuro Shioji. También debo agradecer la colaboración de Alfons Méndez (el traductor de la primera edición) y la de Georgina Folguera y Teresa Asensio, quienes colaboraron en la versión española de este libro. Finalmente, estoy agradecido a Elsa Vila Artadi, quien, no solamente tradujo al español la segunda edición de este libro, sino que encontró innumerables errores algebraicos y tipográficos lo que, sin duda, mejoró la calidad final del libro.

Aunque él dijo una vez que las deudas eran poco importantes, tengo una gran deuda con Robert Barro, a quien agradezco haberme enseñado a apreciar la importancia del frágil balance entre la consistencia interna teórica y la relevancia empírica de la investigación económica. También le agradezco el hecho de que ni con el paso del tiempo haya conseguido mejorar su revés de squash, lo cual me ha permitido derrotarlo... de vez en cuando. La mayor parte de lo que sé sobre crecimiento económico lo he aprendido de la constante colaboración con Robert, cuyo fruto incluye un buen número de artículos y un libro titulado *Economic Growth*. De hecho, la idea de escribir *Economic Growth* surgió de los apuntes que han generado el presente libro. Una comparación rápida de los dos libros indicará que *Economic Growth* es más completo, ya que cubre un mayor número de temas y su tratamiento es más profundo y sofisticado. La contrapartida es que el presente libro es más sencillo y asequible, al utilizar menos técnicas matemáticas complejas y reducir el análisis a los modelos más sencillos.

INTRODUCCIÓN

Sin ningún género de dudas, la teoría del crecimiento económico es la rama de la economía de mayor importancia y la que debería ser objeto de mayor atención entre los investigadores económicos. No es difícil darse cuenta de que pequeñas diferencias en la tasa de crecimiento, sostenidas durante largos periodos de tiempo, generan enormes diferencias en niveles de renta per cápita. Por poner un ejemplo, el producto interior bruto (PIB) per cápita de los Estados Unidos pasó de 2.244 dólares en 1870 a 18.258 dólares en 1990. Ambas cifras en dólares reales de 1985. Es decir, en poco más de un siglo, el PIB se multiplicó por ocho. Este cambio sustancial, que representó una tasa de crecimiento anual del 1,75 por ciento, convirtió a los Estados Unidos en el país más rico del mundo.

Para ver lo que esta tasa de crecimiento significa, imaginemos tres países hipotéticos cuyo PIB en el año 1870 es idéntico, pero cuyas tasas de crecimiento medio han diferido en un simple uno por ciento. El comportamiento del PIB per cápita de los tres países en el tiempo se representa en el gráfico 1. El país A ha tenido una tasa de crecimiento del 1,75 por ciento, la misma tasa que los Estados Unidos. Consideremos ahora lo que hubiera pasado si el mismo país hubiera crecido al 0,75 en lugar del 1,75 experimentado en la realidad. La senda del PIB per cápita en el tiempo sería como la del país B en el gráfico 1. El nivel de 1990 no habría sido de 18.258 dólares sino de 5.519 dólares: menos de una tercera parte. Esto significa que, en lugar de ser el país más rico del mundo, Estados Unidos tendría una renta per cápita del nivel de México o Hungría y disfrutaría de 1.000 dólares por persona menos que Portugal o Grecia. ¡Y la diferencia entre uno y otro escenario es solamente de un punto porcentual en la tasa de crecimiento! Si imaginamos ahora que la tasa de crecimiento anual en los Estados Unidos hubiera sido del 2,75 por ciento, manteniendo constante el nivel inicial, el PIB per cápita habría seguido una senda como la descrita por el país C en el gráfico 1. El PIB del año 1990 habría sido de 60.841 dólares, que es 27 veces mayor que el nivel de 1870. Ese nivel de PIB por persona es tres veces mayor que el nivel efectivamente alcanzado por la economía norteamericana en 1990. Vemos pues, que pequeñas diferencias en la tasa de crecimiento a largo plazo pueden dar lugar a grandes diferencias en los niveles de renta per cápita y de bienestar social a largo plazo.

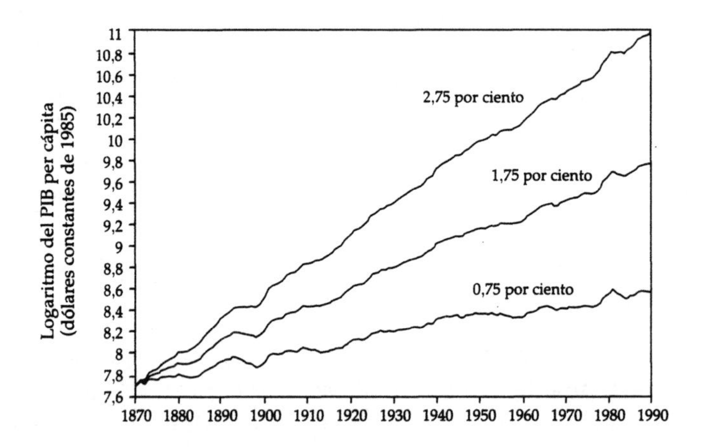

Gráfico 1. PIB hipotético bajo tres escenarios de crecimiento

Es importante señalar que tasas de crecimiento entre el 0,75 y el 2,75 por ciento son razonables en vista de las experiencias de los distintos países de nuestro mundo actual. Por ejemplo, la tasa media de crecimiento anual de la India entre 1900 y 1987 fue del 0,64 por ciento, la de Pakistán del 0,88 por ciento y la de Filipinas del 0,86 por ciento. Al otro extremo están las economías de Japón y Taiwan, cuyas tasas anuales fueron del 2,95 y 2,75 por ciento, respectivamente. Es decir, el mundo en el que nos movemos ha visto países cuyas tasas de crecimiento a largo plazo estaban cerca del 0,75 por ciento y países cuyas tasas estaban cerca del 2,75 por ciento. Por lo tanto, el ejercicio comparativo efectuado en el gráfico 1 no parece ser descabellado: la diferencia entre haber crecido al ritmo del Japón o al ritmo de la India es la diferencia entre ser el país C o el país B, entre tener 60.000 dólares por persona en 1990 o tener solamente 5.500.

En el gráfico 1 también vemos que el camino seguido por nuestros tres países hipotéticos no ha sido un camino de rosas con un constante crecimiento sostenido. Muy al contrario, los tres países han sufrido fluctuaciones cíclicas, periodos de auge y de recesión, tal como ocurre en las economías de la vida real. La mayor parte de la teoría macroeconómica trata de investigar las causas de dichos movimientos cíclicos y las maneras de evitar los periodos de recesión y estancamiento. Así por ejemplo, la batalla intelectual entre clásicos y keynesianos sobre la neutralidad del dinero y sobre la efectividad de la política fiscal es un debate sobre el comportamiento de la economía a corto plazo. Es un debate sobre si se deben o se pueden eliminar los movimientos cíclicos alrededor de una tendencia dada. Una mirada rápida al gráfico 1 nos indica que dichos movimientos cíclicos de corto plazo son como altibajos minúsculos y casi irrelevantes cuando se comparan con la inmensidad y la fuerza de la tasa de crecimiento a largo plazo. La pregunta más importante que los macroeconomistas nos debemos hacer no es cómo evitar estas pequeñas fluctuaciones, sino cómo podemos transformar una economía como la B en una economía como la C. Dicho de otro modo, el objetivo primordial de nuestra investigación debería ser el descubrimiento de los factores que determinan la tasa de crecimiento a largo plazo y las políticas que las pueden afectar. Y éste es el objetivo principal de este libro.

La historia de la teoría del crecimiento es tan larga como la historia del pensamiento económico. Ya los primeros clásicos como Adam Smith, David Ricardo o Thomas Maltus estudiaron el tema e introdujeron conceptos fundamentales como el de rendimientos decrecientes y su relación con la acumulación de capital físico o humano, la relación entre el progreso tecnológico y la especialización del trabajo, o el enfoque competitivo como instrumento de análisis del equilibrio dinámico. Asimismo, los clásicos de principios del siglo XX como Frank Ramsey, Allwyn Young, Frank Knight o Joseph Schumpeter, contribuyeron de manera fundamental a nuestro conocimiento de los determinantes de la tasa de crecimiento y del progreso tecnológico.

Pero el enfoque adoptado en este libro se basa en la metodología y los conceptos desarrollados por los economistas neoclásicos de la segunda mitad del siglo XX. A partir del trabajo de Solow (1956) y Swan (1956), las décadas de 1950 y 1960 vieron cómo la revolución neoclásica llegaba a la teoría del crecimiento económico y ésta disfrutaba de un renacimiento que sentó las bases metodológicas utilizadas no sólo por los teóricos del crecimiento, sino también por todos los macroeconomistas modernos. El análisis neoclásico se completó con los trabajos de Cass (1965) y Koopmans (1965), que reintrodujeron el enfoque de optimización intertemporal desarrollado por Ramsey (1928) para analizar el comportamiento óptimo de los consumidores en un modelo neoclásico. El supuesto neoclásico de rendimientos decrecientes de cada uno de los factores tenía, como consecuencia casi devastadora, el hecho de que el crecimiento a largo plazo debido a la acumulación de capital era insostenible. Es por ello que los investigadores neoclásicos se vieron obligados a introducir el crecimiento tecnológico exógeno, motor último del crecimiento a largo plazo.

A partir de ese momento, la teoría del crecimiento se convirtió en un mundo matemático de alta complejidad y reducida relevancia. El objetivo de los investigadores era cada vez más la pureza y elegancia matemática, y cada vez menos la aplicabilidad empírica. La pérdida del contacto con la realidad hizo que las llamadas teorías del *desarrollo* económico tomaran el relevo y se convirtieran en la única rama que estudiaba el crecimiento económico a largo plazo desde un punto de vista aplicado. Los economistas del desarrollo utilizaban modelos de poca sofisticación matemática (aunque empíricamente útiles), lo que limitaba el alcance de esta rama de la economía. A principios de los años setenta, la teoría del crecimiento murió miserablemente sumergida en su propia irrelevancia. Los macroeconomistas pasaron a investigar el ciclo económico y demás fenómenos del corto plazo, alentados por la revolución metodológica de las expectativas racionales y el aparente fracaso del hasta entonces dominante paradigma keynesiano.

La publicación en 1986 de la tesis doctoral de Paul Romer (escrita en 1983) y la consiguiente bendición de Robert Lucas (1988) hicieron renacer la teoría del crecimiento económico como campo de investigación activo. Los nuevos investigadores tuvieron como objetivo crucial la construcción de modelos en los que, a diferencia de los modelos neoclásicos, la tasa de crecimiento a largo plazo fuera positiva sin la necesidad de suponer que alguna variable del modelo (como la tecnología) crecía de forma exógena. De ahí que a estas nuevas teorías se las bautizara con el nombre de teorías de crecimiento endógeno.

En la primera familia de modelos (Romer (1986), Lucas (1988), Rebelo (1991) y Barro (1991)) consiguieron generar tasas positivas de crecimiento, a base de eliminar los rendimientos decrecientes de escala a través de externalidades o de introducir capital humano.

Un segundo grupo de aportaciones (Romer (1987, 1990), Aghion y Howitt (1992, 1998) y Grossman y Helpman (1991, capítulos 3 y 4)) utilizó el entorno de competencia imperfecta para construir modelos en los que la inversión en investigación y desarrollo (I+D) de las empresas generaba progreso tecnológico de forma endógena. En estos modelos, la sociedad premia a las empresas investigadoras con el disfrute de poder monopolístico si éstas consiguen inventar un nuevo producto o si consiguen mejorar la calidad de productos existentes. En este tipo de entornos, la tasa de crecimiento tiende a no ser óptima en el sentido de Pareto, por lo que la intervención de los gobiernos es decisiva. En este sentido, es deseable la aparición de gobiernos que garanticen los derechos de propiedad física e intelectual, que regulen el sector financiero y exterior y eliminen las distorsiones, y que mantengan un marco legal garante del orden. El gobierno, por lo tanto, juega un papel importante en la determinación de la tasa de crecimiento a largo plazo.

Una de las principales diferencias entre la nueva generación de economistas y la de los años sesenta es el gran interés que los investigadores actuales prestan a los temas de carácter empírico. Más que por la pureza y elegancia matemática, los economistas modernos se han dejado guiar por los datos y las experiencias económicas reales de los diferentes países del mundo. Así pues, los trabajos empíricos han desempeñado un papel importantísimo, y es esta interacción constante entre teoría y empirismo lo que hará que, a diferencia de lo que ocurrió en los años sesenta, la literatura sobre crecimiento económico no muera en mucho tiempo.

Primera parte:

Modelos con tasas de ahorro e inversión constantes

"Las consecuencias que este tipo de cuestiones entrañan para el bienestar humano son sencillamente estremecedoras: una vez que uno empieza a pensar en ellas es difícil pensar en cualquier otra cosa."

Lucas (1988). pág. 5

1. El modelo neoclásico de crecimiento de Solow-Swan

1.1 Introducción

¿Por qué crecen las economías? La opinión popular acostumbra a dar tres tipos de respuestas a esta pregunta: la primera nos dirá que la economía crece porque los trabajadores tienen cada vez más instrumentos, más máquinas y, en definitiva, más *capital* con los que trabajar. La clave del crecimiento, pues, será la *inversión* por parte de las empresas. El segundo tipo de respuesta asegurará que la clave es la *educación* de la población: hoy somos capaces de producir mucho más que hace cien años porque los trabajadores de hoy en día están mucho más cualificados. El tercer tipo de respuesta relacionará el crecimiento económico con el *progreso tecnológico*. Según esta visión, hoy somos mucho más productivos porque las máquinas que utilizamos son mucho mejores y porque nuestro nivel de conocimientos es muy superior al que teníamos hace un siglo.

En este sentido, será frecuente leer en la prensa que los gobiernos que buscan el progreso de sus países deben promover el *ahorro* y la *inversión* nacional, la *educación* de la población y las *actividades de Investigación y Desarrollo (I+D)*. En este libro estudiaremos el fenómeno del crecimiento económico y analizaremos el papel que desempeñan estos tres factores fundamentales en la generación del crecimiento. Veremos que, a pesar de ir bien encaminada, la visión popular no tiene toda la razón.

Estudiaremos estos fenómenos de la manera que los economistas modernos los estudian: mediante la creación de simplificaciones de la realidad según las cuales se intenta aislar el fenómeno que se quiere estudiar abstrayendo de todos los demás aspectos de la economía. Estas abstracciones se llaman *modelos*.

Los modelos de crecimiento que se encuentran en la literatura económica tienen una estructura de *equilibrio general*. Por una parte están las familias, que poseen activos financieros y trabajo que generan rentas o ingresos. Las familias utilizan parte de estos ingresos para consumir y ahorran el resto. Por otra parte están las empresas, que alquilan el trabajo y el capital de las familias y los combinan con una tecnología para producir unos productos que luego venden a las familias. En tercer lugar están los mercados, que reúnen a las familias y a las empresas. En estos mercados, los empresarios compran o alquilan el trabajo a un precio que llamamos *salario* y alquilan el capital que poseen las familias a cambio de una *rentas* o *dividendos*. También en estos mercados las familias compran los bienes producidos por las empresas. Los precios que pagan las empresas por los factores de producción y los precios que pagan las familias por los bienes vendidos por las empresas los "deciden" los mercados de tal manera que todas las ofertas y demandas de la economía se igualen.

Esta es la estructura general de los modelos de crecimiento modernos. Las diferencias entre modelos residen en las características de la función de producción, en la capacidad de generar progreso tecnológico, en si existe un gobierno que pone impuestos y se gasta la recaudación, o en si se considera un mercado internacional de capitales en el que prestar y pedir prestado.

En los dos capítulos iniciales de este libro, sin embargo, nos apartaremos de este esquema común y estudiaremos un modelo mucho más simple en el que no habrá ni empresas, ni mercados. Las familias serán las propietarias de los factores de producción y de la tecnología, de manera que no tendrán que intercambiar nada en los mercados. De alguna manera, más que una descripción de las economías modernas, el marco se parecerá a la economía de Robinson Crusoe, donde no había empresas, ni empleados, ni mercados: Robinson combinaba su propio trabajo con los árboles (capital) para producir cocos sin necesidad de mercados. A pesar de su simplicidad, veremos que estos modelos sencillos nos darán lecciones extraordinariamente parecidas a las de los modelos más complicados de la segunda parte del libro.

1.2 Los fundamentos del modelo neoclásico de Solow-Swan

Comencemos por la identidad de la renta nacional. Denotaremos con Y_t el Producto Interior Bruto (PIB) de un país en el año t, que es la cantidad de producto o galletas producidas durante ese año. El PIB es utilizado de cuatro formas distintas. Una parte la compran las familias para su propio *consumo privado*, que denotamos con la letra C_t. Otra parte la compran las empresas y esto es lo que llamamos *inversión*, I_t. La tercera parte la compra el gobierno (el *gasto público*) y lo denotamos con la letra G_t. Finalmente, el resto de las galletas se exporta al extranjero en lo que se llama *exportaciones netas*, NX_t. Esta identidad nacional puede escribirse como

$$Y_t = C_t + I_t + G_t + NX_t \qquad [1.1]$$

El término de la izquierda de esta identidad se puede interpretar como la *oferta* de la economía, mientras que los términos de la derecha son los cuatro componentes de la *demanda agregada*. El comportamiento de los diferentes componentes de [1.1] es muy complejo y no se puede estudiar todo a la vez. Es por ello que los economistas intentan aislar lo que creen que es más importante. En este modelo inicial, *intentaremos estudiar el papel de la inversión en capital físico como motor fundamental del crecimiento a largo plazo* y nos preguntamos si el gobierno podría aumentar la tasa de crecimiento si consiguiera aumentar la tasa de inversión nacional. Esta pregunta tiene mucho sentido si miramos datos internacionales: mientras los países del este de Asia, que han experimentado tasas de crecimiento enormes, tienen tasas de inversión superiores al 20% (por ejemplo, la tasa de inversión media entre 1960 y 1990 fue de 22,9% en Hong Kong, 24,6% en Taiwan, 32,6% en Singapur o 36,6% en Japón) , la mayor parte de los países africanos con crecimiento casi nulo invierten menos del 10% del PIB (por ejemplo, la tasa de inversión durante el mismo periodo fue de 5,7% en Etiopía, 4,7% en Uganda, 3,7% en Chad, o 2,0% en Mozambique). Por lo tanto, no parece descabellado relacionar la inversión en capital físico con el crecimiento económico.

Para ver el papel de la inversión es necesario *aislarla* de los demás aspectos de la economía, aspectos que quizá también sean importantes. Lo hacemos a continuación.

I. Simplificaciones iniciales: una economía cerrada y sin gobierno

Para empezar, simplificaremos el análisis imaginando que nuestra economía es cerrada en el sentido de que no hay exportaciones netas, $NX_t = 0$, y que no hay movimientos de capitales, por lo que la economía en su conjunto no puede pedir prestado y, en consecuencia, todo lo ahorrado se debe invertir dentro del propio país. Segundo, imaginaremos que el gobierno no gasta nada, $G_t = 0$. Estos dos supuestos son poco realistas por cuanto sabemos que en los países más ricos el gobierno es el responsable de más del 50% del gasto nacional. También sabemos que las economías modernas exportan gran parte de su producción e importan gran parte de su consumo. Algunos países tienen déficit en su cuenta corriente ($NX_t < 0$), mientras que otros tienen superávit ($NX_t > 0$). Lo que raramente sucede es que la balanza por cuenta corriente sea exactamente cero. Sin embargo, este supuesto nos va a ayudar a concentrarnos en el papel que desempeña la inversión en el proceso de crecimiento económico.

Tras estos dos supuestos iniciales, observamos que la identidad nacional se reduce a

$$Y_t = C_t + I_t \qquad [1.2]$$

Por lo tanto, cuando la economía está cerrada y no hay gasto público, el producto nacional se distribuye entre consumidores y inversores. Obsérvese que si restamos el consumo de los dos lados de [1.2] obtenemos que el ahorro (la producción o renta que no se consume) es igual a la inversión: $Y_t - C_t \equiv S_t = I_t$, donde S_t es el ahorro. Por lo tanto, en una economía cerrada sin gasto público, *el ahorro de las familias es igual a la inversión o la demanda de las empresas.*

II. La función de producción neoclásica

II.a. Los factores de producción

La oferta o producción de una economía, Y_t, se obtiene con la combinación de tres inputs o factores fundamentales. El primer factor de producción es el *factor trabajo*: para producir galletas es necesario que haya cocineros que las preparen. En la vida real hay muchos tipos de trabajo y de trabajadores. En este modelo sencillo, supondremos que todos los trabajadores son idénticos y la suma de todos ellos se indicará con la letra L_t. Es decir, L_t será la cantidad de trabajadores de nuestra economía en el momento t. El segundo factor de producción fundamental es el *capital*, K_t. El concepto de capital estará relacionado con las máquinas u otros utensilios físicos que utilizan las empresas en el proceso de producción (este concepto incluirá edificios, estructuras, instrumentos, ordenadores, material electrónico y un largo etcétera). Una característica de las máquinas es que son *bienes materiales que las empresas compran a otras empresas*. Por ejemplo, en la producción de galletas, se necesitan hornos. Los hornos, por su parte, provienen de la producción nacional en el sentido de que en algún momento del pasado alguna empresa los produjo, por lo que fueron parte de la producción, Y_t.

El tercer factor de producción no es tan tangible como los dos primeros. Se trata de la *tecnología*: ningún cocinero puede producir galletas sin tener una *receta* o *fórmula* que le indique como combinar capital y trabajo en las proporciones precisas. Esta fórmula es lo que llamamos *tecnología* o *conocimiento*. El nivel de tecnología se indicará con la letra A_t. Este factor puede ser menor o mayor dependiendo de cada país y momento del tiempo (las recetas que existían en el siglo XIX para producir relojes eran muy inferiores a las que existen hoy día, por lo que la A_t de entonces era inferior a la de ahora. De la misma forma, la tecnología disponible actualmente en el Japón es muy superior a la disponible en Zambia).

Es importante resaltar una diferencia fundamental que distingue los bienes *capital* y *trabajo* y lo que llamamos *conocimiento* o *tecnología* y es que los primeros son bienes rivales, mientras que la tecnología NO es rival.[1] El concepto de *rivalidad* es muy importante. Se dice que un bien es *rival* si no puede ser utilizado por más de un usuario a la vez. Si un bien puede ser utilizado por mucha gente al mismo tiempo

[1] Algunos economistas utilizan el concepto de bien *privado* para catalogar el trabajo y el capital, mientras que llaman bien *público* a la tecnología. Nosotros utilizaremos los términos bien *rival* y *no rival* porque los bienes públicos no solamente no son *rivales* sino que, además, son no *excluibles*. En el capítulo 9 estudiaremos estos conceptos y los relacionaremos con la tecnología.

se dice que es *no rival*. Por ejemplo, si una fábrica de galletas de Camprodón utiliza un determinado horno, el mismo horno no puede ser utilizado simultáneamente por una fábrica de Rentería. Por lo tanto, el horno (y el capital en general) es un bien *rival*. De la misma forma, un cocinero no puede trabajar al mismo tiempo en las fábricas de Camprodón y de Rentería, por lo que el trabajo también es un bien rival. Observe el lector que no se puede decir lo mismo de la receta que se utiliza para producir galletas: *la misma fórmula puede ser utilizada simultáneamente por las fábricas de Camprodón y Rentería*. La tecnología, pues, es un bien *no rival*. En el capítulo 9 hablaremos con más detalle de lo que es la tecnología y del concepto de no rivalidad. De momento, baste con señalar que, en general, el conocimiento, las ideas o la tecnología son bienes *no rivales* en el sentido de que la misma tecnología o fórmula se puede utilizar simultáneamente en más de una fábrica.

El capital, K, el trabajo, L, y la tecnología, A, se pueden mezclar para producir bienes finales, Y. Representaremos estas combinaciones a través de una *función de producción* como la siguiente:

$$Y_t = F(K_t, L_t, A_t). \qquad [1.3]$$

Vemos que la producción de esta economía puede aumentar o *crecer* si aumenta K, si aumenta L o si aumenta A. Es decir, la economía agregada puede crecer si crece el stock de capital, la cantidad de trabajadores o si mejora la tecnología.

En este primer capítulo, seguiremos a Solow (1956) y Swan (1956) y nos concentraremos en las funciones de producción llamadas *neoclásicas*.

II.b. Propiedades de la función de producción neoclásica

Por funciones de producción neoclásicas entendemos aquellas funciones matemáticas que representan combinaciones de los factores capital, trabajo y tecnología, y que satisfacen las siguientes tres propiedades:

(i) *La función de producción presenta rendimientos constantes a escala*. Algebraicamente, esto quiere decir que si doblamos la cantidad del factor trabajo y del factor capital, la cantidad de producto se dobla. Si multiplicamos K y L por una constante arbitraria, λ, entonces la producción también se multiplica por la misma constante: $F(\lambda K, \lambda L, A) = \lambda F(K, L, A)$. Matemáticamente, esta propiedad se conoce con el nombre de *homogeneidad de grado uno*.
El estudiante habrá notado que en esta definición se ha multiplicado solamente el capital y el trabajo por λ y no la tecnología.[2] La razón por la que este supuesto es razonable es el *principio de réplica*. Imaginemos que tenemos una fábrica en

[2] Es decir, NO hemos dicho $F(\lambda K, \lambda L, \lambda A) = \lambda F(K, L, A)$, donde la variable A también está multiplicada por λ.

Camprodón que combina K máquinas con L trabajadores y una fórmula, A, para producir Y galletas. Debería ser cierto que si construimos otra fábrica *idéntica* en Rentería con el mismo número de máquinas, K, el mismo número de trabajadores, L, y *la misma fórmula* A, deberíamos producir la misma cantidad de galletas. Es decir, si replicamos la fábrica en otro sitio (si "doblamos" K y L), deberíamos ser capaces de replicar la producción (deberíamos doblar Y). La razón por la que *no hace falta doblar* A *es que la misma fórmula se puede utilizar en Camprodón y en Rentería, dado que la fórmula es un bien no rival.* Por lo tanto, el supuesto de rendimientos constantes a escala, donde por escala entendemos el capital y el trabajo (y no la tecnología), parece ser razonable.

(ii) El segundo supuesto que caracteriza la función de producción neoclásica es que *la productividad marginal de todos los factores de producción es positiva, pero decreciente.* Otra manera de decir lo mismo es que *la tecnología presenta rendimientos decrecientes del capital y del trabajo cuando éstos se consideran por separado.*[3] A medida que añadimos trabajadores adicionales, sin cambiar el stock de capital, la producción aumenta, pero lo hace tanto menos cuantos más trabajadores tengamos ya trabajando: el aumento en el número de cocineros hará que se molesten entre ellos de manera que, a pesar de que cada cocinero adicional aumenta la producción de galletas, el aumento es menor cuantos más cocineros haya ya trabajando.

Lo mismo pasa con el capital: a medida que aumentamos el número de máquinas, la producción aumenta, pero lo hace tanto menos cuantas más máquinas tengamos ya en la fábrica.

Algebraicamente, esto significa que el producto marginal del capital y del trabajo son positivos (el producto marginal de un factor es la derivada parcial de la producción con respecto al factor en cuestión) $[\partial F/\partial K > 0, \partial F/\partial L > 0]$, y decrecientes (las segundas derivadas son negativas): $[\partial^2 F/\partial K^2 < 0, \partial^2 F/\partial L^2 < 0]$.[4]

(iii) El tercer supuesto que debe satisfacer una función de producción neoclásica, $F(\cdot)$, se refiere a un conjunto de requerimientos llamados *condiciones de Inada.* Éstas exigen que la productividad marginal del capital se aproxime a cero cuando el

[3] Hay que resaltar que el concepto de rendimiento del capital es distinto al de rendimiento a escala. Cuando hablamos de rendimientos a escala nos preguntamos qué ocurre con la producción cuando aumentamos *simultáneamente* todos los inputs rivales. Cuando hablamos de rendimientos del capital nos preguntamos qué ocurre con la producción cuando aumentamos el capital manteniendo constante el factor trabajo (y, lógicamente, cuando hablamos de rendimientos del trabajo nos preguntamos qué ocurre con la producción cuando aumentamos el trabajo manteniendo constante el capital).

[4] En realidad, lo que necesitamos es que la función de producción sea cóncava, por lo que se requiere que la matriz de las segundas derivadas sea negativa definida, que es un supuesto un poco más restrictivo que el de que las segundas derivadas parciales con respecto de K y L sean negativas, y requiere que la derivada cruzada $\partial^2 F/\partial K \partial L$ no sea demasiado grande.

tiende a infinito y que tienda a infinito cuando el capital se aproxima a cero, $\lim_{K\to\infty} \partial F/\partial K = 0$, $\lim_{K\to 0} \partial F/\partial K = \infty$. Condiciones análogas se aplican al trabajo, $\lim_{L\to\infty} \partial F/\partial L = 0$ y $\lim_{L\to 0} \partial F/\partial L = \infty$.

II.c. La función de producción Cobb-Douglas

Una función de producción bastante sencilla que satisface las propiedades neoclásicas es la función Cobb-Douglas, donde $0 < \alpha < 1$.

$$Y_t = A_t K_t^{\alpha} L_t^{1-\alpha} \qquad [1.4]$$

Paul Douglas fue un senador por Illinois entre 1949 y 1966. Cuando todavía era profesor de economía, Douglas descubrió un hecho sorprendente: la división de la renta nacional entre trabajadores y capitalistas permanecía más o menos constante en el tiempo. En particular, descubrió que los trabajadores en Estados Unidos se quedan con, más o menos, el 70 por ciento de la renta total, mientras que los capitalistas se quedan con el 30 por ciento. Esto le llevó a indagar las condiciones bajo las cuales las rentas de los factores mantenían proporciones constantes.

Como no sabía solucionar el problema, Douglas le preguntó a un matemático amigo suyo llamado Charles Cobb si había una función de producción tal que, si los factores de producción cobraban sus productos marginales, la proporción de la renta agregada que se quedaba cada uno de ellos fuera constante. La función de producción, pues, debería tener las dos propiedades siguientes:

(A) Renta del capital = (Producto marginal del capital) $\cdot K = \alpha Y$

y

(B) Renta del trabajo = (Producto marginal del trabajo) $\cdot L = (1-\alpha)Y$,

donde α es una constante que mide la fracción de la renta que se queda el capital (a menudo esta fracción se denomina participación del capital). Cobb demostró que tal función de producción existía y tomaba la forma $Y = AK^{\alpha}L^{1-\alpha}$. Esta función de producción pasó a llamarse Cobb-Douglas. El lector puede comprobar que el producto marginal del capital es $\alpha AK^{\alpha-1}L^{1-\alpha}$ y que si multiplicamos este producto marginal por K se obtiene αY. La fracción del PIB que se quedan los propietarios del capital es esta cantidad dividida por Y, es decir, la participación del capital en el PIB es constante e igual a α. También puede comprobarse que el producto marginal del trabajo es $(1-\alpha)AK^{\alpha}L^{-\alpha}$ y que si multiplicamos este producto por L obtenemos $(1-\alpha)Y$. La participación del trabajo es $1-\alpha$, que también es constante.

Comprobamos que la función de producción Cobb-Douglas es neoclásica: presenta rendimientos a escala constantes:

$$A(\lambda K)^{\alpha}(\lambda L)^{1-\alpha} = \lambda AK^{\alpha}L^{1-\alpha} = \lambda Y$$

También vemos que los productos marginales del capital y del trabajo son positivos:

$$\frac{\partial Y}{\partial K} = \alpha A K^{\alpha-1} L^{1-\alpha} > 0$$
$$\frac{\partial Y}{\partial L} = (1-\alpha) A K^{\alpha} L^{-\alpha} > 0\,,$$

y que las segundas derivadas son negativas con lo que los productos marginales son decrecientes:

$$\frac{\partial^2 Y}{\partial K^2} = \alpha(\alpha-1) A K^{\alpha-2} L^{1-\alpha} < 0$$
$$\frac{\partial^2 Y}{\partial L^2} = (1-\alpha)(-\alpha) A K^{\alpha} L^{-\alpha-1} < 0.$$

Finalmente, los límites requeridos por las condiciones de Inada se cumplen:

$$\lim_{K\to\infty} \frac{\partial Y}{\partial K} = \alpha A K^{\alpha-1} L^{1-\alpha} = 0 \quad , \quad \lim_{K\to 0} \frac{\partial Y}{\partial K} = \alpha A K^{\alpha-1} L^{1-\alpha} = \infty$$
$$\lim_{L\to\infty} \frac{\partial Y}{\partial L} = (1-\alpha) A K^{\alpha} L^{-\alpha} = 0 \quad , \quad \lim_{L\to 0} \frac{\partial Y}{\partial L} = (1-\alpha) A K^{\alpha} L^{-\alpha} = \infty.$$

Vemos, pues, que las función de producción Cobb-Douglas satisface todas las condiciones propias de las funciones de producción neoclásicas.

III. Supuestos adicionales

Utilizando la función de producción neoclásica, podemos reescribir [1.2] como

$$F(K_t, L_t, A_t) = C_t + I_t. \qquad [1.5]$$

Es decir, el producto final de la economía se distribuye entre consumo e inversión.

III.a. Tasa de ahorro constante

La razón por la que las familias consumen es que *les gusta* hacerlo. En la literatura macroeconómica moderna se supone que los consumidores eligen el consumo con el objetivo de maximizar una función de utilidad, sujetos a una restricción presupuestaria. Y eso es lo que haremos del capítulo 3 en adelante. De momento, sin embargo, será mucho más sencillo seguir el ejemplo de Solow y Swan y suponer que las familias *simplemente consumen una fracción constante de su renta o producto*. Es decir, si nuestras familias productoras producen Y galletas, supondremos que ahorran una fracción s y consumen el resto $(1-s)$. Por lo tanto, el consumo agregado, C, se puede escribir como:

$$C_t = (1 - s)Y_t, \quad [1.6]$$

donde el término s es la *tasa de ahorro* (la *fracción* de la renta que los consumidores ahorran), una constante. Al ser una *fracción*, se debe cumplir que s es un número entre cero y uno, $0 < s < 1$. Este supuesto podría parecer descabellado. Sin embargo, si miramos las tasas de ahorro a lo largo de los últimos 100 años, vemos que en los países para los que hay datos, esta tasa de ahorro ha permanecido bastante estable.[5] Además, en el capítulo 3 se demostrará que una tasa de ahorro constante es óptima bajo ciertas circunstancias. También veremos que tanto el comportamiento de la economía como las principales lecciones que se extraen de estos modelos no dependen de si la tasa de ahorro es constante y exógena o es escogida óptimamente por los consumidores. Por estos motivos, el supuesto de que los consumidores ahorran una fracción constante del producto es una buena manera de empezar.

Si substituimos [1.6] en [1.5], obtenemos

$$sY_t = I_t.$$

En palabras: al igual que el consumo agregado, la inversión agregada es una fracción de la renta nacional. Como en una economía cerrada sin gasto público, el ahorro y la inversión coinciden, *la tasa de ahorro es también la tasa de inversión.*

III.b. Tasa de depreciación constante

A diferencia del consumo, la razón que lleva a las empresas a invertir (es decir, a comprar parte del producto nacional) no es que a las empresas les *guste* utilizar los bienes que compran, sino que la inversión sirve, bien para aumentar el stock de maquinaria disponible para una futura producción (esto se llama *inversión neta*), bien para reemplazar las máquinas que se deterioran en el proceso productivo (fenómeno que conocemos con el nombre de *depreciación*).

Utilizando términos de la contabilidad nacional, la *inversión bruta* (la cantidad de output adquirido por las empresas, I_t) es igual a la *inversión neta* (el aumento neto en el stock de maquinaria o capital) más la *depreciación*. Si denotamos el aumento neto de capital como $\dot{K} \equiv \frac{dK}{dt}$,[6] tenemos:

[5] A corto plazo, la tasa de ahorro fluctúa con el ciclo económico. Lo que estamos diciendo es que, a pesar de los movimientos a corto plazo, parece que la tasa de ahorro no tiene tendencia ascendente ni descendente a largo plazo.

[6] A lo largo de este libro, utilizaremos puntos sobre las variables para denotar *incrementos de la variable a medida que avanza el tiempo*. Es decir, un punto encima de una variable denotará la derivada de la variable con respecto al tiempo. Una manera alternativa de escribirlo sería utilizar el incremento de K, ΔK, en lugar del punto sobre la K. El lector que así lo prefiera, puede substituir TODOS los puntos del libro por el símbolo Δ sin que cambie nada fundamental.

$$I_t = \dot{K}_t + D_t. \quad [1.7]$$

donde D_t es la depreciación. Para simplificar nuestro análisis, supondremos que en cada momento del tiempo, una fracción constante de las máquinas, δ, se deteriora por lo que la depreciación total es igual a la tasa de depreciación δ multiplicada por la cantidad de máquinas existente: δK_t.[7] Esto nos permite escribir [1.7] como $I_t = \dot{K}_t + \delta K_t$. El supuesto de depreciación constante también nos indica que las máquinas son siempre productivas mientras no se deterioran. En particular, no existen diferentes tipos de máquinas y las más viejas no son menos productivas que las más nuevas. En este sentido, las máquinas de nuestro modelo son parecidas a las bombillas. Mientras funcionan dan siempre la misma cantidad de luz pero con una determinada probabilidad dejan de funcionar y deben ser reemplazadas. Ahora bien, mientras funcionan, todas las bombillas (y todas las máquinas) son iguales.

Si substituimos I_t en [1.5] y utilizamos el supuesto de una tasa de ahorro constante [1.6], obtenemos

$$F(K_t, L_t, A_t) = C_t + I_t = (1 - s)F(K_t, L_t, A_t) + \dot{K}_t + \delta K_t.$$

Si ahora ponemos el término $\dot{K}$ en el lado izquierdo y colocamos todos los demás en el lado derecho, esta igualdad se puede reescribir como

$$\dot{K}_t = sF(K_t, L_t, A_t) - \delta K_t. \quad [1.8]$$

Si estudiamos detenidamente la ecuación [1.8], veremos que nos dice algo interesante: si conociéramos los valores de K, L y A en el momento t, dado que s y δ son constantes conocidas, la ecuación [1.8] nos diría cual es el aumento del stock de capital durante el siguiente instante. El aumento en la cantidad de capital, a su vez, nos generaría un aumento o *crecimiento* de la producción. Esta ecuación, por lo tanto, es potencialmente útil y va a ser el fundamento sobre el que construiremos el modelo de crecimiento. Para ello debemos simplificar todavía un poquito más.

III.c. Población igual a trabajo y tasa constante de crecimiento de población

El objetivo de este capítulo es investigar los determinantes de la tasa de crecimiento de la economía. La tasa de crecimiento que nos interesa es la tasa de crecimiento

[7] Obsérvese que este supuesto conlleva el hecho de que la tasa de depreciación es independiente de las condiciones de la economía. Quizá sería más realista considerar que las empresas pueden determinar la intensidad con la que emplean su capital y que, por este motivo, cuando el capital se usa de forma más intensiva se deprecia más rápidamente. La literatura del crecimiento económico ha venido prescindiendo de esta posibilidad, a pesar de que, como veremos más adelante, la tasa de depreciación puede ser un determinante importante de la tasa de crecimiento.

del PIB, del consumo o del capital *por persona* y no la tasa de crecimiento del PIB, del consumo o del capital *agregados*. La razón es que nadie dice que un país sea rico porque produce mucho: más bien se considera que un país es rico si sus habitantes, en promedio, producen mucho. Por ejemplo, uno tiende a creer que Suiza es un país mucho más rico que la India aunque, en realidad, la producción agregada de la India es mucho mayor que la de Suiza. La razón por la que decimos que Suiza es más rica es que la producción *por habitante* o *per cápita* es muy superior: una vez dividimos todo lo producido en la India por los cerca de ochocientos millones de habitantes que tiene, vemos que toca a muy poco por habitante. En este sentido, en este libro también estamos interesados en investigar cómo evolucionan y crecen las variables de la economía en términos *per cápita*.

Para simplificar la notación, supondremos que la población de la economía es equivalente a la cantidad de trabajadores, L_t. Este supuesto es muy poco realista dado que, como sabemos, hay muchos habitantes en todas las economías que no trabajan en la producción de lo que llamamos PIB: niños, ancianos, parados y, en muchas sociedades, mujeres. Algunos de estos sectores producen bienes que no están incluidos en la contabilidad nacional (como es el caso de las mujeres, que cuidan de la salud de sus hijos o hacen labores en su hogar; ninguna de estas actividades aparece en el PIB). A pesar de que sabemos que existen estos colectivos que no trabajan en la producción de Y, seguiremos con el supuesto simplificador según el cual la variable L no solamente representa el factor trabajo sino también a la población total. Esto nos permitirá concentrar nuestro estudio en el papel que desempeña la inversión en capital físico.

Si utilizamos la equivalencia entre trabajo y población y dividimos los dos lados de [1.8] por L_t encontramos que

$$\frac{\dot{K}_t}{L_t} = s\frac{F(K_t, L_t, A_t)}{L_t} - \delta\frac{K_t}{L_t}. \qquad [1.9]$$

A partir de ahora, utilizaremos *letras minúsculas* para denotar el equivalente de la letra mayúscula expresado en términos per cápita. En otras palabras, si K_t es el stock de capital agregado, k_t será el stock de capital *per cápita*, $k_t \equiv K_t/L_t$. De forma similar definimos el consumo per cápita $c_t \equiv C_t/L_t$, y la producción per cápita, $y_t \equiv Y_t/L_t$. Obsérvese que si la función de producción, $F(\cdot)$, es neoclásica, presenta rendimientos constantes a escala, por lo que se cumple que $F(\lambda K, \lambda L, A) = \lambda F(K, L, A)$, donde λ es una constante arbitraria. Si damos a la constante el valor de $\lambda = \frac{1}{L}$, esta condición se puede escribir como

$$y \equiv \frac{Y}{L} = \frac{1}{L}F(K, L, A) = F\left(\frac{1}{L}K, \frac{1}{L}L, A\right) = F(k, 1, A) \equiv f(k, A), \qquad [1.10]$$

donde hemos definido $f(k, A) \equiv F(k, 1, A)$. Es decir, la producción per cápita es una función del capital per cápita y la tecnología. En el caso de la función de producción Cobb-Douglas, esto se puede ver claramente dado que

$$y \equiv \frac{Y}{L} = \frac{1}{L}AK^{\alpha}L^{1-\alpha} = A\left(\frac{K}{L}\right)^{\alpha}\left(\frac{L}{L}\right)^{1-\alpha} = Ak^{\alpha}(1)^{1-\alpha} = Ak^{\alpha} \quad [1.11]$$

Un supuesto adicional es que la población crece a una tasa exógena y constante que denotaremos con la letra n. Es decir, definimos n como $\frac{\dot{L}}{L} \equiv n$.[8]

Utilizando este último supuesto, podemos calcular la tasa de crecimiento del capital por persona como

$$\dot{k}_t = \frac{\dot{K}_t L_t - \dot{L}_t K_t}{L_t^2} = \frac{\dot{K}_t}{L_t} - \frac{\dot{L}_t}{L_t}\frac{K_t}{L_t} = \frac{\dot{K}_t}{L_t} - nk_t \quad [1.12]$$

Recordad que $\dot{k}$ es exactamente $\dot{\left(\frac{K}{L}\right)} \equiv \frac{d(K/L)}{dt}$.

Si substituimos el término $\dot{K}/L$ de [1.9] en [1.12] y utilizamos [1.10] obtenemos

$$\dot{k}_t = sf(k_t, A_t) - \delta k_t - nk_t. \quad [1.13]$$

III.d. Nivel tecnológico constante

El último supuesto que haremos antes de analizar la solución del modelo es importante porque nos ayudará a descubrir uno de los problemas centrales del modelo neoclásico de crecimiento. Como nuestro objetivo ahora es analizar el papel de la inversión en capital como determinante de la tasa de crecimiento económico, será útil prescindir de todas las fuentes alternativas de crecimiento potencial. Una de estas fuentes potenciales, lo dijimos al principio del capítulo, es el progreso tecnológico. Si nuestro objetivo es ver si se puede crecer para siempre simplemente invirtiendo una fracción constante de la producción, será útil suponer que la tecnología no crece. Este supuesto se materializa algebraicamente en

$$A_t = A. \quad [1.14]$$

[8] Una vez más, este supuesto no es muy realista dado que, si consideramos los datos, observaremos que la tasa de crecimiento de la población disminuye a medida que aumenta la riqueza de un país. La tasa de crecimiento de la población, pues, no es ni constante ni exógena sino que está relacionada con el nivel de riqueza de un país. Una vez más, sin embargo, dado que nuestro objetivo por ahora es estudiar el papel que desempeña la inversión en capital físico en el proceso de crecimiento económico, este supuesto nos simplificará sustancialmente el análisis. Los estudiosos del crecimiento económico han intentado incorporar el crecimiento endógeno de la población en modelos de crecimiento similares a los que estamos describiendo en este capítulo. Para un estudio detallado véase Barro y Sala-i-Martin (1995, capítulo 9).

donde A es una constante. Substituyendo [1.14] en [1.13] obtenemos una ecuación muy importante llamada *la ecuación fundamental del modelo de Solow-Swan*:

$$\dot{k}_t = sf(k_t, A) - (\delta + n)k_t. \quad [1.15]$$

Si la tecnología es Cobb-Douglas, entonces la ecuación fundamental de Solow-Swan se escribe como

$$\dot{k}_t = sAk_t^{\alpha} - (\delta + n)k_t. \quad [1.15']$$

Dado el stock de capital per cápita existente en la economía en el momento t, la ecuación fundamental de Solow-Swan nos revela cuál será el *incremento* del stock de capital per cápita en el próximo instante, $\dot{k}_t$. Observe el lector que, una vez conozcamos el incremento del stock de capital por persona sabremos cuál será el stock de capital en el siguiente instante. En consecuencia, la ecuación fundamental de Solow-Swan nos indica cuál será el *incremento* del stock de capital per cápita en el próximo instante, y así sucesivamente hasta infinito. Dicho de otro modo: la ecuación [1.15] nos describe cómo evolucionará el stock de capital per cápita desde hoy hasta el fin de los tiempos. De ahí la importancia de esta ecuación.

Antes de extraer lecciones de esta ecuación fundamental, es preciso recordar que una vez conocida la evolución del stock de capital por persona a través del tiempo, sabremos cuál es la evolución del producto per cápita porque $y_t = f(k_t, A)$. Como A es constante y el producto, y, es una función monotónica de k, los movimientos de k se reflejarán en movimientos de y. Por este motivo será útil estudiar el comportamiento dinámico de k.

III.e. Interpretación de [1.15]

La ecuación [1.15] tiene una simple interpretación económica: el stock de capital por persona aumenta con la diferencia entre el ahorro bruto de la economía y el término $(\delta + n)k$. Cuando aumenta la tasa de ahorro (que, recordémoslo, en una economía cerrada es igual a la tasa de inversión), la inversión agregada aumenta. Como la inversión sirve para aumentar la cantidad de máquinas, el stock de capital aumenta, por lo que el primer término de [1.15] es fácil de entender. El término δk también es de fácil compresión: cuanto mayor es la fracción de máquinas que se deprecia en un momento dado, δ, menor es el aumento en el stock de capital por persona (y por esto el término δk aparece con signo negativo en [1.15]). El término nk puede parecer un poco más difícil de entender pero es igualmente sencillo. Imaginemos por un instante que $s = 0$. El primer término de la derecha de [1.15] es igual a cero y la inversión es cero. La ecuación [1.15] nos dice que el stock de capital PER CÁPITA disminuye por dos razones: la primera es que una fracción del capital se deteriora o deprecia a cada momento. La segunda razón por la que el stock de capital PER CÁPITA decrece si no se invierte nada es que el número de cápitas o personas aumenta. Esto es lo que refleja el término nk.

1.3 Análisis del estado estacionario

La ecuación fundamental del modelo de Solow-Swan nos indica el aumento del stock de capital por persona como función de algunas constantes (A, s, δ o n) y del stock de capital existente, k. Hay que resaltar que la ecuación se cumple en cada momento del tiempo, desde el momento inicial (hoy) hasta infinito. Existe, pues, una ecuación como [1.15] para cada momento del tiempo aunque, para simplificar, aquí sólo escribamos una. Para simplificar la notación, sin embargo, a partir de ahora escribiremos las ecuaciones sin los subíndices temporales, t, siempre y cuando esta simplificación no cree confusión. El lector debe recordar, de todas maneras, que a pesar de que omitamos los subíndices temporales, estamos estudiando un modelo dinámico que nos describe el comportamiento de la economía a lo largo del tiempo.

Una manera sencilla de analizar las predicciones del modelo es con un gráfico.

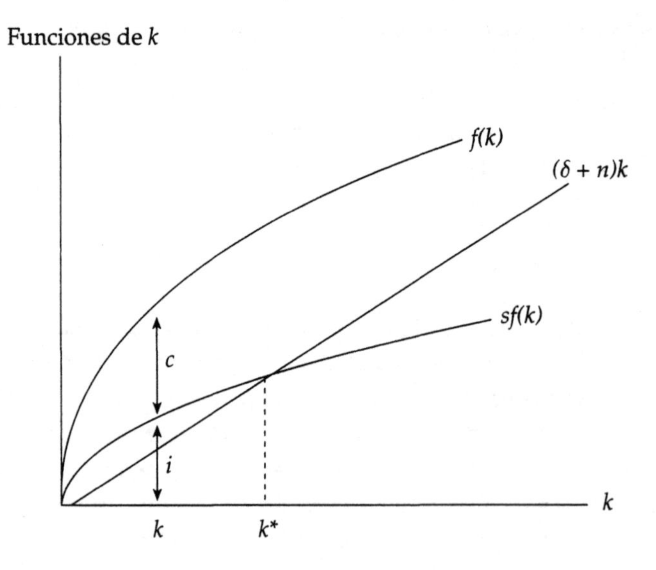

Gráfico 1.1. El estado estacionario en el modelo neoclásico de Solow-Swan.

En el gráfico 1.1 se presentan las diferentes funciones que caracterizan el modelo de Solow-Swan. Como todas ellas son funciones del capital, ponemos k en el eje horizontal. La primera función importante es la de producción, $f(k)$. Como se trata de una función neoclásica, $f(k)$ es siempre creciente (el producto marginal del capital es positivo) y es cóncava (existen rendimientos decrecientes del capital). Además, la función de producción es vertical cuando el capital es cero (la condición de Inada requiere que el producto marginal del capital, que es la pendiente de $f(k)$, sea infinito cuando k se aproxima a cero) y que esta pendiente se vuelva horizontal cuando k se acerca a infinito (ésta es la otra condición de Inada para el capital que dice que el producto marginal del capital se aproxima a cero cuando el capital va hacia infinito). Todas estas propiedades se pueden comprobar tomando la función de producción Cobb-Douglas, $y = Ak^{\alpha}$. Obsérvese que la derivada de esta función con respecto a k es $y' = \alpha Ak^{\alpha-1} = \frac{\alpha A}{k^{1-\alpha}}$. Esta derivada es positiva para todos los niveles de capital positivos (recuérdese que α es una constante entre cero y uno). También vemos que esta derivada es infinita cuando k es cero (nótese que k aparece en el denominador con exponente positivo) y que se acerca a cero cuando k va a infinito. Es decir, es vertical en el origen y es asintóticamente horizontal. Finalmente, la función es cóncava, ya que el producto marginal es decreciente (la segunda derivada es negativa: $y'' = -\frac{\alpha(1-\alpha)A}{k^{2-\alpha}} < 0$). Estas características están representadas en el gráfico 1.1.

Según la ecuación fundamental de Solow-Swan, el aumento de capital per cápita es igual a la diferencia entre dos funciones. Para hacer el análisis más ameno, bautizaremos la función $sf(k)$ con el nombre de *curva de ahorro* y la función $(\delta + n)k$ con el nombre de *curva de depreciación* (recordemos que el término depreciación debe interpretarse en un sentido amplio que incluye el hecho de que el capital *por persona* se reduce o "deprecia" cuando aumenta el número de personas, y esto es lo que señala el término nk).

La función $sf(k)$ es proporcional a la función de producción dado que s es una constante. Por lo tanto, la curva de ahorro también es creciente, cóncava, vertical en el origen y asintóticamente horizontal. Como la tasa de ahorro es un número menor que uno, la función $sf(k)$ es proporcionalmente inferior a $f(k)$. Es por ello que en el gráfico 1.1 aparece por debajo de la función de producción.

Finalmente, la función $(\delta + n)k$ es una línea recta que pasa por el origen y que tiene una pendiente constante e igual a $\delta + n$.

Lo primero que hay que notar de las curvas descritas es que, cuando $k = 0$, la función $sf(k)$ y la función $(\delta + n)k$ son iguales a cero por lo que se cruzan en el origen. El punto $k = 0$ implica que no hay producción ni economía. Este punto no es interesante económicamente y vamos a ignorarlo. Lo interesante de $k = 0$ es que, en este punto, la curva de ahorro es vertical y la de depreciación tiene una pendiente finita (e igual a $\delta + n$). Se deduce, pues, que para valores de k cercanos a cero la curva de ahorro está por encima de la curva de depreciación. La pendiente de la curva de ahorro va decreciendo a medida que k aumenta. Como sabemos que la pendiente de $sf(k)$ va cayendo hacia cero, sabemos que existe un valor de k donde las curvas de ahorro e inversión se cruzan. Dado que, después de este punto, la pendiente de la función $sf(k)$ sigue decreciendo mientras que $(\delta + n)k$ sigue siendo una línea recta, las dos curvas no se vuelven a cruzar más. En resumen, si ignoramos el origen, *las curvas de ahorro y depreciación deben necesariamente cruzarse una vez y solamente una.*

El punto k^* donde las dos curvas se cruzan se llama *estado estacionario.* Si la economía (por la razón que sea) se encuentra en el punto k^*, entonces la curva de depreciación es igual a la curva de ahorro. La ecuación fundamental de Solow-Swan nos dice que cuando $sf(k)$ es igual a $(\delta + n)k$, entonces $\dot{k} = 0$ y el capital no aumenta. Si el capital no aumenta, en el siguiente instante k vuelve a tomar el valor k^*. En este punto, se cumple otra vez que $sf(k)$ es igual a $(\delta + n)k$ y, de nuevo, $\dot{k} = 0$. Así sucesivamente hasta el final de los tiempos. Es decir, si la economía se encuentra en k^*, entonces se quedará en este punto para siempre. El stock de capital k^* que tiene esta propiedad se llama el *stock de capital de estado estacionario.* La intuición económica es la siguiente: la economía ahorra e invierte una fracción constante, s, de la cantidad producida. Esta inversión se utiliza para aumentar el stock de capital y para reemplazar el capital depreciado. Cuando la economía tiene un stock de capital k^*, la cantidad producida, $f(k^*)$, es tal que si ahorramos la fracción s, obtenemos una cantidad de inversión que es justamente la necesaria para reemplazar el capital depreciado. Es decir, una vez reemplazado el capital depreciado, no quedan recursos para incrementar el stock de capital, por lo que éste permanece al mismo nivel, k^*. Al permanecer el capital al mismo nivel, la producción vuelve a ser la misma de manera que, al ahorrar la misma fracción, s, se genera la misma inversión y se repite el mismo resultado. La economía no consigue aumentar el stock de capital y permanece con el mismo stock hasta el final de los tiempos.

Es fácil encontrar una fórmula para k^* si la función de producción es Cobb-Douglas: basta con poner $\dot{k} = 0$ en [1.15′]: $sA(k^*)^{\alpha} = (\delta + n)k^*$. Despejando obtenemos una expresión para el stock de capital de estado estacionario:

$$k^* = \left(\frac{sA}{\delta + n}\right)^{\frac{1}{1-\alpha}} \qquad [1.16]$$

Como el stock de capital per cápita de estado estacionario es constante, el PIB per cápita (que es una función de k) también es constante, por lo que $\gamma_y^* = 0$. Dado que el consumo es una fracción constante de y, también se debe cumplir que el consumo de estado estacionario es constante y, en consecuencia, su tasa de crecimiento es cero, $\gamma_c^* = 0$. Es decir, en el estado estacionario, todas las variables expresadas en términos per cápita son constantes y sus tasas de crecimiento estacionario deben ser cero.

El hecho de que las variables en términos per cápita sean constantes en el largo plazo quiere decir que sus correspondientes valores agregados crecen al mismo ritmo que la población. Esto se puede ver utilizando la definición de variable per cápita: $K = kL$. Tomando logaritmos y derivadas tenemos que $\gamma_K = \gamma_k + \gamma_L = \gamma_k + n$. En el estado estacionario se cumple que $\gamma_k^* = 0$ y $\gamma_K^* = n$. Una derivación similar nos mostrará que las tasas de crecimiento del consumo *agregado* y el PIB *agregado* también son iguales a n en el estado estacionario: $\gamma_C^* = \gamma_Y^* = \gamma_K^* = n$.

La ecuación [1.16] nos muestra que el stock de capital per cápita de estado estacionario, k^*, aumenta cuando la tasa de ahorro, s, o el nivel tecnológico, A, aumentan y se reduce cuando la tasa de depreciación, δ, o la tasa de crecimiento de la población, n, aumentan. Estos resultados también se pueden ver gráficamente. En el gráfico 1.2, un aumento de la tasa de ahorro hace saltar la curva de ahorro hacia arriba, por lo que la intersección con la curva de depreciación se produce en un stock de capital, k^{**}, superior. Es decir, el stock de capital de estado estacionario asociado con una tasa de ahorro más elevada es mayor.

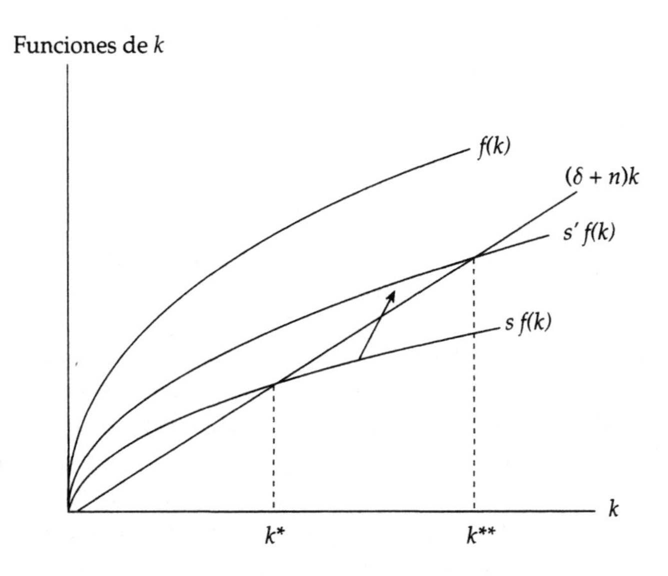

Gráfico 1.2. Aumento de la tasa de ahorro.

Como el nivel de producción per cápita es una función del stock de capital, el nivel de renta de estado estacionario será también una función creciente de la tasa de ahorro. Es decir, en el estado estacionario, los países ricos (renta per cápita elevada) serán los que tendrán unas tasas de ahorro mayores.

Una mejora tecnológica (un aumento de A) también haría saltar la curva de ahorro hacia arriba, por lo que el stock de capital de estado estacionario también aumentaría.

Cuando se produce un aumento de la tasa de depreciación, δ, o de la tasa de crecimiento de la población, n, entonces la pendiente de la curva de depreciación aumenta y la curva $(\delta + n)k$ salta hacia arriba, como se muestra en el gráfico 1.3. La curva de ahorro y la de depreciación se cortan ahora en un nivel de capital inferior por lo que el stock de capital de estado estacionario disminuye.

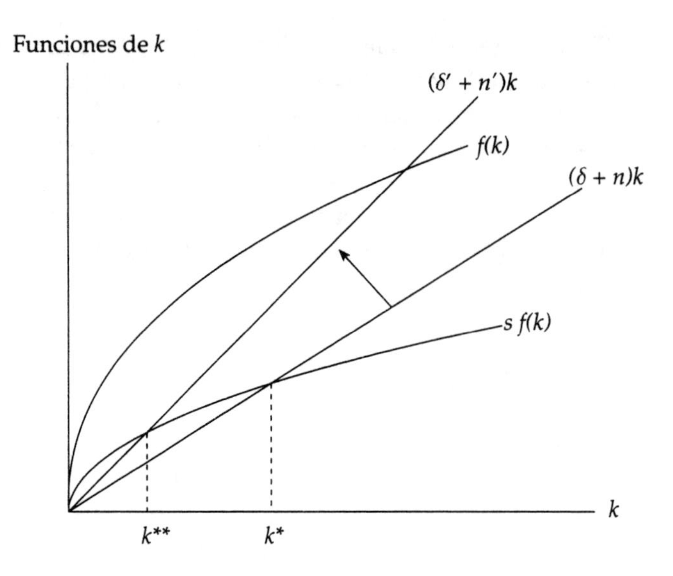

Gráfico 1.3. Aumento de la tasa de depreciación, δ, o de la tasa de crecimiento de la población, n.

Hemos visto que los gráficos 1.1, 1.2 y 1.3 nos sirven para comprobar que el estado estacionario existe y es único. También nos han servido para ver la relación entre los diferentes parámetros de la economía y el stock de capital de estado estacionario. Veremos a continuación que estos gráficos también pueden ser utilizados para establecer que el estado estacionario es estable, en el sentido de que si el stock de capital inicial es inferior a k^*, entonces el capital se acumula de manera que k converge hacia k^* y si el capital inicial es superior a k^*, entonces el capital disminuye hasta, nuevamente, alcanzar el estado estacionario. Para verlo, nos bastará con comprobar que a la izquierda de k^* la curva de ahorro es superior a la curva de depreciación. En esta región, pues, la ecuación fundamental de Solow-Swan nos dice que $\dot{k} > 0$ por lo que el capital aumenta. Dicho de otro modo, cuando el capital es inferior al nivel de estado estacionario, el capital aumenta. Lo contrario ocurre a la derecha de k^*, donde la curva de ahorro es inferior a la de depreciación y $\dot{k} < 0$. Resumiendo, el estado estacionario es estable dado que, tengamos el capital que tengamos, la dinámica del modelo nos hace gravitar hacia el estado estacionario.

La "Regla de oro" de la acumulación de capital

En el gráfico 1.2 vemos que para cada tasa de ahorro, s, existe un stock de capital estacionario k^*. Imaginemos que, a través de políticas de incentivos fiscales, un país puede cambiar su tasa de ahorro al nivel que más desee. Una pregunta importante es: ¿qué nivel escogerá?

El objetivo de una sociedad debe ser el aumento del nivel de bienestar de sus individuos. En principio, este bienestar no depende de la cantidad de *bienes producidos* ni siquiera de la cantidad de *capital* existente sino de la cantidad de producto que las familias *consumen*. Es decir, la sociedad escogerá una tasa de ahorro que comporte un mayor nivel de consumo per cápita. El estado estacionario que conlleva el *mayor* nivel de consumo per cápita se llama *la Regla de oro de la acumulación de capital* y lo denotaremos con k_{oro}.[9]

Para encontrar el stock de capital de Regla de oro, lo primero que debemos observar es que estamos hablando de estados estacionarios, por lo que $\dot{k} = 0$. Si tenemos en cuenta que el ahorro es igual a la producción menos el consumo, podemos reescribir 1.15 para expresar el consumo de estado estacionario, c^*, como función del capital de estado estacionario, k^*:

$$0 = f(k^*) - c^* - (\delta + n)k^* \rightarrow c^* = f(k^*) - (\delta + n)k^*. \qquad [1.17]$$

La ecuación (1.17) nos dice que, en el estado estacionario, el consumo es igual a la diferencia entre la producción y la depreciación. Un aumento del capital tiene dos efectos sobre el consumo de estado estacionario: por un lado aumenta la producción, $f(k^*)$ y por otro lado, aumenta la cantidad de máquinas que es necesario reemplazar, $(\delta + n)k^*$.

Para encontrar el capital de Regla de oro, basta con maximizar el consumo de estado estacionario con respecto a k^*. Para ello, tomamos derivadas de c^* con respecto a k^* y obtenemos:

$$\frac{dc^*}{dk^*} = f'(k^*) - (\delta + n) = 0 \rightarrow f'(k_{oro}) = \delta + n. \qquad [1.18]$$

En el gráfico 1.4 comprobamos que la distancia entre la función de producción y la recta de depreciación es el consumo de estado estacionario. Observamos también que el punto donde la distancia entre las dos curvas es máxima es aquel en que la función de producción es paralela a la curva de depreciación, por lo que la pendiente de la primera es igual a $\delta + n$, que es lo que hemos encontrado algebraicamente.

[9] Este nombre lo ideó Phelps (1961) y lo basó en el Nuevo Testamento, donde Jesús resumió la "Regla de oro" de la conducta humana en dos mandamientos. El Evangelio según San Mateo nos da la clave: "*Los fariseos, al oír que había hecho callar a los saduceos, formaron grupo y uno de ellos, que era experto, le preguntó para ponerlo a prueba: Maestro, ¿cuál es el mandamiento principal de la Ley? Jesús le dijo: 'Amarás al Señor tu Dios con todo tu corazón, con toda tu alma, con todo tu ser. Este mandamiento es el principal y primero. El segundo es semejante a él: 'Amarás a tu prójimo como a ti mismo'. Estos dos mandamientos sostienen la Ley entera y los profetas*". (Mateo, 22, 33-40).

Traducido a la teoría del crecimiento, el segundo de los mandamientos quiere decir que la sociedad actual no debe intentar aumentar su consumo si la consecuencia de ello es que el consumo de las generaciones futuras se reduce, ya que no nos gustaría que las generaciones futuras nos lo hicieran a nosotros si se invirtieran los papeles y nos tocara después que ellos. La Regla de oro de la conducta diría, por lo tanto, que la sociedad debe maximizar el *consumo de estado estacionario*: el que hace que nuestro consumo sea idéntico al de las generaciones venideras.

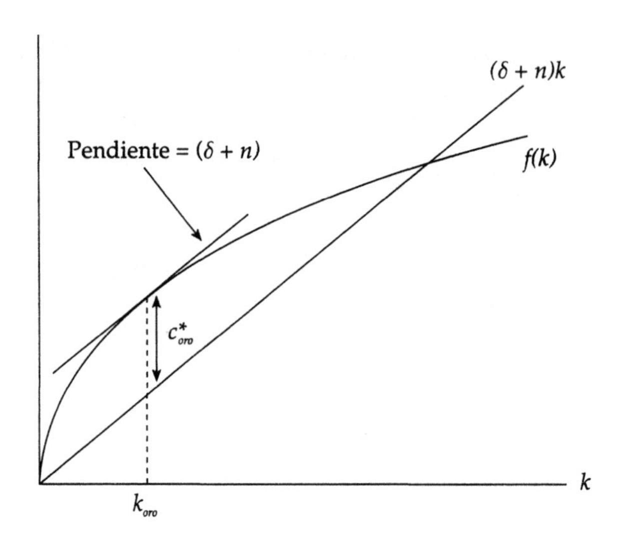

Gráfico 1.4. La Regla de oro de la acumulación de capital.

Recuérdese que no hay nada en este modelo que nos diga que la economía tenderá a ir hacia la Regla de oro. Para alcanzar este punto, habrá que escoger la tasa de ahorro que haga que el estado estacionario sea precisamente k_{oro}.

Si la tasa de ahorro es superior a s_{oro}, entonces el stock de capital será superior a k_{oro}, mientras que si la tasa de ahorro es inferior a s_{oro}, entonces el stock de capital será inferior a k_{oro}. Como sucede en el gráfico 1.5.

Además de ser el stock de capital que maximiza el consumo de estado estacionario, k_{oro} es importante por otra razón: si la economía se encuentra a la derecha de este punto, seguro que la economía es *ineficiente*. Para ilustrar este hecho, consideremos una economía con una tasa de ahorro superior a s_{oro}.

Esta economía podría aumentar claramente el consumo de estado estacionario si redujera la tasa de ahorro al nivel de Regla de oro, s_{oro}, ya que, por definición, el consumo asociado con esta tasa de ahorro es máximo. Ahora bien, nótese que reducir la tasa de ahorro es equivalente a aumentar el consumo inmediatamente. En el gráfico 1.6, al reducir la tasa de ahorro, la curva de ahorro salta hacia abajo. En el momento del cambio, el consumo aumenta a c_0. A partir de ese momento, la diferencia entre ahorro y depreciación es negativa, por lo que el capital empieza a decrecer. La economía se mueve hacia la izquierda. Durante esta transición, el consumo es la distancia entre la producción, $f(k)$, y la curva de ahorro, $s_{oro}f(k)$. La trayectoria del consumo en el tiempo se describe en el gráfico 1.7. A lo largo de la transición, el consumo es superior al que había en el anterior estado estacionario.

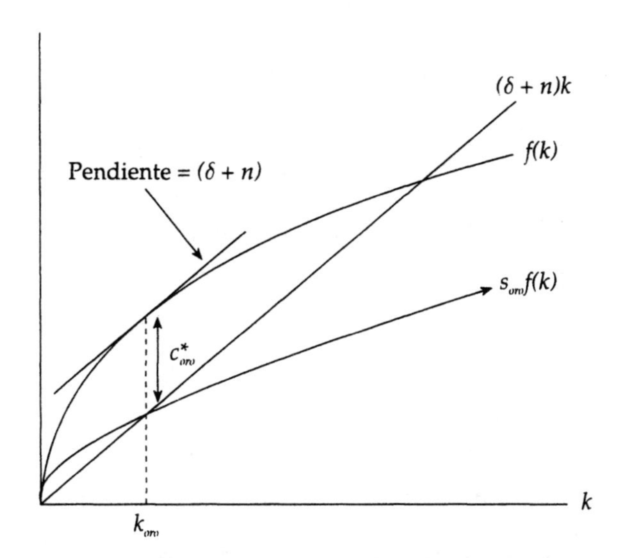

Gráfico 1.5. Tasa de consumo que genera la Regla de oro.

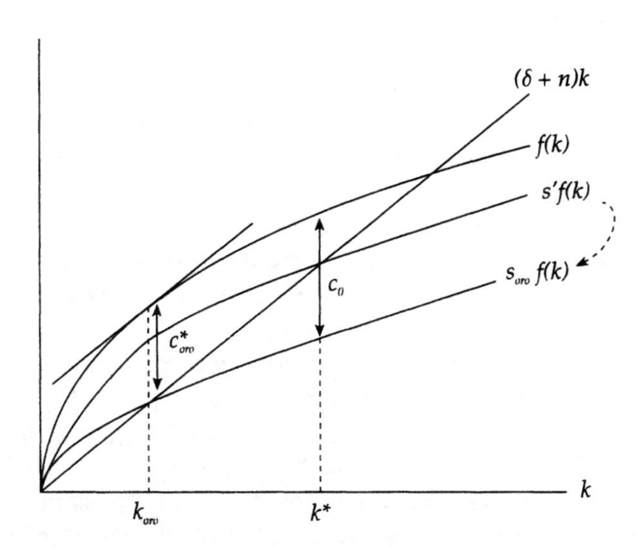

Gráfico 1.6. Tasa de ahorro superior a la de la Regla de oro ($s' > s_{oro}$).

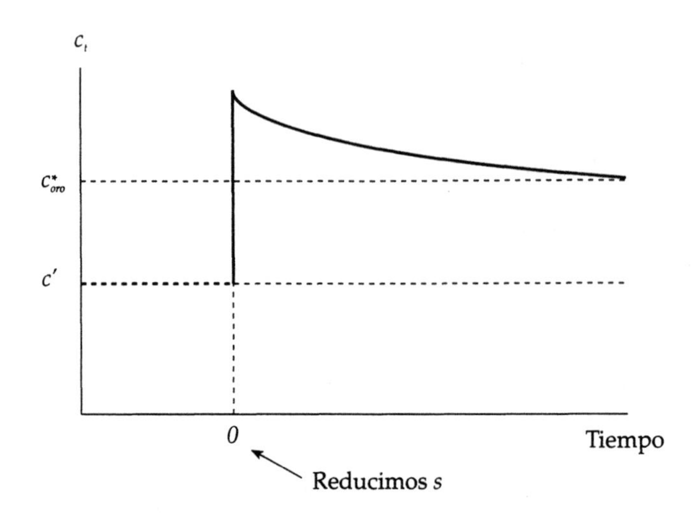

Gráfico 1.7. Comportamiento del consumo cuando se reduce s y la tasa de ahorro inicial está por encima de s_{oro}.

A largo plazo, la economía converge a k_{oro}, donde, como ya hemos indicado, el consumo también es superior al que había en k^*. Es decir, a partir del momento en que reducimos la tasa de ahorro, el consumo es siempre superior al que había cuando la tasa de ahorro era s'. Dicho de otro modo, si nos encontramos en k^* y reducimos la tasa de ahorro a s_{oro} conseguiremos aumentar el consumo en todos los momentos del tiempo. Si a los ciudadanos de nuestra economía les gusta el consumo (como estamos suponiendo), bajar la tasa de ahorro será una política que les hará más felices sea cual sea su función de utilidad. Es decir, mantener una tasa de ahorro superior a s_{oro} no puede ser bueno. Es por esta razón que cuando una economía se encuentra a la derecha de la Regla de oro decimos que se encuentra en una zona de *ineficiencia dinámica.*

Una manera alternativa de representar la zona de ineficiencia dinámica (y que se utiliza a menudo en la literatura sobre crecimiento económico) relaciona el tipo de interés con la tasa de crecimiento económico agregado. En el capítulo 3 mostraremos que el tipo de interés, que denotaremos con la letra r, es igual al producto marginal del capital menos la depreciación: $r = f'(k) - \delta$. En el estado estacionario el tipo de interés es igual a $r^* = f'(k^*) - \delta$. Para los estados estacionarios de la zona dinámicamente ineficiente (los situados a la derecha de k_{oro}) se cumple que $f'(k^*) - \delta < f'(k_{oro}) - \delta$. Como $f'(k_{oro}) = \delta + n$, en la zona ineficiente se cumple $f'(k^*) - \delta < n$. En el estado estacionario, la tasa de crecimiento del capital (y del PIB) *per cápita* es igual a cero y la tasa de crecimiento agregado es igual a $\gamma^*_K = \gamma^*_Y = n$. Substituyendo estos términos en la desigualdad que describe la zona dinámicamente ineficiente tenemos que $r^* = f'(k^*) - \delta < n = \gamma^*_Y$. En resumen, *una condición que caracteriza la zona* *dinámicamente ineficiente es que la tasa de interés real sea inferior a la tasa de crecimiento agregado,* $r^* < \gamma_Y^*$.

Es interesante comparar la situación de ahorro excesivo con la que ocurre cuando la tasa de ahorro es inferior a s_{oro}. En este caso, el capital de estado estacionario, k^*, es inferior al de la Regla de oro.

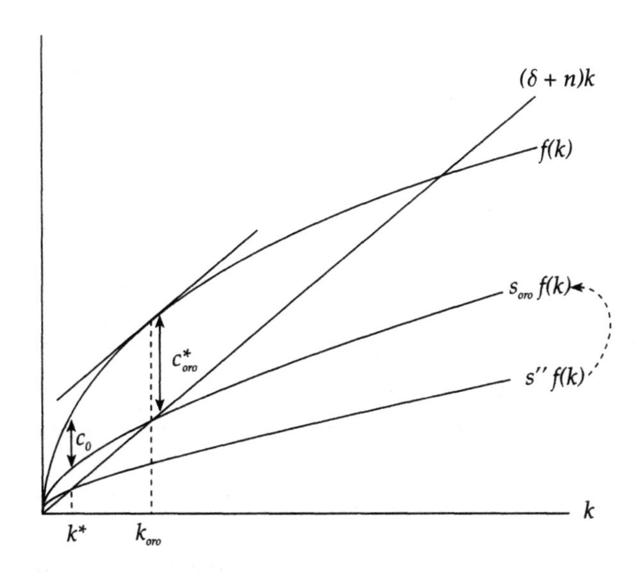

Gráfico 1.8. Tasa de ahorro inferior a la de la Regla de oro ($s'' < s_{oro}$).

El estado puede aumentar el consumo de estado estacionario adoptando la tasa de ahorro s_{oro}. El gráfico 1.8 muestra el comportamiento de la economía en este caso: para llegar a la Regla de oro, es necesario aumentar la tasa de ahorro, por lo que, en el momento de adoptar esa política, la curva de ahorro saltará hacia arriba. Dado que el capital que la economía tiene en este momento no ha cambiado, k^*, la cantidad disponible para el consumo en el momento inicial debe disminuir puesto que la inversión y el ahorro toman una fracción mayor de la producción. A medida que la economía converge hacia k_{oro}, el consumo per cápita crece. Llega un momento en que el consumo alcanza el nivel que tenía en la situación anterior e incluso sobrepasa ese nivel para llegar al consumo c_{oro}^*. La trayectoria del consumo en el tiempo se dibuja en el gráfico 1.9.

Observamos que, tras el descenso inicial, el consumo se recupera y converge hasta llegar a c_{oro}^*. Para decidir si conviene adoptar la política de aumentar la tasa de ahorro cuando ésta es demasiado baja, es necesario saber si el aumento del consumo a largo plazo compensa la reducción inicial. Es decir, para poder evaluar esta política necesitamos una función de utilidad que nos permita comparar la pérdida de consumo a corto plazo con la ganancia a largo plazo. Una economía que sea muy

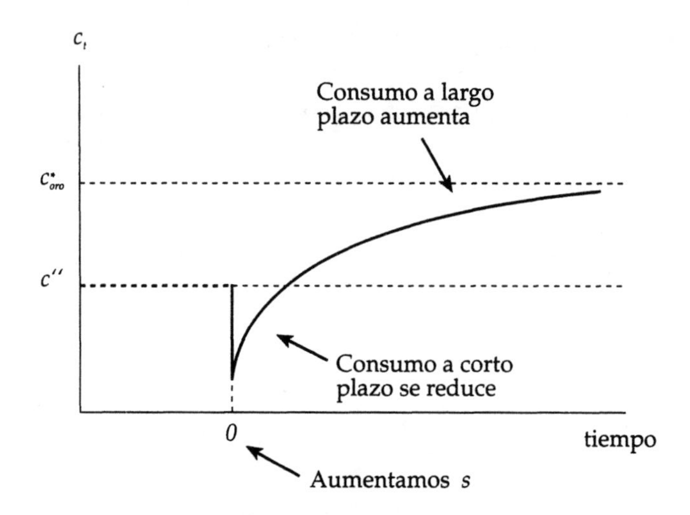

Gráfico 1.9. Comportamiento del consumo cuando se incrementa s y la tasa de ahorro inicial está por debajo de s_{oro}.

impaciente, en el sentido de que valore mucho el corto plazo, decidirá no sacrificar el consumo inmediato a cambio de ganancias futuras. Es por ello que, a diferencia de lo que ocurría a la derecha de k_{oro}, no podemos afirmar sin ambigüedades que las economías situadas a la izquierda de k_{oro} sean ineficientes.

La lección fundamental de esta sección es que, mientras podemos asegurar sin ambigüedad que ahorrar e invertir *demasiado* es malo, no se puede decir lo mismo de ahorrar e invertir *demasiado poco*. La intuición es que, si inviertes demasiado, la solución pasa por reducir la inversión, por lo que el consumo a corto plazo aumenta como también lo hace el consumo a largo plazo. Por contra, si se invierte demasiado poco, entonces la solución es el aumento de la inversión, lo que conlleva una reducción inmediata de la producción disponible para el consumo a corto plazo. Para evaluar la bondad de esta política necesitamos sopesar el corto plazo y el largo plazo.

1.4 La tasa de crecimiento a lo largo del tiempo

La dinámica analizada hasta ahora nos mostraba como el capital, el consumo, la inversión y la producción variaban a lo largo del tiempo respondiendo a diferentes cambios de política económica. Pero el comportamiento de las *tasas de crecimiento* no se podía analizar con los gráficos presentados hasta ahora. Como éste es un libro sobre crecimiento económico, será preciso efectuar un pequeño cambio en nuestro análisis para mostrar el comportamiento de las tasas de crecimiento en el tiempo.

Para empezar, señalemos que la producción es una función creciente del capital. En el caso Cobb-Douglas, esto significa que la tasa de crecimiento del PIB per cápita es proporcional a la tasa de crecimiento del capital per cápita,

$$\gamma_y \equiv \frac{\dot{y}}{y} = \alpha\frac{\dot{k}}{k} \equiv \alpha\gamma_k. \qquad [1.19]$$

Además, como el consumo per cápita es proporcional al producto per cápita ($c = (1 - s)y$), tenemos que la tasa de crecimiento del consumo es igual a la tasa de crecimiento de la producción ($\gamma_c = \gamma_y$). Dicho de otro modo, si analizamos el comportamiento de la tasa de crecimiento del capital sabremos también cómo se comporta la tasa de crecimiento del PIB y del consumo per cápita. Este es un resultado muy útil porque una simple división de la ecuación fundamental de Solow-Swan por el stock de capital per cápita, k, nos da la tasa de crecimiento del capital. Dividimos los dos lados de [1.15] por k y obtenemos

$$\gamma_k \equiv \frac{\dot{k}}{k} = s\frac{f(k, A)}{k} - (\delta + n). \qquad [1.20]$$

Esta ecuación sigue siendo la *ecuación fundamental del modelo de Solow-Swan* (lo único que ha pasado es que hemos divido ambos lados de la ecuación por k, pero es la misma ecuación). El miembro de la izquierda de esta ecuación representa la tasa instantánea de crecimiento del capital per cápita. El miembro de la derecha nos indica que esta tasa de crecimiento viene dada por la diferencia entre dos funciones: $sf(k, A)/k$, y $(\delta + n)$. Como estos dos factores siguen siendo la *curva de ahorro* y la *curva de depreciación* que habíamos descrito en el apartado anterior (lo único que ha pasado es que hemos dividido ambas por k), seguiremos utilizando el mismo nombre. Esta versión de la ecuación fundamental de Solow-Swan nos dice que la tasa de crecimiento del capital per cápita es igual a la diferencia entre el ahorro (e inversión) por unidad de capital y la tasa de depreciación (incluyendo la tasa de crecimiento de la población). Cuanto mayor sea la tasa de ahorro, s, mayor será la tasa de crecimiento de la economía. Cuanto mayor sea el nivel tecnológico, A, mayor será el producto, $f(\cdot)$, y por lo tanto, mayor será la cantidad de producto ahorrada e invertida. Cuanto mayor sea la tasa de depreciación, menor será la tasa de crecimiento y, finalmente, cuanto mayor sea la tasa de crecimiento de la población, más reducido será el crecimiento del capital por persona.

La primera función del lado derecho de [1.20] no es más que la tasa de ahorro multiplicada por el *producto medio* del capital, $f(k, A)/k$. En el caso Cobb-Douglas, este producto medio es igual a $f(k, A) = Ak^{\alpha-1}$ y la tasa de crecimiento del capital por persona se puede escribir como

$$\gamma_k \equiv \frac{\dot{k}}{k} = sAk^{-(1-\alpha)} - (\delta + n). \qquad [1.20']$$

Para dibujar la curva de ahorro, $sAk^{-(1-\alpha)}$, como función de k, es preciso tener en cuenta que:

(1) es una función decreciente para todo k.

(2) tiende a infinito cuando k tiende a cero (recordemos que $sAk^{-(1-\alpha)} = \frac{sA}{k^{1-\alpha}}$, por lo que k aparece en el denominador con un exponente positivo. Cuando el denominador tiende a cero, la fracción tiende a infinito).
(3) tiende a cero cuando k tiende a infinito.[10]

Es decir, la curva de ahorro toma valores infinitos cuando k es cero, decrece constantemente y se aproxima a cero para valores grandes de k. En el gráfico 1.10 se dibuja la curva de ahorro y se denota con las iniciales CA.

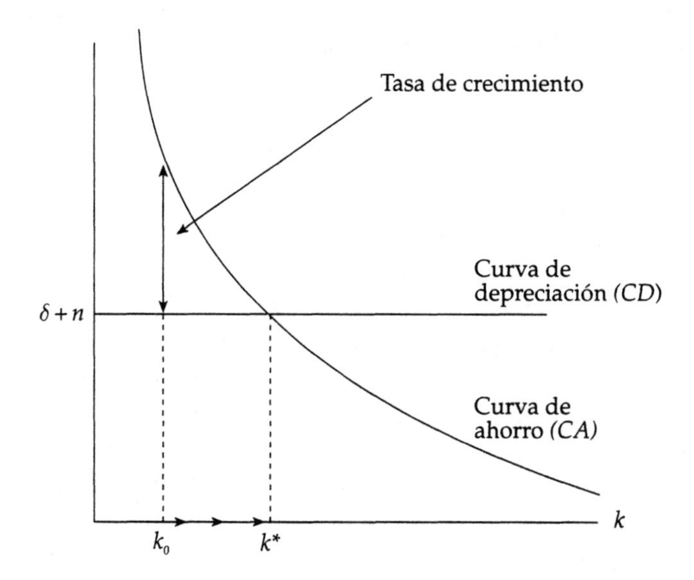

Gráfico 1.10. Dinámica de transición en el modelo neoclásico de Solow-Swan.

La *curva de depreciación*, $\delta + n$, es independiente de k y está representada por una línea recta horizontal en el gráfico 1.10. Esta curva se denota con las iniciales CD. Dado que la curva de depreciación es estrictamente positiva y que la curva de ahorro toma todos los valores entre ∞ y 0, las dos curvas se cruzan al menos una vez. Como la curva de ahorro es estrictamente decreciente, las dos curvas se cruzarán solamente una vez en el cuadrante positivo del gráfico (para que se cruzaran dos veces, la curva de ahorro tendría que tener algún tramo creciente, lo cual no pasa si la función de producción es neoclásica y, por lo tanto, presenta rendimientos decrecientes del capital). El valor de k para el cual ambas curvas se cruzan, k^*, es el stock de capital per cápita de estado estacionario que hemos visto anteriormente, $k^* = \left(\frac{sA}{\delta+n}\right)^{\frac{1}{1-\alpha}}$. Acabamos

[10] El lector puede demostrar que estas propiedades de la *curva de ahorro* se cumplen no solamente para el caso de la función de producción Cobb-Douglas, sino también para cualquier función de producción neoclásica que satisfaga las propiedades descritas en II.b.

de argumentar que las dos curvas se cruzan una vez y sólo una vez, por lo que el capital por trabajador de estado estacionario *existe y es único*.

Podemos emplear el gráfico 1.10 para estudiar el comportamiento de la tasa de crecimiento en el tiempo. Según la ecuación de crecimiento [1.20], la tasa de crecimiento de k viene dada por la diferencia vertical entre las dos curvas. Vemos que la tasa de crecimiento es positiva para valores de k inferiores a k^*, $k < k^*$, y negativa para valores superiores a k^*, $k > k^*$. Además, la tasa de crecimiento es tanto mayor cuanto más por debajo está la economía del estado estacionario. Tomemos una economía con un capital inicial k_0 inferior a k^*. La tasa de crecimiento del capital en los primeros momentos es grande, pero va disminuyendo monotónicamente con el paso del tiempo, al ir aproximándose la economía a su posición de estado estacionario. Cuando se alcanza este punto, el crecimiento se detiene. El comportamiento de la economía es simétrico cuando el capital inicial está por encima de k^*.

La explicación de la caída de la tasa de crecimiento a lo largo de la transición está en el supuesto de que los *rendimientos del capital son decrecientes*: cuando el stock de capital es bajo, cada aumento del stock de capital genera un *gran* aumento en la producción (esto es, la productividad marginal del capital es elevada). Puesto que, por hipótesis, los agentes ahorran e invierten una fracción constante del producto adicional, el aumento en el stock de capital es grande. Dado que la productividad del capital es decreciente, cada unidad adicional genera incrementos menores de producto a medida que k aumenta. Como los agentes siguen ahorrando un porcentaje constante de la producción, los aumentos adicionales del stock de capital son cada vez más reducidos. De hecho, se aproximarían a cero si el stock de capital fuera arbitrariamente grande. Antes de llegar a este extremo, no obstante, la economía alcanza un punto en el que los incrementos del stock de capital cubren exactamente la substitución del stock de capital que se ha depreciado y compensan el crecimiento de la población (a una tasa n). Este aumento es, pues, exactamente suficiente para mantener el capital per cápita a un nivel constante. Una vez que la economía alcanza esta situación, permanece en ella para siempre. Se trata del estado estacionario.

Este resultado es, a la vez, interesante y preocupante: por un lado hemos visto que si la función de producción es neoclásica, no solamente existe un punto en el que la economía deja de crecer, sino que además, con toda seguridad la economía se aproxima a este punto. Dicho de otro modo, ¡a largo plazo la economía debe dejar de crecer! Esta es una lección importantísima de la teoría neoclásica, que nos dice que el crecimiento a largo plazo no se puede alcanzar a base de invertir una fracción constante del PIB. Pero es una lección preocupante porque la experiencia de muchos países que han crecido durante los últimos 200 años nos muestra que es posible crecer a largo plazo. Empezamos a ver que el modelo simple de Solow-Swan no es una descripción razonable de lo que sucede en el mundo que nos rodea.

Un argumento intuitivo que podría parecer que explica lo que está pasando, pero que es falso es que, a medida que el capital crece, el producto marginal del capital disminuye debido a la ley de rendimientos decrecientes del capital. Esto, podría pensarse, lleva a los inversores a invertir cada vez menos (ya que la rentabilidad de la inversión disminuye). Aunque sea intuitivo, este razonamiento *no es válido*. La razón es que las familias de nuestro modelo ahorran e invierten una fracción *constante* de la renta. En particular, no reaccionan a ningún tipo de cambio en la tasa de rentabilidad, por lo que el mecanismo que actúa a través de la reducción en los incentivos para invertir no tiene cabida en nuestro modelo con tasas de ahorro constantes. Para hablar de este mecanismo deberemos esperar al capítulo 3, donde, allí sí, las empresas decidirán sus inversiones de acuerdo con la rentabilidad que les ofrezcan los mercados.

1.4.1. Aumentos en la tasa de ahorro

Se podría pensar que si nos encontramos en nuestro estado estacionario (y, por lo tanto, si nos encontramos en una situación de estancamiento permanente), una forma de generar crecimiento consistiera en la tasa de ahorro e inversión (recordemos que las tasas de ahorro e inversión coinciden cuando la economía es cerrada). De hecho, instituciones internacionales como el Banco Mundial a menudo recomiendan el aumento de la tasa de ahorro e inversión como la solución del problema del nulo crecimiento económico experimentado por muchas economías de nuestro mundo. Veamos cuáles son las predicciones del modelo neoclásico cuando la economía experimenta un aumento en la tasa de ahorro e inversión (en estos momentos no nos interesa saber cómo se consigue incentivar el ahorro y la inversión, aunque se supone que es a través de políticas fiscales. Lo que nos interesa saber es cuál será el comportamiento a corto, medio y largo plazo, de una economía que consigue aumentar su tasa de ahorro, s).

Si la tasa de ahorro s experimenta un aumento *repentino* y *permanente*, la curva de ahorro salta inmediatamente hacia la derecha. En el gráfico 1.11, la curva pasa de $CA1$ a $CA2$. Como, inicialmente, el capital que tiene la economía es todavía k^*, para este stock de capital la curva de ahorro está por encima de la curva de depreciación. La tasa de crecimiento de la economía pasa, pues, a ser positiva. Esto implica que el stock de capital comienza a desplazarse hacia la derecha. A medida que esto sucede, la distancia entre las curvas de ahorro y depreciación se reduce debido a la existencia de rendimientos decrecientes del capital. Eventualmente, la economía converge hacia un nuevo punto de estado estacionario con crecimiento nulo, k^{**}. En conclusión, una política de aumento de la tasa de inversión no consigue aumentar la tasa de crecimiento a largo plazo, a pesar de que consiga aumentar el crecimiento a corto plazo y el stock de capital per cápita de estado estacionario (y, con él, el PIB per cápita de estado estacionario). De hecho, ni siquiera está claro que dicha política sea buena, a pesar de que consigue aumentar el PIB per cápita a largo plazo. La razón es que, a corto plazo, el consumo se ha reducido, por lo que esta política no sería deseable si la gente fuera muy impaciente y valorara el presente mucho más

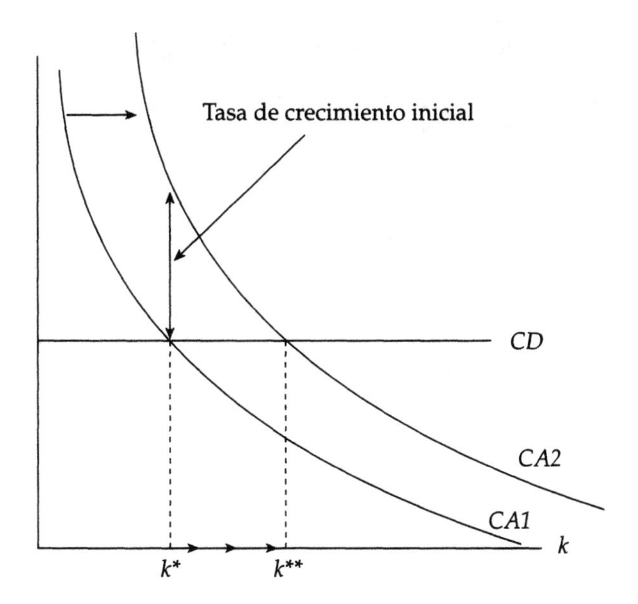

Gráfico 1.11. Aumento de la tasa de ahorro.

que el futuro. Es más, si el stock de capital inicial fuera superior a k_{oro}, entonces un aumento de la tasa de inversión sería claramente malo, tal como hemos señalado en la sección anterior.

El resultado obtenido nos vuelve a indicar que, en este modelo, no se puede explicar el crecimiento observado a muy largo plazo con la inversión en capital físico, dado que la ley de los rendimientos decrecientes del capital acaba por matar el crecimiento. Un aumento en la tasa de ahorro genera crecimiento positivo a lo largo de la transición, pero no genera crecimiento a largo plazo. Uno podría pensar que si volviéramos a aumentar s, entonces se generaría otro pequeño proceso de crecimiento hacia un nuevo estado estacionario. Una vez allí, podríamos volver a aumentar s. Sucesivos aumentos de la tasa de ahorro, podría pensarse, generarían sucesivos aumentos en la tasa de crecimiento. Si esto se hace a perpetuidad, la tasa de crecimiento podría ser siempre positiva. El problema de este argumento es que olvida que la tasa de ahorro es una *fracción*. Es decir, es un número que no puede nunca exceder de uno: una vez ahorramos todo lo que producimos no podemos aumentar la tasa de ahorro porque no hay nada más para ahorrar. Una vez llegado a ese límite, la tasa de ahorro no puede aumentar y la economía convergirá a un estado estacionario final sin crecimiento del que ya no podremos escapar.

La lección principal es, por lo tanto, que no se pueden generar aumentos permanentes en la tasa de crecimiento con políticas de ahorro e inversión.

1.4.2. Disminuciones en la tasa de crecimiento de la población

Otra política que el Banco Mundial recomienda a menudo a los países pobres es la reducción de la tasa de crecimiento de la población, n. Normalmente esto se consigue con las llamadas políticas de planificación familiar que reducen las tasas de natalidad (algunos países intentan reducir el crecimiento de la población simplemente obligando a las familias a tener un solo hijo y... ¡matar a los demás!). En este momento no nos importa tanto el saber cómo se consigue como el saber cuáles serán las implicaciones económicas de reducir el crecimiento de la población. En nuestro modelo, nos preguntamos qué pasará a corto, medio y largo plazo cuando el parámetro n disminuye permanentemente. Para ser más concretos, imaginamos que, en el momento inicial, la economía se encuentra en un estado estacionario, k^*, con crecimiento nulo.

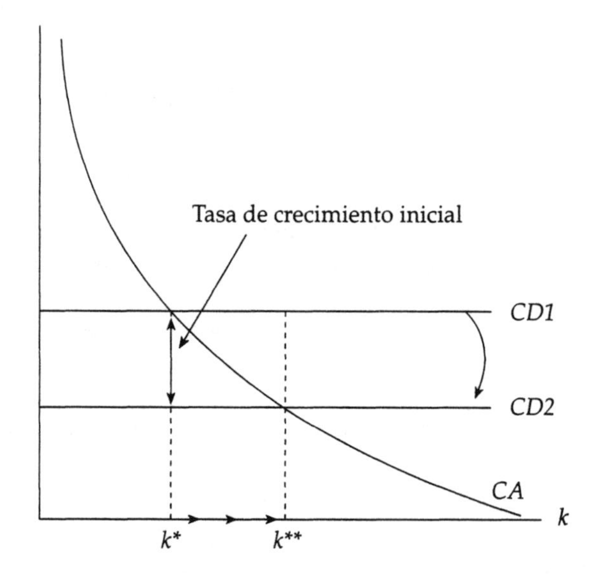

Gráfico 1.12. Reducción del crecimiento de la población, n.

El impacto inicial de esta política de natalidad es el salto de la curva de depreciación hacia abajo (en el gráfico 1.12 la curva de depreciación pasa de $CD1$ a $CD2$). En el momento inicial (cuando el stock de capital es todavía k^*) la curva de ahorro pasa por encima de la nueva curva de depreciación, por lo que el crecimiento de la economía pasa a ser positivo. A medida que el capital aumenta, la distancia entre las dos curvas disminuye, por lo que también lo hace la tasa de crecimiento. La economía converge finalmente al nuevo estado estacionario, k^{**}, con un capital per cápita superior, pero una tasa de crecimiento nula. El hecho de tener un PIB superior, sin embargo, no justifica necesariamente este tipo de políticas, ya que debemos tener en cuenta que a lo mejor las familias quieren tener muchos hijos. Es decir, es posible

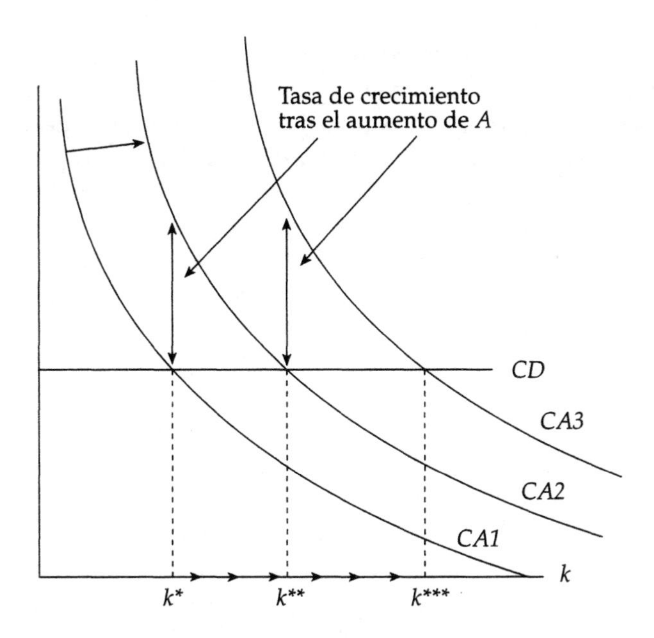

Gráfico 1.13. Progreso tecnológico.

que la familia típica china prefiera tener una renta un poco menor y no tener que sufrir la muerte del segundo hijo. Dejando de lado la optimalidad o deseabilidad de estas políticas, lo que sí está claro es que la reducción del crecimiento de la población tampoco genera crecimiento a largo plazo. Obsérvese que tampoco se puede generar crecimiento a largo plazo a base de reducir n repetidamente y a perpetuidad, dado que esto conllevaría tasas de crecimiento de la población cada vez más negativas, y la población mundial acabaría extinguiéndose.

1.5 Progreso tecnológico

La lección principal hasta ahora es que la acumulación de capital no puede explicar el crecimiento a largo plazo en un modelo neoclásico. Si esto es cierto, ¿cómo explicaban Solow y Swan el hecho de que Inglaterra, Estados Unidos o Francia hubieran crecido sin parar, durante los últimos 200 años? La respuesta que dieron fue, naturalmente, que todo este análisis se había hecho bajo el supuesto simplificador de una la tecnología constante. En realidad, sin embargo, la tecnología mejora con el paso del tiempo. Según la ecuación fundamental del modelo de Solow-Swan, un aumento del parámetro tecnológico, A, hace saltar la curva de ahorro hacia la derecha. En el gráfico 1.13, la curva de ahorro pasa de $CA1$ a $CA2$.

La evolución de las variables económicas tras un aumento permanente y exógeno de A es muy similar a lo que sucede ante un aumento de la tasa de ahorro: la tasa de crecimiento aumenta inmediatamente, por lo que también lo hace el capital. A medida que el capital aumenta, el producto marginal del capital disminuye, por lo que la tasa de crecimiento se reduce. A largo plazo, si no existe un nuevo aumento de A, la economía converge a un estado estacionario con un stock de capital y de PIB per cápita superior, pero con crecimiento nulo. La gran diferencia entre aumentos de s y aumentos de A es que los aumentos primeros no se pueden repetir indefinidamente, mientras que la tecnología puede mejorar una y otra vez sin límite. Obsérvese que si el parámetro A vuelve a aumentar, la curva de ahorro vuelve a saltar a la derecha (y pasa a ser $CA3$) y la economía vuelve a crecer durante un periodo de tiempo. Si los aumentos de A se repiten una y otra vez, la economía crecerá sin cesar. Como la imaginación humana no tiene límites, no hay por qué pensar que este proceso no pueda repetirse ilimitadamente, por lo que no hay por qué creer que el crecimiento a largo plazo será cero. Por lo tanto, el modelo neoclásico es compatible con el crecimiento continuado, pero sólo si existe progreso tecnológico continuado.

En el caso de que el nivel de la tecnología, A, aumente continuamente a una tasa constante x, la curva de ahorro se desplaza *continuamente* hacia la derecha. Es por ello que el stock de capital del estado estacionario también se desplaza hacia la derecha a la misma tasa, x. De este modo, la tasa de crecimiento de la economía en el estado estacionario, en términos per cápita, es positiva e igual a x.

Podemos demostrar que la tasa de crecimiento per cápita a largo plazo es positiva cuando la tecnología mejora de forma continuada. En el capítulo 4 se discutirán diferentes tipos de progreso tecnológico y se argumentará que, para que exista un estado estacionario, la tecnología debe estar *multiplicando el factor trabajo*. Por lo tanto, la función de producción debe poder escribirse como

$$Y_t = F(K_t, L_t A_t). \quad [1.21]$$

es decir, la tecnología hace que el trabajo sea más eficiente: con la misma cantidad de trabajadores, L_t, un aumento en la *eficiencia* del trabajo hace que la producción aumente. Por este motivo, muchos economistas denominan el producto $\hat{L} \equiv L_t A_t$ *unidades de eficiencia del trabajo*. Obsérvese que este producto crece si crece la población, L, o si crece el nivel tecnológico, A. Como siempre, supondremos que L crece a una tasa *exógena constante* que denominamos n. Además, supondremos que A crece también a un ritmo *exógeno*[11] y *constante* que denotamos con la letra x. Por lo tanto, x será una medida del *progreso tecnológico*. Por ejemplo, si $x = 0{,}02$ cada trabajador es un 2 por ciento más eficiente cada año. La producción, Y, aumentará exactamente igual que si L hubiera crecido en un 2 por ciento. Como la población crece a un ritmo n y la tecnología crece a un ritmo x, el producto $\hat{L} = L_t A_t$ crece a un ritmo $n + x$.

[11] Exógeno quiere decir que la tecnología aumenta sin necesidad de que ningún miembro de la economía dedique esfuerzos o recursos para que ello suceda.

El análisis de una economía neoclásica con progreso tecnológico exógeno y constante es bastante similar al análisis hecho hasta ahora. La única diferencia es que, en lugar de analizar el capital por persona ($k \equiv K/L$) será conveniente analizar el *capital por unidad de trabajo eficiente*, que vamos a definir como $\hat{k} \equiv K/\hat{L}$ porque, como veremos seguidamente, su comportamiento es virtualmente idéntico al comportamiento de k cuando no hay progreso tecnológico. Como $F(\cdot)$ presenta rendimientos constantes a escala, se cumple

$$\frac{F(K,\hat{L})}{\hat{L}} = F\left(\frac{K}{\hat{L}}, \frac{\hat{L}}{\hat{L}}\right) = F(\hat{k}, 1) = f(\hat{k}).$$

Volvamos a la ecuación [1.8] y dividamos los dos lados por $\hat{L}$:

$$\frac{\dot{K}}{\hat{L}} = sf(\hat{k}) - \delta\hat{k}. \tag{1.22}$$

Para saber el comportamiento de $\hat{k}$ en el tiempo, calculamos su derivada con respecto al tiempo (de manera parecida a lo que hemos hecho en [1.12]):

$$\begin{aligned}\frac{\partial\hat{k}}{\partial t} \equiv \frac{\partial\left(\frac{K}{LA}\right)}{\partial t} &= \frac{\dot{K}LA - K\dot{L}A - KL\dot{A}}{(LA)^2} = \\ &= \frac{\dot{K}}{LA} - \frac{\dot{L}}{L}\frac{K}{LA} - \frac{\dot{A}}{A}\frac{K}{LA} = \\ &= \frac{\dot{K}}{\hat{L}} - (n+x)\hat{k}\,,\end{aligned} \tag{1.23}$$

Substituyendo [1.23] en [1.22] obtenemos

$$\frac{\partial\hat{k}}{\partial t} = sf(\hat{k}) - (\delta + n + x)\hat{k}. \tag{1.24}$$

Obsérvese que la ecuación [1.24] es casi idéntica a [1.15]. Las dos diferencias son: (1) el stock de capital relevante no es k sino $\hat{k}$ y (2) la constante que multiplica el stock de capital en el último término es $\delta+n+x$ en lugar de $\delta+n$. Si procedemos a construir un gráfico similar al 1.10 encontraremos que las curvas de ahorro y depreciación se cruzan una vez y solamente una (véase el gráfico 1.14), por lo que existe un único stock de capital de estado estacionario constante, $\hat{k}^*$, y la tasa de crecimiento es cero, $\gamma_{\hat{k}}^* = 0$. En este estado estacionario, será cierto que el PIB por unidad de trabajo eficiente, $\hat{y} \equiv Y/(LA)$, es constante y su tasa de crecimiento es cero. No reproducimos la exposición de este análisis en estas páginas porque el procedimiento es idéntico al utilizado para la construcción del gráfico 1.10.

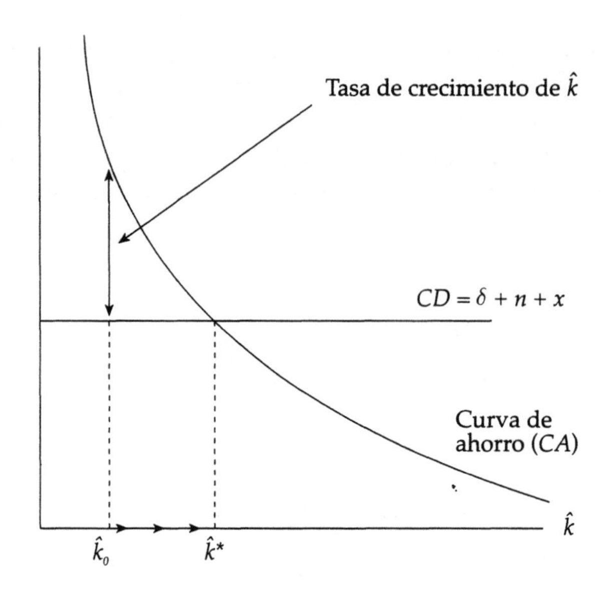

Gráfico 1.14. El modelo neoclásico de Solow-Swan con progreso tecnológico.

Dado que, por definición, $\hat{k} \equiv \frac{K}{LA} = \frac{K}{L}\frac{1}{A} = \frac{k}{A}$, tenemos que la tasa de crecimiento de $\hat{k}$ es igual a la diferencia entre γ_k y $\gamma_A \equiv x$. Por lo tanto, obtenemos que en el estado estacionario, donde $\gamma^*_{\hat{k}} = \gamma^*_{\hat{y}} = 0$, será cierto que $\gamma^*_y = \gamma^*_k = x$. Es decir, en el estado estacionario el capital y el PIB per cápita crecerán al mismo ritmo que la tecnología, x.

El gran problema del modelo neoclásico: El progreso tecnológico DEBE *ser exógeno.*

La conclusión a la que hemos llegado en el apartado anterior es bastante importante: la economía neoclásica puede tener crecimiento positivo a largo plazo si la tecnología crece. La pregunta que debe surgir de forma inmediata es: ¿Cómo podemos acelerar el progreso tecnológico de manera que aumente la tasa x? Hasta ahora hemos supuesto que el progreso tecnológico era *exógeno* en el sentido de que no surgía de la inversión en I+D de las empresas o del esfuerzo investigador de nadie; simplemente, el nivel tecnológico aumentaba constantemente sin explicar por qué. Si dejamos las cosas así, deberemos concluir que el modelo neoclásico de crecimiento económico explica muchas cosas, pero deja una cosa importante sin explicar: precisamente, ¡el crecimiento económico! El modelo dice que la única fuente de crecimiento a largo plazo debe ser el progreso técnico, pero el modelo no explica de dónde surge dicho progreso.

El problema es mucho más grave de lo que parece porque, si seguimos los postulados neoclásicos, el progreso tecnológico DEBE ser exógeno. Para entender este punto, tomemos de nuevo la función de producción neoclásica. Como se recordará, una de las características de *toda función neoclásica es que presenta rendimientos cons-*

tantes en los inputs rivales, en este caso K y L. El teorema matemático de Euler nos dice que una función homogénea de grado uno tiene la propiedad de que

$$F(K, L, A) = K\frac{\partial F}{\partial K} + L\frac{\partial F}{\partial L}. \quad [1.25]$$

Otro de los postulados neoclásicos (que estudiaremos con más detalle en el capítulo 3) es que el mundo es de competencia perfecta. Sabemos que cuando hay competencia perfecta, la recompensa que recibe cada factor de producción es su producto marginal. Es decir, si w es el salario del trabajo y R es la renta del capital, entonces en un mundo neoclásico de competencia perfecta, los precios de los factores cumplen $w = \partial F/\partial L$ y $R = \partial F/\partial K$. Si substituimos estas dos igualdades en [1.25] obtenemos una conclusión devastadora:

$$F(K, L, A) = KR + Lw. \quad [1.26]$$

La condición [1.26] dice que el producto total es igual a la cantidad de capital multiplicada por su precio más la cantidad de trabajadores multiplicada por el salario que cobra cada uno de ellos. Otra manera de leer la misma ecuación es: una vez pagado el salario a los trabajadores y la renta al capital, el producto de la economía se acaba. La implicación de todo esto es que la *economía neoclásica no puede dedicar recursos a la financiación del progreso tecnológico*. Los economistas neoclásicos, pues, se ven OBLIGADOS a suponer que *el progreso tecnológico es exógeno*. Esto reduce enormemente la utilidad del modelo porque basa todo crecimiento a largo plazo en los aumentos *no explicados* y *no explicables* de la variable tecnológica. Esta conclusión hace que el modelo neoclásico de crecimiento sea intelectualmente insatisfactorio.

Otra lectura más positiva de esta conclusión es que si queremos construir un modelo que explique el crecimiento a largo plazo, deberemos abandonar *alguno* de los supuestos neoclásicos: o bien la función de producción no es neoclásica, o bien no hay competencia perfecta, o bien se relaja algún otro supuesto. Esto es lo que haremos en los sucesivos capítulos de este libro.

A pesar de no ser una teoría satisfactoria del crecimiento a largo plazo, el modelo neoclásico ofrece unas explicaciones interesantes de la transición hacia el estado estacionario. Vamos a verlas a continuación.

1.6 Una medida cuantitativa de la duración de la transición

Un aspecto importante del modelo es la rapidez con la cual la economía evoluciona durante la transición hacia el estado estacionario. Para cuantificar esta velocidad, será más conveniente volver al modelo sin progreso tecnológico, y utilizar la función de producción de Cobb-Douglas. Definimos la *velocidad de convergencia* como el cambio en la tasa de crecimiento cuando el capital aumenta en un uno por ciento. Si denotamos esta velocidad con la letra β, entonces tenemos que la velocidad de convergencia es

$$\beta = -\frac{\partial \gamma_k}{\partial \log(k)}. \qquad [1.27]$$

Para calcular esta derivada, es preciso expresar la tasa de crecimiento como función de $\log(k)$, dado que ahora la tenemos como función de k. Para ello será preciso darse cuenta que el término $Ak^{-(1-\alpha)}$puede reescribirse como $Ae^{-(1-\alpha)\log(k)}$. Utilizando la ecuación fundamental de Solow-Swan [1.20′] obtenemos

$$\gamma_k = sAe^{-(1-\alpha)\log(k)} - (\delta + n).$$

Derivando esta expresión con respecto a $\log(k)$ tenemos que

$$\beta \equiv -\frac{\partial \gamma_k}{\partial \log(k)} = -\left[sAe^{-(1-\alpha)\log(k)}(-(1-\alpha))\right] = \\ = \left[(1-\alpha)sAk^{-(1-\alpha)}\right].$$

Vemos que β es una función decreciente de k. Esto implica que la velocidad de convergencia disminuye a medida que el capital se aproxima a su valor de estado estacionario. En el estado estacionario, sabemos que $sA(k^*)^{-(1-\alpha)}$ es igual a $\delta + n$. La velocidad de convergencia, pues, disminuye a lo largo de la transición hasta alcanzar el valor

$$\beta^* \equiv (1-\alpha)(\delta + n).$$

Otra manera de llegar al mismo resultado es analizar una versión linearizada del modelo de Solow-Swan. Mediante una aproximación de Taylor de primer orden de [1.20′] alrededor de $\log(k^*)$ se obtiene

$$\gamma_k = -(1-\alpha)sAe^{-(1-\alpha)\log(k^*)}[\log(k) - \log(k^*)].$$

Nótese que el valor de $sAe^{-(1-\alpha)\log(k^*)}$ en el estado estacionario es $\delta + n$. Substituyendo el primero por el segundo, obtenemos:

$$\gamma_k = -(1-\alpha)(\delta + n)[\log(k) - \log(k^*)]. \qquad [1.28]$$

Es decir, la tasa de crecimiento del capital de la economía está inversamente relacionada con el nivel de capital inicial. Obsérvese que, ahora que tenemos la tasa de crecimiento como una función lineal de $\log(k)$, es fácil tomar la derivada para calcular la velocidad $\beta^* \equiv -\frac{\partial \gamma_{k^*}}{\partial \log(k^*)} = (1-\alpha)(\delta+n)$.

Para proporcionar una medida cuantitativa de esta velocidad de convergencia, recordemos que la tasa de crecimiento de la población de los países industrializados oscila alrededor del 0,01. La tasa de depreciación lo hace alrededor del 0,1. La participación del capital físico en los países industrializados está situada alrededor del 0,30. En consecuencia, la velocidad de convergencia que predice el modelo es, más o menos, de $(1-\alpha)(\delta+n) = 0,7 \times 0,11 = 0,077$ o 7,7% anual. Es decir, cada año se cubre el 7,7% de la diferencia existente entre el capital inicial y el capital de estado estacionario, k^*. Esta velocidad implica que la mitad de la distancia existente entre k_0 y k^* desaparece en un periodo de unos 9 años.[12] La velocidad de convergencia hacia el estado estacionario es, pues, bastante grande, por lo que la transición tiene lugar en un breve espacio de tiempo. La situación sería aún más extrema si cosideráramos el modelo con progreso tecnológico exógeno por cuanto, en este caso, la velocidad de convergencia sería $(1-\alpha)(\delta+n+x)$. Sin necesidad de repetir todo el proceso, el lector puede verificar este resultado, por cuanto la diferencia que el progreso técnico introducía en la ecuación fundamental de Solow-Swan era que, en lugar de $\delta+n$, la tasa de depreciación efectiva era de $\delta+n+x$. Es natural, pues, que esta nueva tasa de depreciación aparezca en la nueva velocidad de convergencia.

La velocidad de convergencia que se ha determinado sería mucho menor si tomáramos en consideración una definición más amplia del capital (de modo que incluyera otros elementos, como el capital humano, del cual hablaremos más adelante). A modo de ejemplo, si la participación del capital, definido de forma amplia, fuera de $\alpha = 0,80$, la velocidad de convergencia predicha se situaría alrededor de 0,022 (lo que conlleva que la mitad del desfase se cubriría en un periodo de 32 años). Barro y Sala-i-Martin (1991, 1992a, 1992b) y Mankiw, Romer y Weil (1992) han demostrado que estos valores de convergencia más reducidos concuerdan mejor con los datos empíricos. En el capítulo 10 estimaremos la velocidad de convergencia en varios conjuntos de datos regionales e internacionales.

1.7 Convergencia: absoluta y condicional

El gráfico 1.10 indica que la tasa de crecimiento de una economía neoclásica es decreciente. Esto significa que si las economías se diferenciasen únicamente en el

[12] La ecuación [1.28] es una ecuación diferencial en $\log(k_t)$ cuya solución es $\log(k_t) = (1-e^{-\beta t})\log(k^*) + e^{-\beta t}\log(k_0)$. El momento t para el cual $\log(k_t)$ está a mitad de camino entre k_0 y k^* satisface la condición $e^{-\beta t} = 1/2$. Tomando logaritmos de los dos lados y despejando t veremos que el tiempo que se tarda en recorrer la mitad del camino es $\log(2)/\beta$. Para el caso de $\beta = 0,077$ obtenemos que $\log(2)/\beta = 9$ años.

stock de capital por trabajador, en el mundo real deberíamos observar un crecimiento superior en las economías pobres que en las ricas (en este caso las diferentes economías se representarían en el gráfico 1.10 con diferentes valores de k_0, aunque se supone que todas ellas poseen el mismo volumen de capital en el estado estacionario, k^*). Este fenómeno se puede observar también en la ecuación [1.20], donde la tasa de crecimiento de k está inversamente relacionada con el nivel de k. Dado que la tasa de crecimiento de la renta per cápita es proporcional a la tasa de crecimiento del capital per cápita, el modelo predice también una relación negativa entre la renta inicial y su tasa de crecimiento.

Esta relación inversa entre la renta inicial y su tasa de crecimiento es conocida como la *hipótesis de convergencia*. Esta hipótesis es interesante, puesto que se puede comprobar fácilmente empleando datos de un conjunto de países en un momento dado del tiempo, mediante la confección de un simple gráfico en el que se representen la renta de cada país y su tasa de crecimiento (véase, por ejemplo, el gráfico 10.3 en el capítulo 10). Si la correlación observada es negativa, estas economías tenderán a converger en el tiempo.

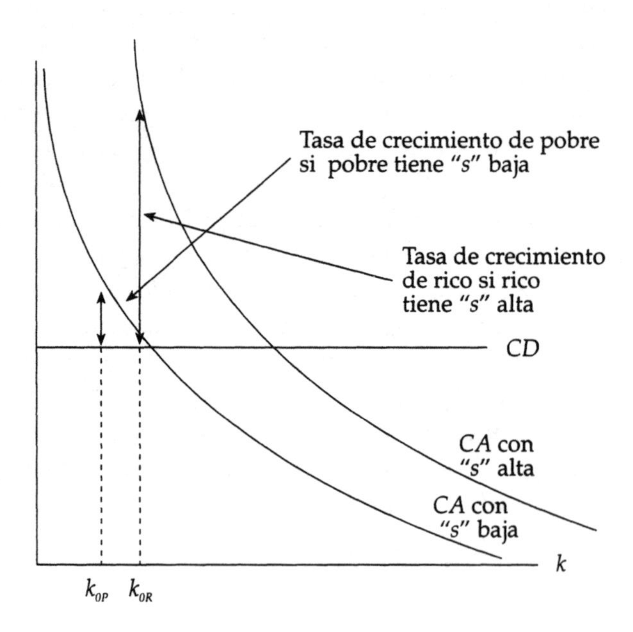

Gráfico 1.15. Convergencia condicional.

Hay que destacar que el modelo neoclásico que acabamos de esbozar *sólo predice la existencia de una relación negativa entre la renta y las tasas de crecimiento, en el caso de que la única diferencia entre los países resida en sus stocks iniciales de capital.* Si, por el contrario, las economías también se diferencian en su nivel de tecnología, A, en su tasa de ahorro, s, en su tasa de depreciación, δ, o en su tasa de crecimiento de la población, n, el modelo no predice un mayor crecimiento para los países más pobres. Como ejemplo, pasemos al gráfico 1.15, en el cual dos economías (designadas por P, el país pobre y R, el país rico) poseen un stock de capital k_{0P} y k_{0R}, respectivamente (siendo $k_{0P} < k_{0R}$). Supongamos, además, que la tasa de ahorro en el país pobre es diferente a la del país rico, por lo que los dos países convergen a un estado estacionario distinto. Nótese que, si no sabemos qué tasa de ahorro tiene cada país, no sabemos cuál es su tasa de crecimiento. En particular, no sabemos si el rico crece menos o más que el pobre. Es decir, el modelo *no predice* que vaya a haber convergencia, en el sentido de que la economía pobre vaya a crecer más que la rica. Por ejemplo, si el país pobre es el que tiene una tasa de ahorro inferior, entonces su tasa de crecimiento es menor y, en este caso, habría *divergencia* y no convergencia. Sin embargo, aun es posible hablar de *convergencia condicional*, en el sentido de que *la tasa de crecimiento de una economía está directamente relacionada con la distancia a la que se sitúa de su estado estacionario.* En otras palabras, si un país es pobre en la actualidad pero se espera que siga siéndolo en el largo plazo, entonces su tasa de crecimiento no será muy elevada. Por el contrario, si se espera que el mismo país acabe siendo muy rico, entonces su tasa de crecimiento actual será alta. El modelo neoclásico, pues, predice la convergencia únicamente después de tener en cuenta los elementos determinantes del estado estacionario.

La intuición tras el concepto de convergencia condicional es muy sencilla. Si dos países tienen la misma función de producción neoclásica, entonces el que tenga una cantidad menor de capital (país pobre) tendrá un producto marginal del capital superior al que tenga mucho capital (país rico). Literalmente, el producto marginal del capital es el aumento que experimenta la producción cuando incrementamos el stock de capital *en una unidad*. Si invertimos en una máquina en el país pobre obtendremos más producción que si invertimos en ella en el país rico. Ahora bien, para determinar el crecimiento de un país, no sólo es importante saber cuál será el aumento de la producción generado por cada máquina adicional sino que debemos saber también en cuántas máquinas invertimos. Quien nos dice en cuántas máquinas invertimos es la tasa de ahorro e inversión, s. Se puede dar el caso de que un país rico (y con un producto marginal del capital reducido) tenga una tasa de inversión tan elevada que el aumento total de la producción sea superior al aumento del país pobre, a pesar de que *cada una* de las máquinas adicionales genere un incremento pequeño de la producción.

Otra manera de apreciar el fenómeno de la convergencia condicional es mirar la ecuación [1.28], en la cual la tasa de crecimiento está negativamente relacionada con el logaritmo de k. Obsérvese también que en la misma ecuación aparece el término $\log(k^*)$. Desde un punto de vista empírico es preciso que k^* sea constante para poder observar la relación entre el crecimiento y el nivel de capital. Si k^* no es constante y se omite de la regresión, entonces las estimaciones del coeficiente de $\log(k)$ estarán sesgadas siempre que k^* esté correlacionado con k. Barro y Sala-i-Martin (1991, 1992a, 1992b) y Mankiw, Romer y Weil (1992) han encontrado apoyo empírico para la hipótesis de convergencia condicional y, en consecuencia, para el modelo neoclásico. La participación del capital que se precisa para que el modelo se ajuste a los datos es sustancialmente mayor que 0,3 y cercano a 0,75. Los resultados de estos estudios empíricos se analizan también en el capítulo 10 de este libro.

1.8 El modelo de Solow-Swan ampliado

La evidencia empírica sobre la hipótesis de convergencia indica que el modelo neoclásico es consistente con los datos estadísticos, si la participación del capital ronda el 0, 80 (véase el capítulo 10). Las estimaciones empíricas sobre la participación del capital en los países industrializados indican que está más próxima al 0, 3 que al 0, 80. Por este motivo, es preciso considerar K en un sentido amplio para que abarque otras formas de capital no físico.

Para incorporar esta idea, Mankiw, Romer y Weil (1992) construyeron lo que ellos bautizaron como un "modelo de Solow-Swan ampliado". El modelo incluye tres factores de producción: capital, trabajo en el sentido convencional, y capital humano (designado por H) en una tecnología Cobb-Douglas:

$$Y = BK^{\lambda}H^{\eta}L^{1-\lambda-\eta}. \quad [1.29]$$

Mankiw, Romer y Weil supusieron, además, que tanto el capital físico como el humano se podían acumular detrayéndolos de la producción:

$$\dot{K} + \dot{H} = BK^{\lambda}H^{\eta}L^{1-\lambda-\eta} - C - \delta_k K - \delta_h H,$$

siendo δ_k y δ_h las tasas de depreciación del capital físico y el humano, respectivamente. Imaginemos que $\delta_k = \delta_h = \delta$. Para simplificar el análisis, tengamos en cuenta que si las empresas maximizan, van a competir por el capital físico y humano hasta que el producto marginal neto de los dos tipos de capital sea idéntico. Es decir, $\lambda \frac{Y}{K} = \eta \frac{Y}{H}$. Podemos reescribir esta expresión de forma alternativa, $H = (\eta/\lambda)K$, lo que nos indica que, en todo momento, la cantidad de capital humano debe ser proporcional a la de capital físico. Si se substituye esta relación en la expresión del producto, obtenemos que $Y = AK^{\alpha}L^{1-\alpha}$, siendo la participación efectiva del capital, α, la suma de las participaciones del capital físico y el humano, $\alpha = \lambda + \eta$ y, además, la constante $A = B(\eta/\lambda)^{\eta}$. Por esta razón, el modelo de Solow-Swan ampliado para incorporar el capital humano es únicamente una forma de argumentar que la participación del capital relevante es mayor que la participación del capital físico. En otros términos, se trata de una forma de defender que la participación del capital relevante está más próxima a 0,80 que a 0,3. Nótese que la velocidad de convergencia que se deriva de la ecuación [1.20′] depende ahora de la participación del capital en un sentido amplio,

$\alpha = \lambda + \eta$, en lugar de la participación del capital físico, λ, por lo que la velocidad de convergencia es igual a $\beta^* = (1 - \lambda - \eta)(\delta + n)$. Si la participación del capital físico es $\lambda = 0{,}30$ y la participación del capital humano $\eta = 0{,}50$, la tasa relevante del capital es $\alpha = \lambda + \eta = 0{,}80$ y la velocidad de convergencia que se desprende (cuando $\delta = 0{,}10$ y $n = 0{,}01$) se sitúa en $\beta^* = 0{,}022$.

Estos valores se aproximan mucho más a los obtenidos por la literatura empírica (que se analiza en el capítulo 10) que fluctúan alrededor del 0,02.

1.9 La introducción de una economía abierta

Los modelos de crecimiento descritos hasta el momento se basan en el supuesto de una economía cerrada, en la cual no existe intercambio de bienes, activos o trabajo entre los países. La evidencia empírica que hemos citado se refiere a economías, como los Estados que forman Estados Unidos, las prefecturas de Japón e, incluso, los países de la OCDE, que, obviamente, no son economías cerradas. Barro, Mankiw y Sala-i-Martin (1992) presentaron un modelo de economías abiertas en el que los diferentes países pueden pedir prestado en los mercados internacionales de capital, pero en el que no todo el capital puede ser usado como aval o garantía colateral. De modo parecido, en lugar de préstamos internacionales, uno puede imaginar un mundo con dos tipos de capital, pero en el que solamente uno de ellos es móvil. A partir de la función de producción [1.29], imaginemos que K puede desplazarse libremente a través de las fronteras, pero no así H.[13] Imaginemos que existe un mercado de capital mundial, en el que se paga un tipo de interés real mundial, r^*. El supuesto de movilidad perfecta de K exige que el producto marginal de K sea igual al tipo de interés mundial y, por tanto, $\lambda \frac{Y}{K} = r^* + \delta$. Esta igualdad se puede utilizar para reescribir K como función de Y: $K = \lambda \frac{Y}{r^* + \delta}$. Substituyendo esta expresión en la función de producción [1.29], obtenemos la forma reducida de la función de producción $Y = AH^{\alpha} L^{1-\alpha}$, en la cual $\alpha = \frac{\eta}{1-\lambda}$ y $A \equiv B^{1/(1-\lambda)}[\lambda / r^* + \delta)]^{\lambda/(1-\lambda)}$. Hay que señalar que la forma reducida de la función de producción de este modelo de economía abierta es idéntica a la función de producción del modelo neoclásico ampliado de economía cerrada y que, además, el valor numérico de la participación relevante del capital, α, es muy próximo al de éste. En efecto, si continuamos suponiendo que λ adopta un valor cercano a 0,30 y η vale aproximadamente 0,50, la participación relevante del capital es $\alpha = 0{,}50/0{,}7 = 0{,}71$. Si aplicamos estos valores a nuestra fórmula de la velocidad de convergencia (que, recordémoslo, es $\beta^* = (1 - \alpha)(\delta + n)$), entonces la velocidad se sitúa en este caso en $\beta^* = 0{,}031$ (recordemos que la velocidad de convergencia de

[13] En lugar de interpretar K y H como capital físico y humano, respectivamente, podríamos identificar K con el capital *"móvil"* y H con el *"inmóvil"*. Para simplificar la exposición, sin embargo, aquí seguiremos llamando capital físico a K y capital humano a H.

una economía cerrada con una participación similar del capital en el producto oscila alrededor de $\beta = 0{,}022$, que es bastante parecida). Por esta razón, la introducción de la movilidad del capital en un modelo neoclásico no modifica sustancialmente las predicciones cuantitativas y cualitativas sobre la velocidad de la transición, siempre que la parte del capital que pueda emplearse como aval no sea muy grande. La consecuencia es que, en la práctica, tratar con modelos de economía cerrada puede no ser una idea tan descabellada.

2. CRECIMIENTO ENDÓGENO Y OTRAS EXTENSIONES DEL MODELO DE SOLOW-SWAN

2.1 El modelo más simple de crecimiento endógeno: tecnología *AK*

Una conclusión importante a la que hemos llegado en el capítulo anterior es que, si queremos explicar los determinantes del crecimiento a largo plazo, debemos abandonar alguno de los supuestos del modelo neoclásico: éste predice que solamente puede haber crecimiento a largo plazo si existen mejoras tecnológicas, pero los supuestos neoclásicos no permiten introducir el progreso tecnológico dentro del modelo, por lo que éste debe suponerse exógeno.

La primera manera de desviarse de los supuestos neoclásicos es abandonar la función de producción neoclásica. En esta sección mostraremos que un simple cambio en la función de producción genera un universo nuevo de predicciones y de recomendaciones de política económica, a la vez que nos permite explicar el crecimiento a largo plazo.

Imaginemos que la función de producción es lineal en el stock de capital,

$$Y_t = AK_t, \tag{2.1}$$

donde A es una constante. Esta función de producción se llama, por razones obvias, "*tecnología AK*". Aunque algunos economistas utilizaron en un momento u otro algún tipo de tecnologías lineales (véase, por ejemplo, Von Neuman (1937), Eaton (1981), o Cohen y Sachs (1986)), la introducción del modelo lineal en la nueva literatura sobre crecimiento endógeno de los años ochenta se atribuye a Rebelo (1991). En principio, esta función de producción puede parecer descabellada, puesto que ignora totalmente la existencia de trabajo y todos sabemos que se necesitan trabajadores para producir bienes y servicios. Un segundo análisis, sin embargo, nos muestra cómo, teniendo en cuenta el concepto de capital humano, el supuesto de función de producción AK no es tan descabellado. Para que un cuerpo humano sea productivo y pueda ser clasificado como "trabajo", la sociedad (los padres, los educadores o las empresas) debe invertir muchos recursos en él. Estos recursos toman la forma de comida, medicamentos o educación. Dicho de otro modo, el factor trabajo necesita inversión, en el sentido de que debemos sacrificar consumo presente para aumentar la productividad de lo que llamamos trabajo. En el capítulo anterior hemos supuesto que el factor trabajo aumentaba a un ritmo n y, lo que era más atrevido, este aumento se producía de manera gratuita, sin necesidad de gastar recursos. En realidad, sin embargo, el factor trabajo aumenta de una manera parecida a como hemos modelado el capital hasta ahora: sacrificando consumo actual. En resumen, el capital y el trabajo son, en realidad, dos tipos de capital diferentes (físico y humano) pero, al fin y al cabo, ambos son capital. Si todos los inputs de la función de producción son capital y existen rendimientos constantes de escala, la función de producción debe tener la forma AK.

Sea cual sea la motivación, en este momento nos interesa saber cómo cambia el modelo de Solow-Swan cuando utilizamos la función de producción AK en lugar de la función neoclásica que hemos utilizado hasta ahora.

Lo primero que debemos señalar es que la función AK no cumple todas las condiciones neoclásicas descritas en el capítulo 1. La función AK:

(1) Exhibe *rendiminentos constantes a escala* (por lo tanto, esta propiedad neoclásica sí se cumple), dado que $A(\lambda K) = \lambda AK = \lambda Y$.
(2) Exhibe rendimientos positivos *pero NO decrecientes* del capital (por lo que la segunda propiedad neoclásica no se cumple), dado que $\frac{\partial Y}{\partial K} = A$ y $\frac{\partial^2 Y}{\partial K^2} = 0$. Vemos que la segunda derivada es cero y no negativa (como requiere el supuesto neoclásico de rendimientos decrecientes del capital).
(3) No satisface las condiciones de Inada, dado que el producto marginal del capital es siempre igual a A, por lo que no se aproxima a cero cuando K se aproxima a infinito y no se aproxima a infinito cuando K se aproxima a cero ($\lim_{k\to\infty} F'(K) = A \neq 0$ y $\lim_{k\to 0} F'(K) = A \neq \infty$).

Introduzcamos ahora la función de producción AK en el modelo de Solow-Swan desarrollado en el capítulo anterior, bajo el supuesto que *el resto del modelo es exactamente igual*. Si esto es así, la ecuación fundamental de Solow-Swan [1.15] sigue siendo cierta. Recordemos que esta ecuación fundamental nos dice que el aumento del capital por persona es igual al ahorro (e inversión) por persona menos la depreciación por persona (lo cual incluye la pérdida de unidades de capital por persona cuando aumenta el número de personas, nk). Reescribimos aquella ecuación aquí:

$$\dot{k} = sy - (\delta + n)k, \qquad [2.2]$$

donde los subíndices temporales se han ignorado para simplificar la notación y donde y es el producto per cápita, $f(k, A)$. Para poder utilizar la función de producción AK en [2.2], debemos expresarla primero en términos per cápita: $y = \frac{Y}{L} = \frac{AK}{L} = Ak$.

Substituyendo la producción per cápita en [2.2] obtenemos

$$\dot{k} = sAk - (\delta + n)k. \qquad [2.3]$$

Dividiendo por k los dos lados de la ecuación obtenemos que la tasa de crecimiento del capital por persona es igual a

$$\frac{\dot{k}}{k} \equiv \gamma_k = sA - (\delta + n). \qquad [2.4]$$

Lo primero que observamos es que esta tasa de crecimiento es constante al ser igual a la diferencia de dos números constantes. En el gráfico 2.1 dibujamos las curvas de ahorro y depreciación de la misma manera que lo hicimos en el capítulo 1.

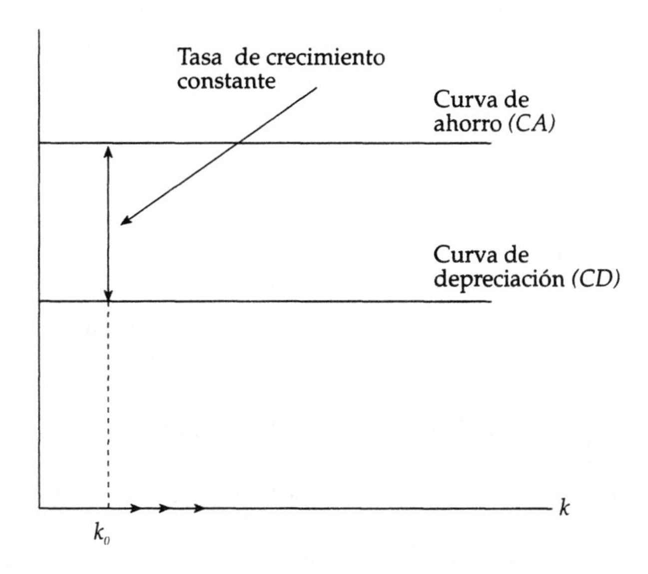

Gráfico 2.1. El modelo AK.

La diferencia reside en que, en el caso que estamos estudiando, la curva de ahorro es una línea recta horizontal, dada por sA. Si consideramos el caso en que la economía es lo suficientemente productiva como para que $sA > \delta + n$, la tasa de crecimiento será constante y positiva, $\gamma_k = \gamma^* = sA - (\delta + n)$. Dado que el PIB per cápita es proporcional a k, ($y = Ak$), la tasa de crecimiento del PIB per cápita también será igual a γ^*. Finalmente, como el consumo es proporcional al PIB per cápita, el comsumo también crecerá a la misma tasa γ^*. Tenemos, pues, que todas las variables en términos per cápita crecen al mismo ritmo, y éste viene dado por

$\gamma_c = \gamma_k = \gamma_y = \gamma^* = sA - (\delta + n)$. En este modelo, todas las variables agregadas, por supuesto, crecerán al ritmo $\gamma^* + n$, por lo que $\gamma_C = \gamma_K = \gamma_Y = sA - \delta$.

Existen seis diferencias importantes entre este modelo y el modelo neoclásico.

En primer lugar, la tasa de crecimiento del producto per cápita puede ser positiva *sin necesidad de tener que suponer que alguna variable crece continua y exógenamente*. Esta es una diferencia muy importante y es la que a menudo da nombre a este tipo de modelos: modelos de *crecimiento endógeno*.

En segundo lugar, la tasa de crecimiento viene determinada por factores visibles: las economías con *tasas de ahorro grandes* van a crecer mucho. Es más, un aumento de la tasa de ahorro (quizá inducida por una política fiscal por parte del gobierno) provoca un incremento de la tasa de crecimiento. Por este motivo, contrariamente a lo que predice el modelo neoclásico, las políticas dirigidas a promover el ahorro (y la inversión) afectan a la tasa de crecimiento a largo plazo de la economía. Esto se puede ver en el gráfico 2.1 porque un aumento de la tasa de ahorro hace saltar la curva de ahorro hacia arriba, y la distancia entre las curvas de ahorro y de depreciación aumenta. El mismo razonamiento es válido para las políticas que aumentan el nivel de la tecnología, A, reducen la tasa de crecimiento de la población, n, o la de depreciación, δ.

En tercer lugar, la economía carece de una transición hacia el estado estacionario, ya que siempre crece a una tasa constante igual a $\gamma^* = sA - (\delta + n)$ con independencia del valor que adopte el stock de capital. Esto hace que este tipo de modelos lineales sea mucho más sencillo que los modelos neoclásicos, que tienen complicadas dinámicas de transición. Aquí, la tasa de crecimiento de todas las variables es *siempre* constante. La razón es la ausencia de rendimientos decrecientes del capital. Recordemos que en nuestra economía las familias ahorran e invierten una fracción constante, s, de su producto. Imaginemos que el stock de capital es pequeño. Éste produce una cierta cantidad de producto, la fracción s del cual se invierte. Cada unidad invertida genera un aumento de la producción igual a A, por lo que el aumento total en el número de máquinas (sin tener en cuenta la depreciación) es igual a sAk. Este incremento se puede expresar en términos porcentuales dividiendo por k, por lo que el aumento porcentual bruto es sA. Para encontrar el crecimiento porcentual neto basta con restar la tasa agregada de depreciación del capital per cápita, $\delta + n$. El aumento neto es, pues, $sA - (\delta + n)$. Cuando el stock de capital es grande, las familias siguen ahorrando la misma fracción de su renta. Como el producto marginal es constante (no hay rendiminentos decrecientes del capital), cada unidad ahorrada sigue generando A unidades de producto y el aumento en el número de máquinas es sAk. Este aumento en el número de máquinas es mayor que cuando k era pequeño, pero cuando lo expresamos en términos porcentuales, el porcentaje sigue siendo el mismo, sA. Como la depreciación sigue siendo la misma, la tasa neta de crecimiento de la economía no varía. En resumen, la tasa de crecimiento de la economía permanece constante a pesar de que el stock de capital aumente.

En cuarto lugar, este modelo predice que no existe ningún tipo de relación entre la tasa de crecimiento de la economía y el nivel alcanzado por la renta nacional. Dicho de otro modo, *no predice convergencia*, ni condicional ni absoluta. Esto explica la atención que la literatura moderna sobre crecimiento ha prestado a la hipótesis de convergencia: se trata de uno de los rasgos que distinguen los nuevos modelos endógenos de los modelos neoclásicos tradicionales y, en consecuencia, es una forma de comprobar la validez empírica de los dos enfoques. Este tipo de consideraciones empíricas se discute en el capítulo 10.

En quinto lugar, el modelo AK predice que los efectos de una recesión temporal serán permanentes. Es decir, si el stock de capital disminuye temporalmente por una causa exógena (un terremoto, una tragedia natural o una guerra que destruya parte del stock de capital), la economía no va a crecer transitoriamente más deprisa para volver a la trayectoria de acumulación de capital anterior, sino que la tasa de crecimiento continuará siendo la misma, de modo que la pérdida sufrida se hará permanente.

Finalmente, un aspecto interesante de este modelo, apuntado inicialmente por Saint-Paul (1992), es que cuando la tecnología es AK, no puede haber *demasiada inversión* en el sentido de que la economía no puede encontrarse en la zona *dinámicamente ineficiente*. Para entender ésta, recordemos que en la zona de ineficiencia dinámica, el tipo de interés en el estado estacionario era inferior a la tasa de crecimiento agregada, $r^* < \gamma_Y^*$ (véase la sección 3 del capítulo 1). El tipo de interés, a su vez, es igual al producto marginal del capital menos la tasa de depreciación (este resultado se demostrará en el capítulo 3 cuando introduzcamos mercados de crédito y empresas, pero sabemos que la teoría microeconómica sencilla predice esta relación). Como en el modelo AK el producto marginal del capital es siempre constante, tenemos que el tipo de interés *siempre* es igual a $r^* = A - \delta$. Como la tasa de crecimiento *per cápita* es siempre igual a $\gamma_y^* = sA - (\delta + n)$, la tasa de crecimiento *agregado* es $\gamma_Y^* = \gamma_y^* + \gamma_L = \gamma_y^* + n = sA - \delta$. Para que haya ineficiencia dinámica (es decir, para que $r^* < \gamma_Y^*$), es necesario que $A - \delta < sA - \delta$. Obsérvese que esta desigualdad no se puede dar nunca, puesto que la tasa de ahorro es siempre inferior a 1 y, por lo tanto, A es siempre mayor que sA. La economía con tecnología AK, pues, no puede ser dinámicamente ineficiente.

A pesar de su simplicidad, el modelo AK que acabamos de desarrollar es muy importante, pues constituye la base sobre la que se construye toda la teoría del crecimiento endógeno. Como veremos en las secciones que siguen (y también en los capítulos 5, 6, 7, 8 y 9), la mayor parte de los modelos de crecimiento endógeno esconden, en alguna parte, algún supuesto que hace que la tecnología relevante tome la forma AK.

2.2 El modelo de Romer (1986): externalidades del capital

En el artículo que dio un nuevo impulso a la literatura del crecimiento económico, Paul Romer introdujo una función de producción con externalidades del capital. En el capítulo 7 demostramos que estas externalidades pueden surgir de los conceptos de *aprendizaje por la práctica* ("learning by doing") y *desbordamiento de los conocimientos* ("knowledge spillovers"). La intuición será que, cuando una empresa aumenta su stock de capital a través de la inversión, no solamente aumenta su propia producción, sino que aumenta la producción de las empresas que la rodean. La razón apuntada por Romer es que las empresas que invierten adquieren también experiencia o conocimientos. Estos conocimientos pueden ser también utilizados por las demás empresas, y de ahí que el producto de éstas también aumenta. Dejaremos las demostraciones formales para el capítulo 7 y examinaremos aquí las predicciones cuando utilizamos una función de producción con externalidades en el modelo con tasas de ahorro constantes.

Una función de producción que refleja las externalizades que acabamos de describir es

$$Y_t = AK_t^{\alpha} L_t^{1-\alpha} \kappa_t^{\eta}, \qquad [2.5]$$

donde, como siempre, Y_t es la producción agregada en el momento t, K_t es el capital agregado en el momento t y L_t es el trabajo agregado en el momento t. La diferencia entre esta función de producción y la función neoclásica Cobb-Douglas reside en el término κ_t^{η} que representa la externalidad. El parámetro η indica la importancia de la externalidad. Cuando $\eta = 0$ tenemos la función de producción neoclásica Cobb-Douglas sin externalidades. A medida que η aumenta, también lo hace el papel de la externalidad.

Debemos explicar ahora en qué consiste el factor κ. Según Romer, esta variable es el *capital agregado* de la economía, K, dado que la inversión de cualquier empresa de la economía ayuda a aumentar el stock de experiencia o conocimientos de todas las demás. Para empezar, sin embargo, seguiremos a Lucas (1988) y supondremos que κ es igual al *capital por persona*, $\kappa = k$, en lugar del capital agregado. Como veremos, este supuesto no está exento de consecuencias importantes. Si incorporamos el supuesto $\kappa = k$, podemos reescribir la función de producción agregada como

$$Y = AK^{\alpha} L^{1-\alpha} k^{\eta} = AK^{\alpha} L^{1-\alpha} \left(\frac{K}{L}\right)^{\eta} = AK^{\alpha+\eta} L^{1-\alpha-\eta}. \qquad [2.5']$$

El lector debería comprobar si esta función de producción cumple las propiedades neoclásicas (o las condiciones bajo las que no las cumple). En particular, el lector debería preguntarse qué pasa cuando $\alpha + \eta = 1$ o $\alpha + \eta > 1$.

Para poder incorporar esta función de producción en el modelo de crecimiento de Solow-Swan, debemos primero escribir la función de producción en términos per cápita para poder luego introducir ésta en la ecuación fundamental del modelo de Solow-Swan [2.2]. Dividiendo los dos lados de [2.5] por L_t e ignorando los subíndices temporales para simplificar la notación obtenemos

$$y \equiv \frac{Y}{L} = Ak^{\alpha}\kappa^{\eta}. \qquad [2.6]$$

Si actuamos bajo el supuesto de que $k = \kappa$ y substituimos en [2.6], obtenemos que la función de producción, de hecho, es

$$y = Ak^{\alpha+\eta}. \qquad [2.7]$$

Si substituimos [2.7] en la ecuación fundamental de Solow-Swan [2.2] obtenemos:

$$\dot{k} = sAk^{\alpha+\eta} - (\delta + n)k. \qquad [2.8]$$

La tasa de crecimiento del capital per cápita se puede hallar dividiendo los dos lados de [2.8] por k

$$\frac{\dot{k}}{k} \equiv \gamma_k = sAk^{\alpha+\eta-1} - (\delta + n). \qquad [2.9]$$

El comportamiento de la economía depende crucialmente de si la suma de parámetros $\alpha + \eta$ es inferior, superior o igual a uno. Analicemos a continuación estos tres casos:

Caso 1: $\alpha + \eta < 1$

Consideremos primero el caso en que existen externalidades, $\eta > 0$, pero no son muy grandes por lo que la suma de los parámetros $\alpha + \eta$ es inferior a uno. Cuando sucede esto, el exponente del capital en la función de ahorro es negativo y [2.9] puede escribirse como

$$\gamma_k = \frac{sA}{k^{1-\alpha-\eta}} - (\delta + n), \qquad [2.10]$$

donde el exponente de k, que ha pasado a estar en el denominador, es ahora positivo.

En el gráfico 2.2 dibujamos las *curvas de ahorro y depreciación* correspondientes a este caso. La curva de ahorro toma valor infinito cuando k se aproxima a cero, es siempre decreciente y se aproxima a cero cuando k va hacia infinito. Es decir, la curva de ahorro es idéntica a la que obteníamos en el modelo neoclásico. Como la curva de depreciación sigue siendo una línea horizontal, tenemos que las dos se cruzan una vez y sólo una. Existe, pues, un stock de capital de estado estacionario y es único. Si calculamos este stock de capital (substituyendo $\dot{k} = 0$ y despejando k) obtenemos $k^* = \left(\frac{sA}{\delta+n}\right)^{\frac{1}{1-\alpha-\eta}}$. Es más, el estado estacionario es estable porque, a su izquierda, la tasa de crecimiento es positiva (cuando estamos a la izquierda

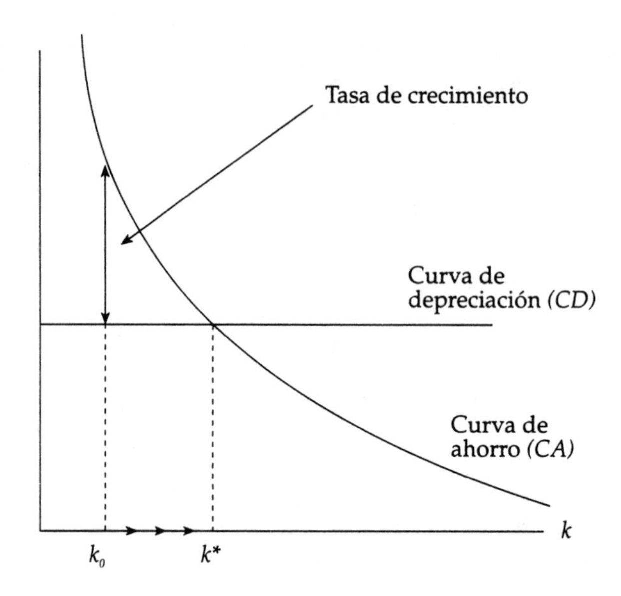

Gráfico 2.2. El modelo de Romer con $\eta + \alpha < 1$.

de k^*, la dinámica del modelo nos mueve hacia la derecha) y, a su derecha, la tasa de crecimiento es negativa (cuando estamos a la derecha de k^*, la dinámica del modelo nos mueve hacia la izquierda). En resumen, la economía se comporta exactamente igual que la economía neoclásica cuando $\alpha + \eta < 1$, a pesar de la existencia de externalidades.

Caso 2: $\alpha + \eta = 1$

Consideremos ahora el caso en que las externalidades son, precisamente, $\eta = 1 - \alpha$ de manera que la suma $\alpha + \eta = 1$. Si substituimos $\alpha + \eta$ por 1 en la ecuación de crecimiento [2.9] obtenemos que el exponente del capital pasa a ser cero, por lo que k desaparece de la ecuación. La tasa de crecimiento en este caso es $\gamma_k = sA - (\delta + n)$. Es decir, la tasa de crecimiento coincide con la obtenida en el modelo AK. En este caso particular, se aplican todas las conclusiones extraídas en la sección anterior, que no repetiremos aquí. De hecho, esto es normal, ya que si utilizamos la igualdad $\alpha + \eta = 1$ en la función de producción per cápita [2.7] obtenemos que $y = Ak$. Cuando los exponentes suman uno, la función de producción de Romer se convierte en AK.

Caso 3: $\alpha + \eta > 1$

Cuando las externalidades son tan grandes que la suma de los parámetros $\alpha + \eta$ es superior a uno, obtenemos que el exponente del capital en la ecuación de crecimiento [2.9] es positivo. La curva de ahorro pasa por el origen, es creciente y va hacia infinito cuando k va hacia infinito, tal como muestra el gráfico 2.3.

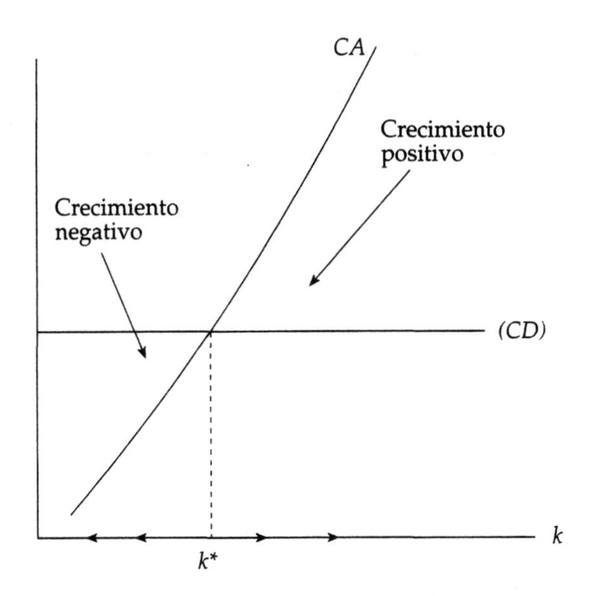

Gráfico 2.3. El modelo de Romer con $\eta + \alpha > 1$.

Como la curva de depreciación sigue siendo una línea horizontal, y la curva de ahorro es creciente y toma todos los valores entre cero e infinito, las dos curvas se cruzan una vez y solamente una, por lo que el estado estacionario, k^*, existe y es único. El problema es que este estado estacionario es inestable, en el sentido de que si el stock de capital es un poquito superior a k^*, entonces el crecimiento es positivo (la curva de ahorro está por encima de la de depreciación a la derecha de k^*), por lo que al cabo de un instante el stock de capital es todavía mayor. Al ser la curva de ahorro creciente, la tasa de crecimiento pasa a ser un poco mayor, dado que la distancia entre las dos curvas aumenta y en el siguiente instante el capital es todavía mayor. A medida que el capital aumenta, su tasa de crecimiento también lo hace con lo que la economía ve crecer el stock de capital y, no sólo esto, sino que la tasa de crecimiento es cada vez mayor. El stock de capital por persona, k, se dispara hacia infinito y la tasa de crecimiento aumenta también sin cesar.

Si, por el contrario, el stock de capital es inferior a k^*, entonces la tasa de crecimiento es negativa, el capital disminuye y la economía se aproxima a la extinción (cuando no hay capital). No hace falta decir que el interés empírico de estas predicciones es limitado, puesto que, en la vida real, no se observan economías cuyas tasas de crecimiento vayan aumentando en el tiempo o cuyo capital tienda a desaparecer.

El interés del modelo de Romer es que la existencia de externalidades es una manera de argumentar que la tecnología de nuestra economía podría tener la forma AK. El problema principal obervado en esta sección es que, para que la tecnología se convierta en AK, hace falta que existan externalidades, que sean suficientemente grandes y, además, que sean tales que la suma del exponente de la externalidad y el del capital sea exactamente igual a uno. Dicho de otro modo, es necesario que el exponente que representa la externalidad sea $\eta = 1 - \alpha$. De alguna manera, el tamaño de la externalidad, η, debe ser tan "grande" como la suma de las rentas de todos los trabajadores de la economía, $1 - \alpha$, supuesto que parece poco razonable.

Antes de acabar este apartado, señalemos qué hubiera pasado si, en lugar de seguir a Lucas y suponer que el stock de capital relevante para la externalidad es el capital per cápita, $\kappa = k$, hubiéramos seguido a Romer en el supuesto de que el stock de capital relevante para la externalidad es el *capital agregado*, $\kappa = K$. Para ello es preciso suponer que la población NO CRECE (por razones que entenderemos en un momento). Si substituimos $\kappa = K$ en la función de producción [2.6] obtenemos $y = Ak^{\alpha}K^{\eta}$. El capital agregado se puede escribir como el capital per cápita multiplicado por L (dado que, por definición, $k = K/L \rightarrow K = kL$) y la producción por persona se puede expresar como

$$y = Ak^{\alpha+\eta}L^{\eta}. \qquad [2.11]$$

Obsérvese que la diferencia entre [2.7] y [2.11] es que en la segunda aparece el término L^{η}. La tasa de crecimiento [2.9] pasa a ser

$$\frac{\dot{k}}{k} = sAk^{\alpha+\eta-1}L^{\eta} - \delta, \qquad [2.12]$$

donde se ha eliminado la n (porque $n = 0$), dado que estamos suponiendo que L es constante.

Cuando los parámetros son tales que $\alpha + \eta = 1$, tenemos que el exponente de k en [2.12] es cero, por lo que la tasa de crecimiento pasa a ser

$$\frac{\dot{k}}{k} = sAL^{\eta} - \delta. \qquad [2.13]$$

Esta tasa de crecimiento tiene un aspecto interesante y es que está positivamente correlacionada con el tamaño de la población (o con la cantidad de trabajadores, que en este modelo es lo mismo). Si cada una de las economías del mundo se pudiera describir con este modelo, la predicción sería que los países con mayor población (como por ejemplo China o India) deberían crecer mucho más deprisa que países con menor población (como Hong Kong o Singapur). Esta predicción se conoce con el nombre de *efecto de escala*, porque los países con mayor escala (medida por la población) deberían crecer más. La validez o la invalidez de esta predicción se comenta con más detalle en el capítulo 7.

La tasa de crecimiento [2.13] también nos indica por qué hemos hecho el supuesto de que la población, L, es constante. Si L creciera a un ritmo constante, n, entonces *la tasa de crecimiento sería cada vez mayor*, lo cual parece no concordar con los datos, según los cuales la tasa de crecimiento en el largo plazo es más o menos constante.

Cuando los parámetros son tales que $\alpha + \eta < 1$, entonces existirá un stock de capital de estado estacionario (como hemos mostrado antes, cuando $\alpha + \eta < 1$, la economía se comporta como en el modelo neoclásico). Substituyendo $\dot{k} = 0$ en [2.12] y despejando k, obtenemos que el capital de estado estacionario vendrá dado por $k^* = \left(\frac{sAL^\eta}{\delta}\right)^{\frac{1}{1-\alpha-\eta}}$. Observamos que el stock de capital de estado estacionario depende positivament de L, por lo que el modelo predice que los países con mucha población (como China, India, o Indonesia) deberían ser mucho más ricos (es decir, deberían tener mucho más capital por trabajador) que países con poca población (como Suiza, Dinamarca o Bélgica). Lógicamente, esta predicción es falsa.

El hecho de que el stock de capital por persona de estado estacionario sea una función positiva de L también nos muestra que si dejamos que L crezca a un ritmo constante, entonces el stock de capital *por persona* también crecerá a un ritmo constante. El crecimiento de la población hará crecer las variables *per cápita* de la economía, lo cual no pasaba con el modelo neoclásico.

En resumen, la existencia de externalidades de capital agregado introduce efectos de escala que tienden a no ser validados por los datos. El lector que quiera saber más sobre dichos efectos y sobre su realismo empírico debería consultar los capítulos 7 y 10.

2.3 Gasto público e impuestos: el tamaño óptimo del gobierno

En este apartado estudiaremos los efectos que el gasto público y los impuestos necesarios para financiar dicho gasto tienen en la economía y, en particular, en el crecimiento económico. Con este objetivo, compararemos los aspectos positivos de tener un gasto público elevado con los aspectos negativos que conlleva la financiación de dicho gasto a través de impuestos. Para ello, deberemos trabajar bajo el supuesto de que el gasto público es deseable (si no, la conclusión será inmediata: lo mejor sería reducir el tamaño del gasto público a cero, ya que no genera beneficios y su financiación comporta pérdidas). En términos de nuestros modelos de crecimiento, una manera de que el gasto público sea deseable es *introducirlo como argumento (positivo) en la función de producción*. En el capítulo 6 discutiremos detalladamente las diferentes maneras que tenemos de introducir el gasto público en nuestros modelos. Aquí, sin más preámbulos, seguiremos a Barro (1990) y supondremos que la producción de la economía es una función del stock de capital privado, K_t, y del flujo de bienes públicos suministrados por el gobierno, G_t:

$$Y_t = AK_t^\alpha G_t^{1-\alpha} \quad [2.14]$$

Para financiar el gasto público, G, el gobierno pone un impuesto sobre la renta (o, lo que es lo mismo, sobre la producción). Para simplificar el análisis, consideraremos que el impuesto es proporcional y el tipo impositivo es constante en el tiempo. Este tipo impositivo será denotado con la letra τ. La renta disponible de los individuos es, pues,

$$Y_t^d = (1 - \tau)Y_t = (1 - \tau)AK_t^{\alpha}G_t^{1-\alpha}.$$

La parte de la renta que "no es disponible", τY_t, es la que se apropia el gobierno como recaudación impositiva. Si denotamos con g minúscula el gasto público por persona, $g = G/L$, entonces la renta disponible por persona se puede escribir como

$$y^d = (1 - \tau)Ak^{\alpha}g^{1-\alpha}, \quad [2.15]$$

donde, una vez más, los subíndices temporales se han omitido para simplificar la notación. Como hemos venido haciendo a lo largo de estos primeros capítulos, seguiremos suponiendo que los consumidores ahorran (e invierten) una fracción constante de la renta disponible. La ecuación fundamental de Solow-Swan [2.2] nos dice que el aumento en el stock de capital es la diferencia entre el ahorro y la depreciación. La ecuación fundamental de Solow-Swan para este modelo se puede escribir como

$$\dot{k} = sy^d - (\delta + n)k. \quad [2.16]$$

Substituimos la renta disponible en [2.16] por [2.15] para obtener

$$\dot{k} = s(1 - \tau)Ak^{\alpha}g^{1-\alpha} - (\delta + n)k \quad [2.17]$$

Dividiendo los dos lados de [2.17] por k obtenemos una expresión para la tasa de crecimiento del capital por persona:

$$\frac{\dot{k}}{k} = s(1 - \tau)Ak^{\alpha-1}g^{1-\alpha} - (\delta + n). \quad [2.18]$$

La ecuación [2.18] indica que la tasa de crecimiento depende *positivamente del gasto público, g, y negativamente del tipo impositivo, τ*. Ahora bien, el impuesto y el gasto público no son independientes, dado que, para poder gastar, el gobierno debe recaudar. Para obtener la relación entre gasto e impuestos, basta con utilizar la restricción presupuestaria del gobierno. Los gobiernos, en la vida real, pueden pedir prestado (tener un déficit), por lo que no debe ser necesariamente cierto que el gasto sea siempre igual al ingreso. Lo que sí debe ser cierto es que, a largo plazo, lo que se pide prestado se debe devolver o, dicho de otro modo, a largo plazo debe ser cierto que, más o menos, los gastos públicos sean iguales a los ingresos impositivos. Como estamos interesados en el crecimiento a largo plazo, omitiremos aquí la posibilidad de mantener déficit. La restricción del gobierno será $G_t = \tau Y_t$. Dividiendo los dos lados por L para expresar la restricción en términos per cápita, omitiendo subíndices temporales y utilizando la función de producción en términos per cápita, $y = Ak^{\alpha}g^{1-\alpha}$, podemos reescribir la restricción presupuestaria del gobierno (en términos per cápita) como

$$g = \tau y \rightarrow g = \tau A k^{\alpha} g^{1-\alpha} \rightarrow g = \tau^{1/\alpha} A^{1/\alpha} k. \quad [2.19]$$

Esta expresión de g se puede utilizar en [2.18] para obtener una expresión de la tasa de crecimiento como función de τ:

$$\begin{aligned} \frac{\dot{k}}{k} &= s(1-\tau)Ak^{\alpha-1}\left(\tau^{1/\alpha}A^{1/\alpha}k\right)^{1-\alpha} - (\delta+n) = \\ &= s(1-\tau)A^{1/\alpha}\tau^{(1-\alpha)/\alpha} - (\delta+n). \end{aligned} \quad [2.20]$$

La tasa de crecimiento del capital depende de factores ya conocidos como son las tasas de ahorro, depreciación, crecimiento de la población y el nivel tecnológico. La novedad es que el crecimiento también depende del impuesto sobre la renta, τ. Como este impuesto es constante, la tasa de crecimiento del capital es constante. Si tomamos logaritmos y derivamos en [2.19] vemos que la tasa de crecimiento del gasto público es idéntica a la tasa de crecimiento del capital, $\gamma_g = \gamma_k$. Si tomamos logaritmos y derivadas de la función de producción, obtenemos $\gamma_y = \alpha\gamma_k + (1-\alpha)\gamma_g$. Como $\gamma_g = \gamma_k$, obtenemos que la tasa de crecimiento del PIB per cápita también es igual a la del capital per cápita. Finalmente, como el consumo es proporcional al PIB per cápita, el crecimiento del consumo es igual al crecimiento de las demás variables per cápita. En resumen, $\gamma_c = \gamma_k = \gamma_y = \gamma_g = \gamma^*$, donde γ^* viene dada por [2.20]. Como siempre, las variables agregadas crecen todas a la misma tasa que las variables per cápita más la tasa de crecimiento de la población, de manera que $\gamma_Y = \gamma_y + n$. Vemos, pues, que en este modelo todas las tasas de crecimiento son constantes en todo momento, propiedad que comparte con el modelo AK. La explicación de esta similitud es que el modelo descrito en este apartado es, en realidad, el modelo AK. Para comprobar este punto, basta con substituir la restricción presupuestaria del gobierno en la función de producción en términos per cápita. Es decir, transformar en términos per cápita la ecuación [2.14] e introducir en ella la ecuación [2.19]. De esta manera obtenemos $y = Ak^{\alpha}g^{1-\alpha} = Ak^{\alpha}[\tau^{1/\alpha}A^{1/\alpha}k]^{1-\alpha} = \tilde{A}k$, donde $\tilde{A} = A^{1/\alpha}\tau^{\frac{1-\alpha}{\alpha}}$ es una constante. Es decir, una vez incorporada la restricción presupuestaria en la función de producción, ésta se convierte en una función lineal en el capital, en una función AK. La intuición que hay tras este resultado es que, al mantener la restricción presupuestaria [2.19], el gobierno se compromete a aumentar el suministro de g en un uno por ciento cada vez que las empresas privadas aumentan el capital privado en un uno por ciento. De alguna manera, cuando una familia aumenta k, está aumentando simultáneamente g en la misma proporción (esta segunda parte no la hace la familia directamente sino el gobierno... pero el hecho es que g aumenta cada vez que k aumenta). El que haya rendimientos constantes de escala (es decir, rendimientos constantes de k y g tomados conjuntamente), es como si hubiera rendimientos

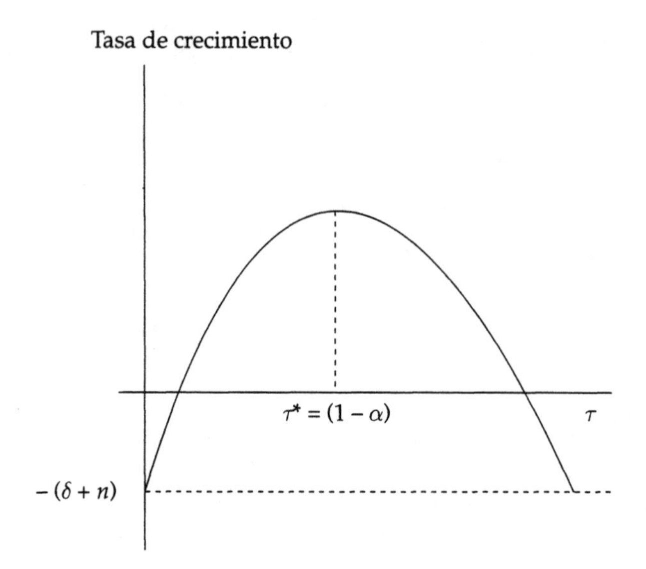

Gráfico 2.4. Relación entre γ^* y τ.

constantes del capital. Es decir, es como si la tecnología fuera AK. Y esto es lo que hemos encontrado algebraicamente.

La novedad que caracteriza la tasa de crecimiento de la economía cuando existen bienes públicos productivos financiados con impuestos sobre la renta es que el tipo impositivo afecta al crecimiento económico. Y lo hace de dos maneras distintas. En primer lugar el impuesto aparece negativamente a través del término $(1 - \tau)$.

Éste refleja el hecho de que los impuestos reducen la renta disponible y, con ello, el ahorro e inversión de la economía. Esto reduce el crecimiento de la economía. Por otro lado, el tipo impositivo aparece positivamente a través del término $\tau^{(1-\alpha)/\alpha}$.

Éste refleja el hecho de que un mayor tipo impositivo permite al gobierno proporcionar un mayor nivel de gasto público productivo, lo que aumenta la producción y la capacidad de ahorrar e invertir. Esto afecta la tasa de crecimiento de manera positiva. El efecto agregado de un aumento en el tipo impositivo es ambiguo, dependiendo de si el efecto positivo domina al negativo o viceversa.

Podemos dibujar la relación existente entre τ y la tasa de crecimiento. Cuando τ es cero, el término $\tau^{(1-\alpha)/\alpha}$ también es igual a cero. La producción y el ahorro son nulos. La tasa de crecimiento es negativa e igual a $\gamma^* = -(\delta + n)$. Esto ocurre porque, cuando $\tau = 0$, el gobierno no recauda nada y, por lo tanto, no puede suministrar bien público alguno, g. Como g es un bien necesario, en el sentido de que si $g = 0$, entonces la producción es nula, tenemos que cuando $\tau = 0$ la producción es cero y el ahorro y la inversión (que son proporcionales a la producción) también son cero. El capital per cápita se deprecia a un ritmo $\delta + n$ y ésta es la tasa de crecimiento (negativa).

En el otro extremo, cuando $\tau = 1$, tenemos que el término $1 - \tau$ es igual a cero. Es decir, cuando $\tau = 1$, el gobierno se apropia del 100 por 100 de la renta de las familias, por lo que éstas no tienen renta disponible. Al no tener renta disponible, no hay ahorro ni inversión. Una vez más, el capital per cápita cae a un ritmo constante de $\delta + n$. Para valores intermedios de τ tenemos que la relación entre la tasa de crecimiento y τ presenta una forma de U invertida con un máximo en el tipo impositivo τ^*. El valor exacto de τ^* se puede encontrar igualando la derivada de γ^* respecto de τ a cero y despejando τ:

$$\frac{\partial \gamma^*}{\partial \tau} = 0 \rightarrow$$

$$\frac{\partial \gamma^*}{\partial \tau} = -sA^{1/\alpha}\tau^{(1-\alpha)/\alpha} + s(1-\tau)A^{1/\alpha}\left(\frac{1-\alpha}{\alpha}\right)\tau^{\frac{1-\alpha}{\alpha}-1} = 0. \qquad [2.21]$$

$$\rightarrow \tau^* = 1 - \alpha$$

Es decir, el valor de τ que maximiza la tasa de crecimiento de la economía es $\tau^* = 1 - \alpha$. Para obtener la intuición que explica este resultado, empecemos por destacar que el producto per cápita, y, y el gasto per cápita, g, son exactamente el mismo bien físico. Es decir, el gobierno recauda unas unidades de bien físico y las suministra a la economía en forma de bien público. No hay un proceso de transformación de dichas unidades por lo que, en términos físicos, se trata del mismo bien. Imaginemos que el gobierno tiene una máquina de producir galletas en la que introduce una galleta, g, y obtiene dos galletas, y. Esto sería un negocio extraordinario y el gobierno no dejaría de introducir galletas en esa máquina. Desafortunadamente, la cantidad de galletas obtenidas a medida que aumenta g iría disminuyendo debido al supuesto de rendimientos decrecientes en g. Si, por el contrario, el gobierno introdujera tres galletas en la máquina y solamente obtuviera dos galletas, entonces se trataría de un mal negocio. El gobierno decidiría reducir la cantidad introducida en la máquina. Nótese que, para ser eficiente, el gobierno debería introducir galletas en esa máquina hasta que la cantidad de galletas obtenidas fuese igual a la cantidad introducida. Es decir, para ser eficiente, el gobierno debería escoger la cantidad g de manera que el producto marginal de g fuera igual a 1. Si utilizamos la función de producción $y = Ak^{\alpha}g^{1-\alpha}$ y calculamos el producto marginal de g, vemos que esta condición de eficiencia requiere $(1-\alpha)\frac{y}{g} = 1$. Reescribiendo esta igualdad y teniendo en cuenta que $\frac{g}{y} = \tau$ obtenemos $\tau = 1 - \alpha$, que es el tipo impositivo que maximiza la tasa de crecimiento encontrada en [2.21]. Dicho de otro modo, para maximizar la tasa de crecimiento, el gobierno debe escoger su tamaño, τ, eficientemente.

En esta sección hemos mostrado cómo el gobierno tiene dos caras: por un lado suministra bienes que son deseables (en este caso productivos) para los agentes privados de la economía y, por otro lado, debe utilizar impuestos para financiar estos bienes deseables. El primer aspecto es positivo para la economía, mientras que el segundo es negativo. La "batalla" entre estas dos fuerzas nos permite hallar el tamaño óptimo del gobierno. A pesar del interés que presenta este análisis, existe un aspecto del sistema impositivo que no se puede analizar en un modelo con tasa de ahorro e inversión constante. En general, los impuestos reducen la rentabilidad neta de las inversiones al quedarse el gobierno una parte del ingreso generado por la inversión. Esta reducción de la rentabilidad reduce los *incentivos* que tienen las empresas para invertir y esto tiene repercusiones sobre el crecimiento económico. Obsérvese que estas cuestiones, ciertamente importantes, deben estudiarse en contextos donde las empresas escogen óptimamente la inversión que desean realizar como respuesta a las diferentes rentabilidades. Por esta razón, volveremos a estudiar el papel del gobierno en el capítulo 6, una vez hayamos descrito los modelos con inversión óptima.[1] Sorprendentemente, sin embargo, veremos que los resultados obtenidos en este capítulo introductorio son bastante satisfactorios.

2.4 Crecimiento endógeno con rendimientos decrecientes del capital (1): la función de producción "Sobelow" y el papel de la condición de Inada

En este capítulo hemos mostrado tres modelos de crecimiento endógeno (el modelo AK, el modelo de Romer con $\alpha + \eta = 1$ y el modelo de gasto público). Los tres tenían una cosa en común: de alguna manera, eran el modelo AK más o menos camuflado. En el apartado 1 hemos visto que la tecnología AK difiere de la neoclásica en dos aspectos fundamentales: no presenta rendimientos decrecientes del capital y viola dos de las condiciones de Inada. A la vista de esto, parece razonable preguntarse: ¿cuál de los dos supuestos es el que permite generar crecimiento endógeno? En esta sección intentaremos responder esta pregunta presentando una tecnología que presenta rendimientos decrecientes del capital, pero viola la condición de Inada. La respuesta que vamos a encontrar podrá sorprender a más de uno: ¡la clave está en la condición de Inada!

Consideremos la siguiente función de producción:

$$Y_t = AK_t + BK_t^{\alpha} L_t^{1-\alpha}. \qquad [2.22]$$

Esta función fue propuesta inicialmente por Kurz (1968) y posteriormente reintroducida en la literatura por Jones y Manuelli (1990). Como se puede observar, esta función está a caballo entre la de Solow-Swan, $BK^{\alpha}L^{1-\alpha}$, y la de Rebelo, $Y = AK$.[2]

[1] Observe el lector que, en nuestro modelo con tasas de ahorro constantes, los impuestos de suma fija tendrían un efecto similar a los impuesto sobre la renta o el producto, ya que ambos reducen la renta disponible y, por consiguiente, el ahorro doméstico. En un modelo de optimización, los impuestos sobre la renta reducen la rentabilidad de la inversión mientras que los impuestos de suma fija no. Este punto es importante si se quieren analizar políticas de transferencias, cuya existencia deja inalterada la renta media, pero cuya financiación repercute en la rentabilidad neta de las inversiones.

[2] De ahí la denominación de "Sobelow".

Podemos analizar las propiedades de la función de producción Sobelow:

(1) Presenta rendimientos constantes a escala, dado que

$$A(\lambda K) + B(\lambda K)^{\alpha}(\lambda L)^{1-\alpha} = \lambda AK + \lambda BK^{\alpha}L^{1-\alpha} = \lambda Y.$$

(2) Presenta rendimientos positivos del capital y del trabajo:

$$\frac{\partial Y}{\partial K} = A + B\alpha K^{\alpha-1}L^{1-\alpha} > 0 \quad \text{y} \quad \frac{\partial Y}{\partial L} = B(1-\alpha)K^{\alpha}L^{-\alpha} > 0,$$

y rendimentos decrecientes del capital y del trabajo,

$$\frac{\partial^2 Y}{\partial K^2} = B\alpha(\alpha-1)K^{\alpha-2}L^{1-\alpha} < 0 \quad \text{y} \quad \frac{\partial^2 Y}{\partial L^2} = B(1-\alpha)(-\alpha)K^{\alpha}L^{-\alpha-1} < 0.$$

Hasta aquí, pues, esta función de producción parece neoclásica. Sin embargo, una de las condiciones de Inada vemos que no se satisface.

(3) Condiciones de Inada:

$$\lim_{K\to\infty}\frac{\partial Y}{\partial K} = A \neq 0\,,\ \lim_{K\to 0}\frac{\partial Y}{\partial K} = \infty\,,\ \lim_{L\to\infty}\frac{\partial Y}{\partial L} = 0 \text{ y } \lim_{L\to 0}\frac{\partial Y}{\partial L} = \infty.$$

El producto marginal del capital cuando K va a infinito se acerca a A y no a cero como requiere la condición de Inada.

Vemos que la única diferencia entre la función de producción Sobelow y la neoclásica es que la primera no satisface la condición de Inada con respecto del capital cuando éste tiende a infinito. Veremos que esto es clave a la hora de generar crecimiento a largo plazo. Para analizar el comportamiento de una economía caracterizada por esta función de producción con tasas de ahorro constantes, debemos expresar el producto en términos per cápita, $y = Ak + Bk^{\alpha}$ y utilizar la ecuación fundamental del modelo de Solow-Swan, [2.2] para encontrar

$$\dot{k} = sAk + sBk^{\alpha} - (\delta + n)k. \qquad [2.23]$$

Dividimos ambos lados de [2.23] para encontrar la tasa de crecimiento del capital:

$$\frac{\dot{k}}{k} = sA + sBk^{\alpha-1} - (\delta + n). \qquad [2.24]$$

Para analizar el comportamiento de la tasa de crecimiento utilizaremos, como ya es habitual, un gráfico con las *curvas de ahorro y depreciación*. La curva de depreciación es la conocida recta horizontal al nivel $\delta + n$. La curva de ahorro es decreciente para todo k. Cuando k se acerca a cero, la curva de ahorro tiende a infinito, dado que el término $sBk^{\alpha-1}$ se va a infinito. A medida que k aumenta, el término $sBk^{\alpha-1}$ se va haciendo pequeño. De hecho, este término tiende a cero cuando k tiende a infinito, por lo que la curva de ahorro se aproxima a sA. Dicho de otro modo, a medida que k aumenta, la curva de ahorro converge a sA.

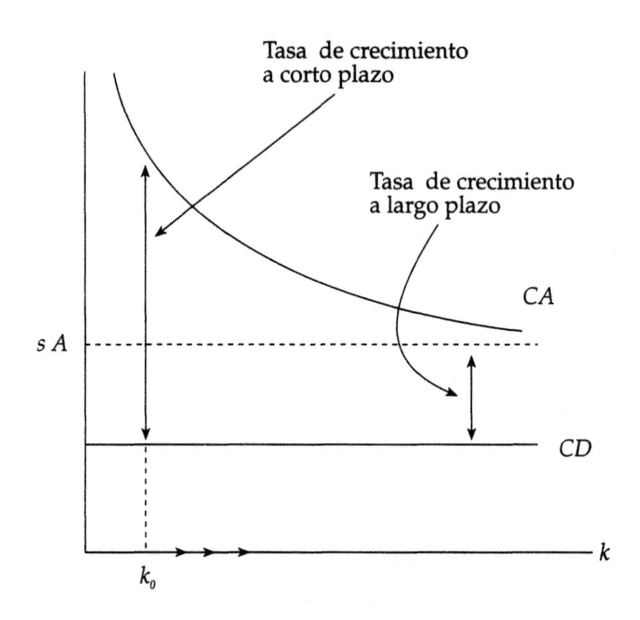

Gráfico 2.5A. El modelo Sobelow con $sA > \delta + n$.

Si A es lo suficientemente grande (más concretamente, si se verifica que $sA > (\delta + n)$), las curvas de ahorro y de depreciación nunca se cruzan (esta situación se considera en el gráfico 2.5A). El crecimiento siempre es positivo. Para niveles pequeños de capital, la tasa de crecimiento es elevada y k se va moviendo hacia la derecha. A medida que el capital aumenta, el producto marginal va disminuyendo y con él la tasa de crecimiento. En el largo plazo la curva de ahorro converge a la recta sA, por lo que la tasa de crecimiento es positiva (dado que $sA > \delta + n$), pese a la existencia de un periodo de transición en el cual las tasas de crecimiento son monótonamente decrecientes. En el largo plazo, la tasa de crecimiento converge a $sA - (\delta + n)$.

Nótese que si la economía ha existido durante un espacio de tiempo considerable, la parte de la función de producción que exhibe rendimientos decrecientes será prácticamente irrelevante. En consecuencia, en el largo plazo, este modelo es básicamente igual al AK cuando $sA > \delta + n$.

Cuando el parámetro A NO es lo suficientemente grande y, en particular, cuando $sA < \delta + n$, la curva de ahorro converge hacia la línea horizontal sA, pero ésta se sitúa ahora por debajo de la curva de depreciación. Esta posibilidad se considera en el gráfico 2.5B. Antes de converger a la recta sA la curva de ahorro debe cruzarse con la curva de depreciación por lo que, en este caso, existe un estado estacionario con crecimiento nulo. La dinámica de transición es exactamente igual a la descrita en el capítulo 1 para el modelo neoclásico: la tasa de crecimiento decrece a lo largo de la transición hasta que el capital converge al nivel de estado estacionario, k^*.

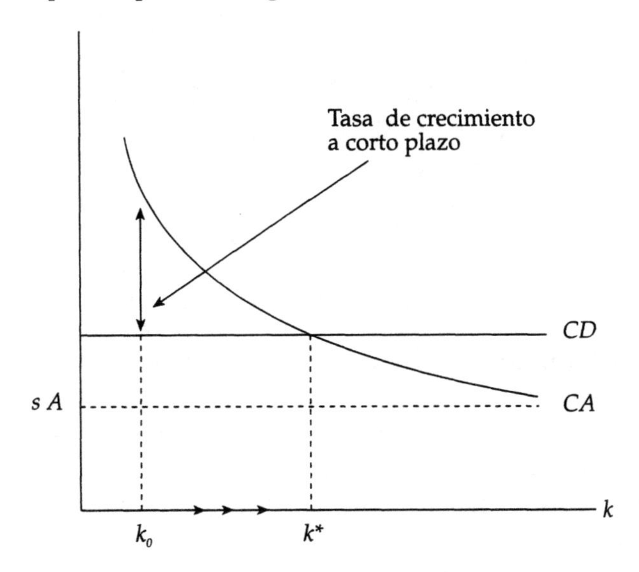

Gráfico 2.5B. El modelo Sobelow con $sA < \delta + n$.

En resumen, la tecnología Sobelow nos sirve para demostrar que el factor determinante para que exista crecimiento endógeno, no es que la tecnología no exhiba rendimientos decrecientes del capital sino que se incumpla la condición de Inada. Es decir, que el producto marginal del capital permanezca acotado a un nivel suficientemente alto (en este caso al nivel $A > (\delta + n)/s$) por más que aumente el stock de capital.

2.5 Crecimiento endógeno con rendimientos decrecientes del capital (2): la función de producción CES

Una función de producción con un comportamiento semejante a la de Sobelow es la función de producción con elasticidad de substitución constante (CES),[3] dada por la siguiente expresión:

$$Y = A(\alpha[bK]^{\psi} + (1-\alpha)[(1-b)L]^{\psi})^{\frac{1}{\psi}}. \qquad [2.25]$$

en la cual A, α, b y ψ son parámetros constantes que deben cumplir que $0 < \alpha < 1$, $0 < b < 1$ y $-\infty < \psi < 1$. La elasticidad de substitución entre el capital y el trabajo

[3] De su denominación en inglés, *Constant Elasticity of Substitution*. (N. del T.).

viene dada por la constante $\varepsilon = 1/(1-\psi)$. Cuando ψ tiende a menos infinito, la función de producción se aproxima a la función de producción de coeficientes fijos de Leontief, $Y = \min[bK, (1-b)L]$, en la que la elasticidad de substitución es cero, $\varepsilon = 0$. Cuando ψ se aproxima a 0, entonces la función de producción [2.25] se convierte en la función de producción Cobb-Douglas, siendo la participación del capital en la renta α y la elasticidad de substitución unitaria, $\varepsilon = 1$. Por último, en el caso que $\psi = 1$, la función de producción es lineal, $Y = A(\alpha bK + (1-\alpha)(1-b)L)$, siendo la elasticidad de substitución infinita, $\varepsilon = +\infty$.

En este caso el producto medio del capital en términos per cápita, $f(k)/k$, viene dado por

$$f(k)/k = A(\alpha b^{\psi} + (1-\alpha)(1-b)^{\psi} k^{-\psi})^{\frac{1}{\psi}}. \quad [2.26]$$

El lector puede comprobar que cuando $0 < \psi < 1$ (es decir, cuando la elasticidad entre capital y trabajo es relativamente grande) este producto medio se aproxima a $Ab\alpha^{1/\psi} > 0$, cuando k tiende a infinito. En consecuencia, la curva de ahorro (que, recordémoslo, es igual a $sf(k)/k$), continúa acotada por encima de cero, del mismo modo que en el modelo Sobelow. La dinámica de este modelo es, pues, muy semejante a la que representamos en los gráficos 2.5. Lo más destacable es, en definitiva, que las funciones de producción del tipo CES pueden generar tasas de crecimiento positivas a perpetuidad si la elasticidad de substitución es lo suficientemente grande.[4]

2.6 El modelo Harrod-Domar

Antes de que el modelo neoclásico se popularizara a mitad de la década de los cincuenta, el modelo de crecimiento económico más utilizado era el de Harrod-Domar (desarrollado por Harrod (1939) y Domar (1946)). Podemos emplear el instrumento gráfico desarrollado en la sección anterior para estudiar las consecuencias de este antiguo modelo.

Harrod y Domar intentaron combinar dos de las características de la economía keynesiana —el multiplicador y el acelerador— en un modelo que explicara el crecimiento económico a largo plazo. Puesto que hemos estado utilizando el supuesto del multiplicador desde el principio (el ahorro es una proporción constante de la renta), vamos a describir a continuación la característica distintiva del modelo Harrod-Domar: el acelerador. Supongamos que el aumento del capital que se precisa para

[4] De nuevo, la única diferencia que existe entre la función CES y la función de producción neoclásica "normal" es que cuando $0 < \psi < 1$, la función CES no satisface la condición de Inada de $\lim_{k\to\infty} f'(k) = 0$. En vez de esto, la productividad marginal del capital se aproxima a $Ab\alpha^{1/\psi}$, que es una constante positiva. Dicho de otro modo, la productividad marginal del capital efectivamente cae al aumentar k, pero no converge a cero.

aumentar la producción en una cuantía dada sea un valor constante. En particular, es un valor independiente de la relación capital-trabajo. Es decir,

$$\Delta Y_t = A \Delta K_t, \qquad [2.27]$$

siendo A una constante. Nótese que una de las funciones de producción que satisfacen esta relación es la función AK que se utiliza en la literatura sobre crecimiento endógeno. Por ello, podríamos caer en la tentación de identificar los nuevos modelos de crecimiento endógeno con el tradicional modelo Harrod-Domar. Eso sería un craso error. El motivo es que Harrod y Domar estaban muy preocupados por los efectos del crecimiento sobre el empleo a largo plazo[5] (su estudio puede entenderse como una explicación del desempleo a largo plazo que existía en los momentos de la Gran Depresión). Aunque no introdujeron funciones de producción de forma explícita, el hecho de que se preocuparan tanto por el desempleo parece indicar que no estaban pensando en una función como la AK, en la cual factores como el trabajo no juegan ningún papel.

Otro tipo de función de producción que satisface el principio del acelerador, y que está más próxima al espíritu de Harrod y Domar, es la función de coeficientes fijos de Leontief. En ésta, la producción se obtiene a partir de una proporción fija de trabajo y capital. Debido a la existencia de esta proporción fija, todo aumento de uno de los factores sin el consiguiente aumento del otro factor deja la producción inalterada. Algebraicamente, la función de producción es

$$Y_t = \min(AK_t, BL_t), \qquad [2.28]$$

siendo A y B parámetros exógenos al proceso productivo. Una vez reescrita esta función en términos per cápita, $y = \min(Ak, B)$, se ha representado en el gráfico 2.6. Se puede observar que existe una relación capital-trabajo, $\tilde{k} = B/A$, que posee la siguiente propiedad: para relaciones capital-trabajo menores que $\tilde{k}$, Ak es menor que B y, en consecuencia, la producción queda determinada por Ak. Para relaciones capital-trabajo mayores que $\tilde{k}$, Ak es mayor que B, y, por lo tanto, la producción viene determinada por B. Dicho de otro modo, la función de producción se puede expresar como

$$y = \begin{cases} Ak & \text{para todo } k < \tilde{k} = B/A \\ B & \text{para todo } k \geq \tilde{k} = B/A. \end{cases} \qquad [2.29]$$

Obsérvese que esta tecnología es similar a la del modelo AK, pero únicamente para relaciones capital-trabajo pequeñas. Para un k grande, la función de producción

[5] De hecho, el artículo de Domar tenía como título "La expansión del capital, la tasa de crecimiento y el empleo".

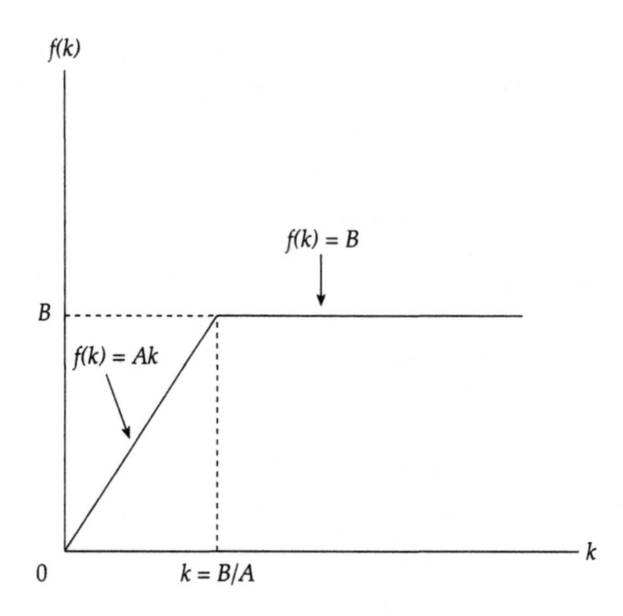

Gráfico 2.6. La función de producción per cápita de Harrod-Domar.

es horizontal, por lo que la productividad marginal del capital es igual a cero. Podemos aplicar a continuación la ecuación fundamental del modelo de Solow-Swan [2.2] a esta tecnología, para obtener

$$\dot{k} = \begin{cases} sAk - (\delta + n)k & \text{para todo } k < \tilde{k} = B/A \\ sB - (\delta + n)k & \text{para todo } k \geq \tilde{k} = B/A. \end{cases} \qquad [2.30]$$

Finalmente, podemos calcular la tasa de crecimiento dividiendo los dos lados de [2.30] por k (nótese que debemos dividir cada uno de los miembros de [2.30] por k):

$$\frac{\dot{k}}{k} = \begin{cases} sA - (\delta + n) & \text{para todo } k < \tilde{k} = B/A \\ sB/k - (\delta + n) & \text{para todo } k \geq \tilde{k} = B/A. \end{cases} \qquad [2.31]$$

La curva de ahorro correspondiente en [2.31] es horizontal al nivel sA para valores de k inferiores a $\tilde{k} = B/A$, mientras que sigue la función $\frac{sB}{k}$ para valores superiores a $\tilde{k}$. Nótese que cuando k va hacia infinito, la curva de ahorro se aproxima a cero. La *curva de depreciación* es la de siempre.

El comportamiento de esta economía depende de cuáles son los valores de los parámetros, A, B, n y δ. Harrod y Domar señalaron que existen tres configuraciones posibles de los parámetros, cada una de las cuales tiene consecuencias radicalmente distintas para el crecimiento y el empleo.

Caso 1: $sA < (\delta + n)$

Cuando la tasa de ahorro y/o la productividad marginal del capital son muy reducidas en relación con la tasa de depreciación agregada (que, como siempre, incluye el crecimiento de la población, n), no es posible alcanzar un estado estacionario. Ésta es la situación que se recoge en el gráfico 2.7A. Nótese que la economía converge hacia un punto en el cual k, y por lo tanto y, convergen a cero. Harrod y Domar tenían el convencimiento de que esta situación constituía una buena descripción de la gran depresión que sufrió la economía capitalista durante los años treinta.

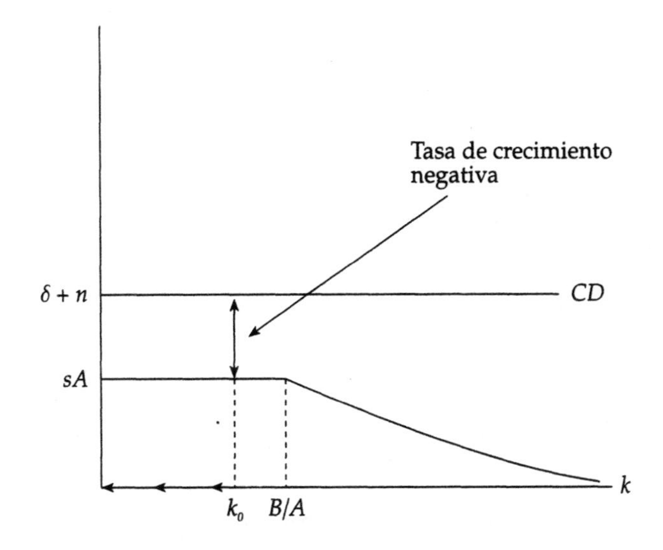

Gráfico 2.7A. Harrod-Domar con $sA < \delta + n$.

Caso 2: $sA > (\delta + n)$

La segunda posibilidad, representada en el gráfico 2.7B, consiste en que la productividad marginal del capital y/o la tasa de ahorro tengan un valor elevado en comparación con la tasa agregada de depreciación, $\delta + n$. En el gráfico 2.7B se puede apreciar que, para valores de k reducidos, este caso se asemeja mucho al modelo AK. La tasa de crecimiento es positiva y constante. Existe un punto, sin embargo, en el que el stock de capital por persona alcanza el valor $\tilde{k} = B/A$. En este punto, el producto marginal del capital es cero, pero, debido a la existencia de una tasa de ahorro constante, los individuos continúan ahorrando (e invirtiendo) una fracción constante de su renta y, tal como vemos en el gráfico 2.7B, la tasa de crecimiento comienza a caer. El stock de capital del estado estacionario es tal que $k^* > \tilde{k} = B/A$. Esta desigualdad implica que, en el estado estacionario, $AK > BL$, por lo que existen máquinas sin utilizar. Esto se puede ver en el gráfico 2.6. Cuando el stock de capital es igual a $\tilde{k} = B/A$, la producción es igual a B. Si reducimos el stock de capital por persona, la producción sigue siendo la misma. Es decir, si el stock de capital es superior a $\tilde{k} = B/A$, podríamos obtener la misma producción con muchas menos máquinas y es por esto que decimos que en el estado estacionario, $k^* > \tilde{k} = B/A$, existen máquinas sin utilizar. Puesto que el stock de capital per cápita es constante en k^* y la población crece a la tasa n, el número de máquinas ociosas aumenta de manera sostenida. Es decir, se produce un crecimiento sostenido del exceso de capacidad, lo cual representa, de nuevo, un resultado indeseable.

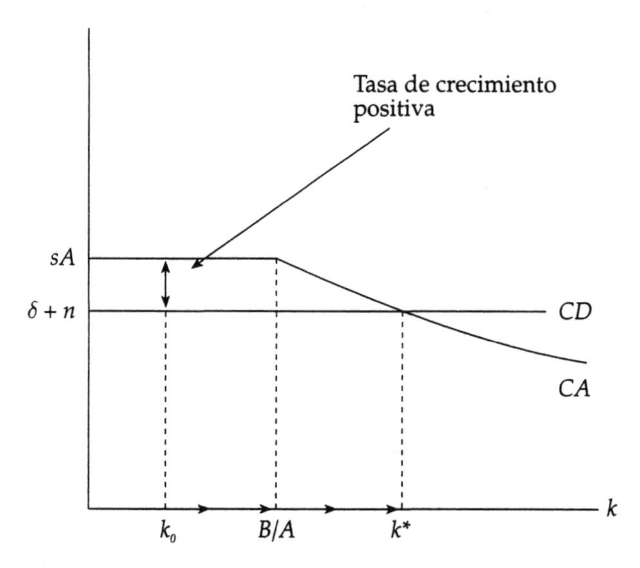

Gráfico 2.7B. Harrod-Domar con $sA > \delta + n$.

Caso 3: $sA = (\delta + n)$

En el caso de que, por puro azar, la tasa exógena de ahorro y el producto marginal del capital fueran tales que $sA = \delta + n$ (véase gráfico 2.7C), el tramo horizontal de la curva de ahorro coincidiría con la curva de depreciación. Si el capital inicial es menor que $\tilde{k}$, entonces la economía se queda con el stock de capital inicial, ya que, en este punto, el ahorro y la depreciación son iguales, por lo que la tasa de crecimiento es cero. Cuando esto sucede, $AK < BL$. Podríamos obtener la misma producción con menos personas. En el estado estacionario hay trabajadores sin utilizar, trabajadores ociosos. Encontramos de nuevo, pues, un resultado no deseable. Si el stock de capital inicial es superior a $\tilde{k}$, entonces la tasa de crecimiento de la economía es negativa y converge a $k^* = \tilde{k}$, donde la tasa de crecimiento es cero, $\gamma^* = 0$. En este caso, la economía encuentra un estado estacionario *eficiente*, dado que se utiliza complemente todo el stock de capital y todo el trabajo.

Vemos que dos de las tres configuraciones de parámetros posibles generan equilibrios a largo plazo en los cuales existen recursos ociosos (ya sea capital o trabajo).

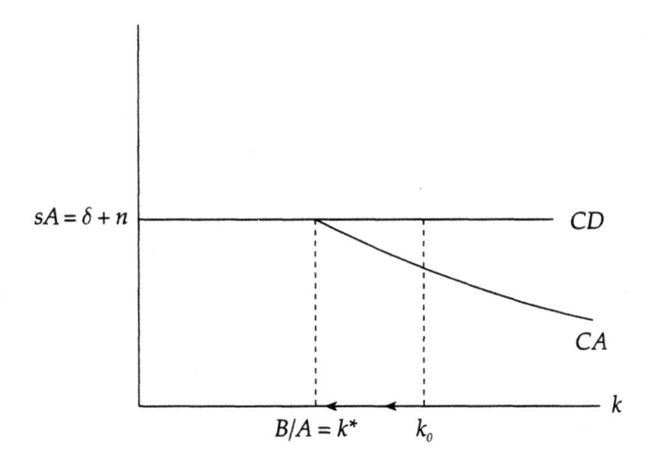

Gráfico 2.7C. Harrod-Domar con $sA = \delta + n$.

La única situación en la que esto no sucede se puede alcanzar únicamente por una casualidad de la vida, puesto que todos los parámetros relevantes (A, s, δ y n) vienen dados exógenamente. Por este motivo, con toda probabilidad la economía se verá confinada en uno de los equilibrios indeseables.

En la década de los cincuenta, el enfoque neoclásico que lideraron Solow y Swan se consideró como una forma de solventar esta propiedad del modelo Harrod-Domar, que hacía transitar la economía "por el filo de una navaja". Es decir, la función de producción neoclásica hace posible que se alcance el equilibrio entre sA y $\delta + n$, al permitir que el producto marginal del capital sea una función continua de k en lugar de una constante exógena, A.[6]

Una forma alternativa de evitar la propiedad de "filo de navaja" del modelo Harrod-Domar consiste en endogeneizar la tasa de ahorro del modelo. La escuela de Cambridge en Inglaterra, por ejemplo, defendió que la tasa de ahorro era endógena debido a que los trabajadores tienen una propensión marginal a ahorrar distinta a la de los capitalistas. En el proceso de crecimiento económico, y según su opinión, la distribución de la renta va cambiando, con lo que se modifica la tasa agregada de ahorro[7].

[6] Podemos estar seguros de que existe un valor del capital k para el cual la productividad marginal del capital por s es igual a $\delta + n$, puesto que la función de producción neoclásica hace que la curva de ahorro tome todos los valores entre cero e infinito.

[7] Ésta era una de las principales diferencias entre las escuelas de Cambridge de Estados Unidos y la de Gran Bretaña. Las otras diferencias residían en que los británicos rechazaban la función de producción neoclásica y, en particular, se oponían a la noción de stock de capital agregado. Consideraban que el capital se compone de diversos tipos de máquinas, las cuales, en conjunción con diferentes tipos de trabajadores, producen bienes de diferentes clases. Argumentaban que, en consecuencia, un conjunto de bienes tan heterogéneo no podía ser agregado en una sola variable denominada "stock de capital agregado". Para un mayor detalle sobre esta teoría, véase Robinson (1954).

La tasa de ahorro también se puede endogeneizar considerando que los agentes deciden óptimamente la cantidad de recursos que quieren ahorrar e invertir. De hecho, se podría argumentar que la principal razón de la inestabilidad del modelo Harrod-Domar es que éste supone que los productores y las familias siguen ahorrando e invirtiendo una parte constante de la renta, incluso cuando hay máquinas ociosas y el producto marginal de comprar una máquina adicional es cero: si los empresarios tienen demasiado capital, ¿por qué razón van a seguir comprando máquinas, tal como supone el modelo de Harrod-Domar? ¡Unos empresarios razonables jamás se comportarían de este modo![8]

2.7 Trampas de pobreza

Existe el convencimiento entre muchos analistas que vivimos en un mundo en el que hay dos clubes (los ricos y los pobres) y que estos clubes se distancian cada vez más. Se dice que los países pobres están atrapados en un círculo vicioso del que les resulta muy difícil escapar, mientras que los ricos crecen y se distancian cada vez más de los pobres. En este apartado veremos que es posible incorporar este fenómeno (conocido con el nombre de trampa de pobreza) en nuestro modelo de Solow-Swan si introducimos un pequeño cambio en la función de producción que dibujamos en el gráfico 2.8.

Esta función de producción presenta rendimientos decrecientes del capital para niveles de k pequeños (en la denominada región 1 en el gráfico). Cuando se alcanza un determinado nivel de capital, la función de producción experimenta rendimientos crecientes de capital (región 2) para pasar luego a experimentar rendimientos decrecientes o constantes (región 3).

En la literatura del desarrollo económico existen muchas teorías que justifican este comportamiento. Por ejemplo, se habla de "estadios del desarrollo económico": los países pobres son generalmente agrícolas y la agricultura presenta fuertes rendimientos decrecientes (región 1 en el gráfico). Una vez alcanzado un determinado estadio de desarrollo, la economía mantiene unas fuertes inversiones en infraestructuras (red de carreteras, electrificación, comunicaciones, etc.). Estas infraestructuras están ligadas con un proceso de rendimientos crecientes, que es el que se observa en la región 2 del gráfico. Finalmente, una vez se utilizan las infraestructuras a plena capacidad, la economía vuelve a experimentar rendimientos decrecientes o quizá

[8] Este es un nuevo argumento en contra de los que consideran que la literatura del crecimiento endógeno es una nueva versión del modelo Harrod-Domar: la literatura del crecimiento endógeno siempre se ha apoyado en modelos de optimización, mientras que todos los resultados de Harrod y Domar se desvanecen tan pronto como se permite a los agentes determinar su ahorro y su inversión de forma óptima.

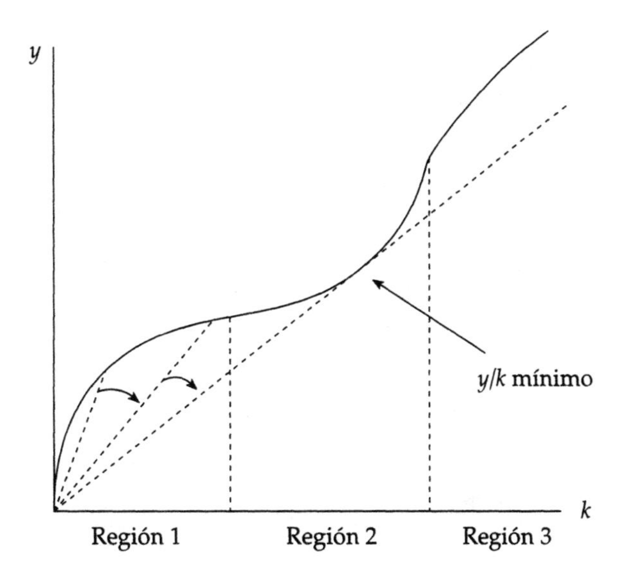

Gráfico 2.8. Función de Producción en forma de "S".

converge al modelo AK con rendimientos constantes, debido a la importancia del capital humano.

La teoría que está detrás de esta función de producción no nos interesa en este momento. Lo que queremos es analizar cuáles serán las consecuencias de esta función de producción si la ponemos en el modelo de Solow-Swan que hemos desarrollado hasta ahora. Lo primero que debemos determinar es el comportamiento del producto medio del capital $f(k)/k$, puesto que éste aparece en la fórmula de la tasa de crecimiento del modelo. Como no hemos proporcionado una fórmula para $f(k)$, no podemos simplemente dividir por k y ver qué pasa. Lo que sí podemos hacer es recordar que el ángulo de la cuerda que va entre el origen y la función es exactamente igual a $f(k)/k$. Vemos que el ángulo de esta cuerda va decreciendo a medida que aumentamos k, cuando k es pequeño, por lo que $f(k)/k$ va disminuyendo a medida que nos movemos hacia la derecha. El ángulo es mínimo en el punto señalado como "y/k mínimo" y, a partir de ese momento, el producto medio vuelve a crecer hasta alcanzar un máximo y estabilizarse para valores grandes de k. La forma de la curva de ahorro, que es igual a la del producto medio, $f(k)/k$, multiplicado por la constante, s, tiene exactamente la misma forma que el producto medio, por lo que sigue la forma dibujada en el gráfico 2.9: primero decrece hasta alcanzar un mínimo, y luego crece hasta estabilizarse. Vemos que, en el caso dibujado en el gráfico 2.9, la curva de ahorro cruza la línea de depreciación dos veces, de tal forma que existen *dos estados estacionarios*, que denotamos con k^* y k^{**}. El primero, correspondiente a un stock de capital inferior, constituye una *trampa de pobreza*, ya que se trata de

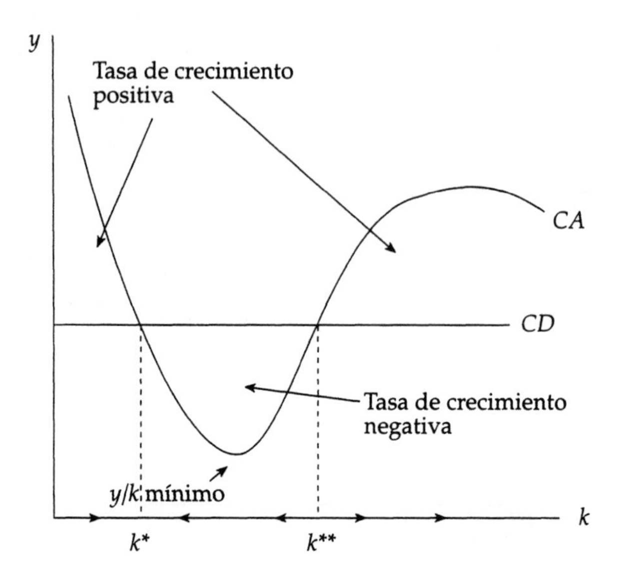

Gráfico 2.9. Trampas de pobreza.

un estado estacionario estable. Es decir, aquellos países cuyo volumen de capital inicial sea muy reducido quedarán confinados en este estado estacionario en el que el crecimiento es nulo y la renta baja. De hecho, todos los países cuyo capital inicial se sitúe a la izquierda de k^{**} caerán en esta trampa. En cambio, los países que empiecen a la derecha de k^{**} disfrutarán de tasas de crecimiento positivas para siempre. Si ésta fuera una descripción más o menos acertada de lo que pasa en el mundo, la predicción sería que en el largo plazo se formarán dos grupos (o clubes) de países: los pobres y los ricos. Lo que determina a qué club pertenece cada país es simplemente su stock de capital inicial.

Consideremos la situación de un país que haya quedado atrapado en k^*. En particular, supongamos que el Estado consigue generar un *pequeño aumento permanente* en la tasa de ahorro, s, de tal forma que la curva de ahorro se mueva ligeramente hacia arriba.

Imaginemos que, después de este desplazamiento, la curva de ahorro sigue cruzando la línea de depreciación, $\delta + n$. El país experimentará un periodo de tasas positivas de crecimiento, pero convergerá rápidamente a otro estado estacionario en el que el crecimiento es nulo. Sin embargo, si el aumento de s fuera lo suficientemente grande para que la curva de ahorro ya no cruzase más la línea de depreciación, el país se escabulliría de la trampa de pobreza para siempre y conseguiría disfrutar de unas tasas de crecimiento permanentemente positivas. Obsérvese que, una vez el stock de capital es superior a k^{**}, la tasa de ahorro puede volver a descender a su nivel original, sin que el país en cuestión vuelva a caer en la trampa de pobreza.

Se puede llegar a predicciones análogas en el caso de que se consiga reducir la tasa de fertilidad, n, o mejorar A: *pequeños cambios* de la política económica no tienen efectos sobre el crecimiento a largo plazo aunque sean permanentes. Sólo importan los *grandes cambios, aunque sean temporales* (es por ello que estas teorías también se conocen con el nombre de "big push").

Para el análisis de versiones más modernas de modelos con trampas de pobreza, consúltese Murphy, Shleifer y Vishny (1989), y Azariadis y Drazen (1990). Durlauf y Johnson (1992) proponen el uso de ciertas técnicas econométricas para verificar la existencia de trampas de pobreza en la práctica, a partir de datos de varios países en un momento dado del tiempo.

2.8 Paro y crecimiento

En las dos últimas décadas, Europa ha experimentado dos fenómenos económicos importantes: estancamiento prolongado (tasas de crecimiento muy bajas, al menos en relación con las tasas observadas durante los años que siguieron a la Segunda Guerra Mundial) y enormes tasas de paro. La coincidencia de estos dos fenómenos ha llevado a algunos economistas a pensar que la causa de las reducidas tasas de crecimiento cosechadas en Europa es el elevado nivel de paro experimentado.

Algunos de los modelos presentados hasta ahora han sido utilizados para estudiar el impacto del paro en la tasa de crecimiento económico. En este apartado discutiremos una manera de introducir el paro en nuestro modelo. Seguiremos a Daveri y Tabellini (1997) y utilizaremos la función de producción de Romer con externalidades presentada en el apartado 2 para discutir un posible mecanismo a través del cual el paro puede afectar el crecimiento a largo plazo.

Todos los modelos analizados hasta el momento han mantenido el supuesto de que la población es igual al empleo. Una de las razones por las que esto no es cierto en la vida real es la existencia de paro. Si denotamos con P_t la población (activa) existente en el momento t y con L_t la cantidad de trabajadores, entonces la diferencia, $P_t - L_t$, es la población que no trabaja o que está en paro.[9] La tasa de paro es la fracción de la población que no trabaja. Es decir, la tasa de paro (que denotamos con la letra u_t) se define como $u = (P - L)/P$.

Siguiendo a Daveri y Tabellini (1997), consideremos la función de producción de Romer [2.5] y supongamos también que $\eta = 1 - \alpha$.

$$Y_t = AK_t^{\alpha} L_t^{1-\alpha} \kappa_t^{1-\alpha}. \qquad [2.32]$$

Finalmente Daveri y Tabellini suponen que el stock de capital que representa la externalidad no es ni el capital agregado (como suponía Romer) ni el capital por

[9] Ignoraremos aquí la distinción entre estar parado y no formar parte de la población activa.

trabajador (como suponía Lucas) sino el capital por persona, $\kappa = K/P$. Si dividimos los dos lados de [2.32] por L encontramos que el producto por trabajador es igual a

$$\begin{aligned} y = Ak^{\alpha}\left(\frac{K}{P}\right)^{1-\alpha} = Ak^{\alpha}\left(\frac{K}{L}\frac{L}{P}\right)^{1-\alpha} = \\ Ak^{\alpha}k^{1-\alpha}\left(\frac{L}{P}\right)^{1-\alpha} = Ak\left(\frac{L}{P}\right)^{1-\alpha}, \end{aligned} \qquad [2.33]$$

donde k es el capital por trabajador. Utilizando la definición de tasa de paro, obtenemos que $L/P = 1 - u$, y aplicándola en [2.33] nos da que el producto por trabajador es

$$y = Ak(1-u)^{1-\alpha}. \qquad [2.34]$$

Si introducimos esta función de producción en el modelo de crecimiento de tasa de ahorro constante obtenemos que la tasa de crecimiento de la economía viene dada por

$$\frac{\dot{k}}{k} = sA(1-u)^{1-\alpha} - (\delta + n). \qquad [2.35]$$

Es decir, la tasa de paro, u, afecta negativamente a la tasa de crecimiento de la economía. Daveri y Tabellini utilizan este modelo para explicar por qué las economías europeas han sufrido reducidas tasas de crecimiento en las dos últimas décadas.

A pesar del atractivo y de la simplicidad de este modelo, debemos señalar un par de aspectos negativos importantes. Primero, el análisis se basa crucialmente en la existencia de una externalidad y en el supuesto de que el tamaño de esta externalidad es exactamente $\eta = 1-\alpha$. Si hubiera externalidad pero $\eta+\alpha < 1$, entonces la economía convergiría hacia un estado estacionario con k constante y no habría relación entre crecimiento a largo plazo y tasa de paro (habría relación entre crecimiento a corto plazo, mientras la economía converge hacia un estado estacionario con menos capital, pero no a largo plazo, puesto que en el largo plazo la tasa de crecimiento sería cero). Segundo, el resultado se basa en el supuesto de que la externalidad proviene del capital por persona, $\kappa = K/P$, y no del capital agregado o del capital por trabajador. Aun en el caso que $\eta = 1-\alpha$, si la externalidad fuera en el capital agregado (como supone Romer en su artículo original), entonces la producción por persona se escribiría como $y = AkL^{1-\alpha}$. La tasa de crecimiento en este caso dependería del número de trabajadores y no de la tasa de paro, $\gamma^* = sAL^{1-\alpha} - (\delta + n)$. Es decir, Alemania debería crecer mucho más que Bélgica porque el número de trabajadores es superior. Dejando de lado la validez empírica de esta predicción, lo que no es cierto es que el modelo genere una relación entre la *tasa de paro* y el crecimiento. Si la externalidad fuera del capital por persona (como supone Lucas), entonces la función de producción per cápita se podría escribir como $y = Ak$. Vemos que la tasa de crecimiento en este caso sería $\gamma^* = sA - (\delta + n)$ y no dependería, pues, de la tasa de paro. Finalmente, si no hubiera externalidades, entonces la producción por trabajador sería igual a $y = Ak^\alpha$, por lo que la tasa de crecimiento de estado estacionario sería cero, con lo que tampoco se vería afectada por la tasa de paro. Por lo tanto, para que un aumento en la tasa de paro cause una reducción del crecimiento económico es necesario que la externalidad sea en el *capital por persona* ($\kappa = K/P$).

El problema de tener que suponer que la externalidad proviene del capital por persona es que nos obliga a preguntarnos ¿qué significa esta externalidad? En particular, obsérvese que si añadimos una persona *no trabajadora* en nuestra economía, la producción cae. ¿Qué fenómeno económico explica esta caída? La verdad es que cuesta imaginar el mecanismo a través del cual actúa esta externalidad. Una posibilidad sería imaginar que cuando hay mucha gente se pueden producir huelgas, revoluciones sociales u otras actividades perturbadoras que reducen la producción (véase Sala-i-Martin (1997) para un modelo de crecimiento con actividades criminales y perturbadoras en el contexto del estado del bienestar).

Segunda parte:

Modelos neoclásicos de optimización

"En el universo de las ideas, la materia y la forma NO convergen."

Platón

"Platón es un plasta."

Salvador Dalí

3. Crecimiento neoclásico: el modelo de Ramsey

3.1 El modelo de mercado

Hasta este momento hemos supuesto que las familias que se dedican a la producción ahorran una parte constante de su renta, sin cuestionarnos la racionalidad de este comportamiento. En este capítulo vamos a describir la actuación de estas familias cuando se les permite determinar de forma óptima la trayectoria de su consumo. Otro supuesto poco realista que hemos utilizado hasta ahora es que las familias eran al mismo tiempo consumidores y productores como si se tratara de Robinson Crusoe. En la vida real, las empresas y los consumidores son instituciones separadas que interaccionan en un lugar que llamamos mercado. Las familias son las propietarias de los activos financieros que dan un rendimiento neto (que puede ser positivo, o negativo en caso de que tengan deudas), y también son propietarias del factor trabajo. Por lo tanto, las familias reciben ingresos tanto del sector financiero (rendimiento de los activos financieros) como de su trabajo, y deciden qué parte de esos ingresos utilizar para el consumo y qué parte deben ahorrar.

Por su parte, las empresas alquilan trabajo a cambio de un salario, alquilan capital a cambio de una tasa de alquiler y venden su producto a cambio de un precio. Al final, las familias y las empresas se encuentran en el mercado, y los precios del capital, del trabajo y del producto son tales que los tres mercados se equilibran. Este modelo de equilibrio general se debe a Ramsey (1928) y, posteriormente, fue perfeccionado por Cass (1965) y Koopmans (1965).

Las familias neoclásicas

En este modelo imaginaremos que los habitantes de nuestra economía maximizan una función de utilidad de la forma:

$$U(0) = \int_0^\infty e^{-\rho t} u(c_t) L_t dt = \int_0^\infty e^{-\rho t} \frac{c_t^{1-\theta} - 1}{1-\theta} L_t dt, \qquad [3.1]$$

donde ρ es una constante que representa la tasa de descuento, c_t es el consumo per cápita en el momento t, L_t es el tamaño de la población y θ es una constante que discutiremos más adelante. La función de utilidad [3.1] tiene una serie de aspectos que deben destacarse. Primero, la utilidad de los individuos es la suma (es decir, la integral) de sus funciones instantáneas de utilidad $u(c_t)$ (a menudo denominadas "funciones de felicidad") descontadas a la tasa ρ, entre el periodo 0 e infinito.

Segundo, el horizonte temporal relevante para el problema de optimización que hemos diseñado es infinito. Este supuesto podría parecer muy poco razonable, dado que la evidencia empírica sugiere que la vida humana tiene un fin. No obstante, tal como Barro (1974) demostró, este modelo se puede reinterpretar si se tiene en consideración el altruismo y las herencias intergeneracionales. En este contexto, deberemos imaginar que los agentes del modelo son dinastías o familias, siendo L_t el número de individuos pertenecientes a cada dinastía en el momento t. Dado que c_t es el consumo per cápita, $u(c_t)$ representa la felicidad instantánea per cápita. Por esta razón, la felicidad instantánea agregada es igual a la felicidad de cada miembro multiplicada por el número de miembros (lo que explica el término L_t de [3.1]). Durante este capítulo vamos a suponer que la tasa de crecimiento de la población es constante e igual a n, de manera que $\dot{L}/L = n$, por lo que la población en el momento t es igual a $L_t = L(0)e^{nt}$. Si normalizamos la población inicial, $L(0) = 1$, tenemos que la población en el instante t viene dada por $L_t = e^{nt}$.

Tercero, la tasa de descuento (que fue descrita por Ramsey (1928) como "éticamente indefendible y que debe su aparición exclusivamente a la debilidad de la imaginación"[1], [pág. 543] en el plano individual) representa el hecho de que los individuos, aunque altruistas con respecto a sus descendientes, prefieren el consumo propio más que el consumo de los hijos. Es decir, el tipo de descuento representa el egoísmo paterno dentro de un mundo de altruismo intergeneracional.

La intuición tras la función de utilidad [3.1] se puede obtener analizando un ejemplo en tiempo discreto. Imaginemos que hay un padre que vive en el año 1 y cuya vida representa un periodo. Su función de utilidad, U_1, depende de la felicidad que le reporta su propio consumo, c_1, y también depende de la felicidad que alcancen

[1] Ramsey se había planteado la elección óptima desde el punto de vista del Estado; por eso consideraba que la introducción de una tasa de descuento era éticamente indefendible, ya que, mediante este artificio, el Estado estaba ponderando en mayor medida a las generaciones presentes que a las generaciones futuras.

sus hijos, que van a vivir en el siguiente "periodo" (el periodo 2). El hecho de que la felicidad de un hijo afecte a la felicidad del padre es lo que llamamos "amor" o "altruismo". A pesar del amor o altruismo que siente por sus hijos, imaginemos que prefiere su propia felicidad a la felicidad de sus hijos, por lo que "descuenta" la utilidad de sus hijos a una tasa ρ. Si la utilidad de cada uno de sus hijos viene dada por U_2 y tiene $1 + n$ hijos (L_2 es la población del periodo 2 que, en este caso, es igual a $L_2 = 1 + n$), entonces la utilidad del padre se puede escribir como

$$U_1 = u(c_1) + \frac{1+n}{1+\rho} U_2. \qquad [3.2]$$

Nótese que si este padre tuviera solamente un hijo (de manera que $n = 0$), entonces valoraría más la utilidad de su propia generación que la de la siguiente dado que $1 < 1 + \rho$. De manera similar, la utilidad de la siguiente generación, U_2, depende de la utilidad del consumo propio, que ocurre en el periodo 2, y de la utilidad de los $L_3 = (1 + n)L_2$ descendientes que viven en el periodo 3. Es decir

$$U_2 = u(c_2) + \frac{1+n}{1+\rho} U_3. \qquad [3.3]$$

Si substituimos [3.3] en [3.2] obtenemos

$$U_1 = u(c_1) + \frac{1+n}{1+\rho} u(c_2) + \left(\frac{1+n}{1+\rho}\right)^2 U_3 \qquad [3.4]$$

Si repetimos la operación para la generación 3, luego la generación 4, y así hasta el infinito, veremos que la función de utilidad del primer individuo viene dada por

$$\begin{aligned} U_1 &= u(c_1) + \frac{1+n}{1+\rho} u(c_2) + \left(\frac{1+n}{1+\rho}\right)^2 u(c_3) + \left(\frac{1+n}{1+\rho}\right)^3 u(c_4) + \ldots = \\ &= \sum_{t=1}^{\infty} u(c_t) \left(\frac{1+n}{1+\rho}\right)^{t-1}. \end{aligned} \qquad [3.5]$$

Es decir, aunque el padre solamente vive un periodo y solamente "ama" a sus descendientes, *es como si de hecho* tuviera una función de utilidad de infinitos periodos, donde lo que importa es el consumo de cada una de las sucesivas generaciones, y donde la utilidad de las futuras generaciones se multiplica por el número de miembros de tal generación y se divide por una tasa de descuento $1/(1 + \rho)$. Nótese que, en tiempo continuo, esta funció. e corresponde a [3.1].

Un supuesto adicional de la función [3.1] es que la función de felicidad, $u(c)$, es cóncava, lo que refleja el deseo de la gente de tener unas trayectorias de consumo más o menos *lisas* o *suaves* en el tiempo (es decir, la gente prefiere consumir un poco cada día en lugar de morirse de hambre durante todo el mes y organizar una gran fiesta el último día del mes). La relación entre *concavidad* de la función de utilidad y el deseo de *alisar el consumo* (es decir, querer consumir "más o menos la misma cantidad cada día") se puede ver en el gráfico 3.1. Este gráfico nos relaciona consumo en el eje horizontal y utilidad en el eje vertical. Preguntémonos cuál será la utilidad que alcanza un individuo que consume muy poco en el periodo 1 y mucho en el periodo 2 (en el gráfico, c_1 es muy inferior a c_2). La utilidad "promedio" es la que aparece en el gráfico como $\frac{1}{2}[U(c_1) = U(c_2)]$. Preguntémonos ahora cuál será la utilidad promedio de consumir "más o menos" la misma cantidad cada día. Es decir, imaginemos que el consumidor consume, los dos días, la cantidad $\frac{1}{2}(c_1 + c_2)$. Lógicamente, la utilidad alcanzada es la imagen de este punto en la función de utilidad, que en el gráfico se denota por $U[\frac{1}{2}(c_1 + c_2)]$. Note el lector que si la función de utilidad es cóncava, la utilidad promedio alcanzada si se consume "más o menos" la misma cantidad cada día es superior a la utilidad alcanzada si c_1 es muy inferior a c_2. El lector debería comprobar que esto no sería cierto si la función de utilidad fuera convexa o lineal.

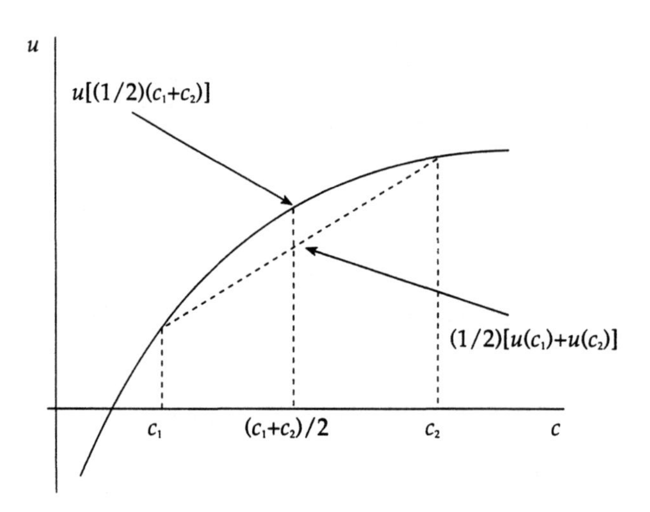

Gráfico 3.1. Utilidad cóncava.

Para ser más concretos (y con el objeto de simplificar el álgebra que emplearemos durante el resto del libro), supondremos que la función de utilidad adopta la forma $u(c_t) = \frac{c_t^{1-\theta}-1}{1-\theta}$ (esta función se conoce con el nombre de "función de elasticidad intertemporal constante"). Si las preferencias son cóncavas, entonces el parámetro θ que mide el grado de concavidad debe de ser positivo, $\theta > 0$. Cuanto mayor sea θ, mayor es el deseo de alisar el consumo a través del tiempo. Si $\theta = 0$, la función de utilidad es lineal, de modo que los individuos no desean alisar el consumo de una forma especial. A medida que θ se aproxima a 1, la función de utilidad se transforma en una función de tipo logarítmico.[2]

Una vez descritas las preferencias de los consumidores, pasamos ahora a hablar de la restricción presupuestaria. Las familias poseen activos, B_t. Dichos activos pueden ser positivos (las familias prestan a otras familias o a las empresas) o negativos (las familias tienen deudas). Estos activos generan un tipo de interés que representamos por r_t. El producto $B_t r_t$ es, por lo tanto, parte de los ingresos familiares si B_t es positivo. Si B_t es negativo, entonces la familia debe pagar intereses de la deuda acumulada, por lo que $r_t B_t$ representa el pago de dichos intereses. Las familias también son propietarias de su propio trabajo, que alquilan al salario w_t. Si L_t es la cantidad de trabajo realizado por todos los miembros de la familia, los ingresos salariales totales son $w_t L_t$. Tal como hicimos en el capítulo 1, imaginaremos que todos los componentes de la familia trabajan, por lo que supondremos que la población es igual al trabajo. Es decir, en este modelo neoclásico inicial se ignoran los importantes aspectos de desempleo, participación femenina en el mercado laboral, escolarización de los niños o jubilación de los ancianos. Todos estos aspectos hacen que, en general, la población de una economía sea distinta a la población empleada.

La renta total de una familia se puede destinar al consumo o a la adquisición de más activos financieros. De este modo, la restricción presupuestaria de los individuos viene dada por $\dot{B} = wL + rB - C$. Si definimos b como la cantidad de activos per cápita, $b = B/L$, podemos reescribir esta restricción en términos per cápita como[3]

$$\dot{b} = w + rb - c - nb. \tag{3.6}$$

Resumiendo todo lo que se ha indicado hasta el momento, el problema neoclásico de crecimiento puede expresarse de la siguiente forma:

$$\begin{aligned} &\max U(0) \int_0^\infty e^{-(\rho-n)t} \left(\frac{c^{1-\theta}-1}{1-\theta} \right) dt \\ &\text{sujeto a} \quad \dot{b} = w + rb - c - nb, \end{aligned} \tag{3.7}$$

donde $b(0) > 0$ está dado. Obsérvese que se ha utilizado el término e^{nt}en lugar de L_t en la función de utilidad.

[2] Esto se puede comprobar de forma sencilla tomando el siguiente límite: $\lim_{\theta\to 1} \frac{c^{1-\theta}-1}{1-\theta} = \frac{0}{0}$, lo que constituye una indeterminación. Si aplicamos la regla de l'Hôpital, y calculamos la derivada del numerador y del denominador con respecto a θ, obtendremos que el límite es igual a $\log(c)$ (recordemos que la derivada de $c^{1-\theta}$ con respecto a θ es $c^{1-\theta}\log(c)(-1)$). El término "-1" de la función de felicidad se justifica porque, en su ausencia, el límite cuando θ tiende a 1 sería infinito en lugar de ser un número indeterminado y, por lo tanto, la regla de l'Hôpital no sería aplicable.

[3] Para encontrar esta nueva restricción, basta con tomar la derivada de b con respecto al tiempo, $\dot{b} = \frac{\dot{B}L - \dot{L}B}{L^2} = \frac{\dot{B}}{L} - nb$. Substituimos $\dot{B}/L$ de la restricción agregada para encontrar [3.6].

Como veremos posteriormente, el consumo a largo plazo es constante (tal como sucedía en el modelo neoclásico analizado en el capítulo anterior). En consecuencia, para que la utilidad sea finita o esté acotada (de modo que nos enfrentemos a un problema con significado económico[4]), se debe imponer la restricción de que los términos incluidos en el interior de la integral se aproximen a cero cuando t tiende a infinito. Esto requiere la condición

$$\lim_{t\to\infty} e^{-(\rho-n)t}\left(\frac{c^{1-\theta}-1}{1-\theta}\right)=0. \qquad [3.8]$$

Nótese que se trata de una constante por un término exponencial. El límite de este producto es cero solamente si el término que aparece en el exponente es negativo, dado que la constante no será, en general, igual a cero. Esto sucede solamente si

$$\rho > n \qquad [3.9]$$

A partir de este momento supondremos que la condición [3.9] se cumple. El problema [3.7] es un problema de optimización dinámico simple que se puede resolver por el método del hamiltoniano. Antes de construir el hamiltoniano debemos subrayar que la variable de control (la variable que NO aparece en la restricción con un punto) es el consumo, c, y que la variable de estado es el stock de activos, b. El hamiltoniano de este problema se puede escribir como[5]

$$H(\cdot)=e^{-(\rho-n)t}\left(\frac{c^{1-\theta}-1}{1-\theta}\right)+\nu\left[w+(r-n)b-c\right], \qquad [3.10]$$

en el que ν es el multiplicador dinámico de Lagrange. Este multiplicador se puede interpretar como el valor que el consumidor da a una unidad adicional de activos financieros. Es decir, es el precio implícito de los activos b. Las condiciones de primer orden, en este caso, son las siguientes:

$$H_c=0\leftrightarrow e^{-(\rho-n)t}c^{-\theta}=\nu \qquad [3.11]$$

$$H_b=-\dot{\nu}\leftrightarrow -\dot{\nu}=\nu(r-n) \qquad [3.12]$$

$$\lim_{t\to\infty} b_t\nu_t=0 \qquad [3.13]$$

[4] El lector puede intuir que la maximización de algo infinito no tiene mucho sentido, por lo que tenemos que imponer restricciones para que el objetivo de nuestras familias sea finito.

[5] Véase el apéndice matemático para una discusión detallada de las técnicas matemáticas utilizadas en la resolución de este tipo de problemas dinámicos.

Pasemos a intepretar económicamente estas condiciones de primer orden. Las condiciones [3.11] y [3.12] dicen que el valor marginal del consumo debe ser igual al valor marginal de la inversión. Para llegar a una expresión intuitiva y útil, es necesario tomar logaritmos en ambos miembros para obtener $-(\rho - n)t - \theta \log(c_t) = \log(\nu_t)$.

Si ahora derivamos la anterior expresión respecto del tiempo llegamos al siguiente resultado: $-(\rho - n) - \theta(\dot{c}/c) = \dot{\nu}/\nu$. Podemos substituir a continuación esta expresión en [3.12], para llegar a la condición que debe cumplir el crecimiento del consumo

$$\gamma_c \equiv \frac{\dot{c}}{c} = \frac{1}{\theta}(r - \rho) \tag{3.14}$$

La ecuación [3.14] se denomina, en algunas ocasiones, ecuación de Euler. Para interpretarla, es conveniente reescribirla de la siguiente forma:

$$\rho + \theta\frac{\dot{c}}{c} = r \tag{3.14'}$$

El miembro de la izquierda expresa el beneficio o rendimiento que proporciona el consumo; la tasa de descuento, ρ, indica el aumento de la utilidad obtenido por consumir en el presente y no en el futuro, ya que no olvidemos que el individuo otorga más utilidad a su propio consumo que al de sus descendientes. El beneficio proporcionado por el consumo también incluye el término $\theta\dot{c}/c$. Si el consumidor desea alisar el consumo a través del tiempo (es decir, si $\theta > 0$), siempre que prevea que el consumo va a ser mayor en el futuro (es decir, cuando $\dot{c}/c > 0$), deseará aumentar su consumo en el momento presente. Dicho de otro modo, tasas positivas de crecimiento comportan trayectorias de consumo poco lisas. Por lo tanto, el consumidor es partidario de intercambiar parte de su consumo futuro por consumo presente. Esto representa una preferencia adicional por el consumo de hoy que, sumada al término ρ, representa el beneficio de consumir ahora.[6] El término de la derecha es el beneficio o rendimiento neto obtenido del ahorro, que es el tipo de interés que dan los activos financieros. Los individuos optimizadores, en el margen, se muestran indiferentes ante la disyuntiva entre consumo y ahorro. La expresión [3.14'] refleja, precisamente, esta indiferencia de los agentes individuales.

Una interpretación alternativa (aunque parecida) sería la siguiente: Imaginemos que la tasa de descuento, ρ, es igual al tipo de interés real, r, y que $\dot{c}/c$ es igual a cero. Preguntemos al individuo optimizador si querría reducir su consumo ahora a cambio de más consumo en el futuro (por lo que su "tasa de crecimiento de consumo" sería

[6] Esto también es cierto en el caso inverso: si $\dot{c}/c$ es negativo, el consumidor se da cuenta de que su consumo futuro será menor que el presente; puesto que desea tener una trayectoria de consumo lisa, estará dispuesto a intercambiar parte de su consumo presente por su consumo futuro. Así, el término $\theta\dot{c}/c < 0$ indicaría en este caso un rendimiento negativo del consumo presente, lo cual debe sustraerse del término que expresa la preferencia por el consumo presente.

positiva, ya que mañana consumiría más que hoy). Su respuesta sería que no. Si le preguntamos qué debería pasar para que aceptara de manera óptima reducir su consumo actual a cambio de más consumo en el futuro, nos diría que solamente aceptaría ahorrar más hoy si se le aumentara suficientemente la recompensa por ahorrar. ¿Cuánto debería subir el rendimiento del ahorro para que hoy aceptara reducir el consumo? Depende de lo que el consumidor odie tener "sendas de consumo poco lisas" (es decir, cuanto mayor sea θ, mayor será el aumento requerido en la tasa de rendimiento del ahorro para que el consumidor acepte ahorrar hoy y, por lo tanto, tenga una mayor tasa de crecimiento de c). La condición [3.14′] denota esa relación: cuanto mayor sea θ, mayor deberá ser el aumento requerido de r para que una determinada $\dot{c}/c$ sea aceptable.

La ecuación [3.13] expresa la condición de transversalidad. Para desarrollar la intuición económica de dicha condición, será más sencillo pensar en el caso de una economía con horizonte finito. En una sección posterior, veremos cómo en un problema con un horizonte temporal finito, la condición de transversalidad se reduce a $b_T \nu_T = 0$, siendo T el último momento del horizonte temporal del individuo, quizá debido a su muerte (vemos que esta condición equivale a [3.13] cuando T se acerca a infinito). La interpretación económica de $b_T \nu_T = 0$ es que los individuos optimizadores no quieren dejar nada que tenga valor para después de su muerte (recordemos que ν es el precio implícito del activo b, por lo que el producto νb es el valor que para el consumidor tiene el stock de activos b). Si dejasen algo de valor al final de su horizonte temporal, ya lo podrían haber consumido con anterioridad, aumentando de este modo su utilidad. Pero si pudieran aumentar su utilidad, se seguiría de ello que el punto inicial no era óptimo.

Nótese que el valor de los activos en el momento terminal puede ser igual a cero, bien porque la cantidad física b_T es cero, bien porque la cantidad física es positiva, pero su precio ν_T es cero.

En la economía de Ramsey, se supone que los individuos "fenecen" en el infinito. La ecuación [3.13] indica que el valor del stock de activos en el último momento del horizonte temporal que están planificando (es decir, en el infinito) debe ser cero.[7]

Las empresas neoclásicas

La segunda institución importante en un modelo de crecimiento neoclásico es la empresa. Como en la teoría microeconómica, imaginaremos que las empresas alquilan trabajo al salario w_t, y capital al precio R_t, para producir un producto que venden

[7] Estrictamente hablando, este argumento intuitivo no puede transponerse directamente al caso infinito, porque existen contraejemplos en los cuales el comportamiento óptimo de los agentes económicos viola las condiciones de transversalidad. Para mayor detalle en relación con la validez de la condición de transversalidad en problemas de horizonte finito, véase el apéndice matemático de Barro y Sala-i-Martin (1995).

a precio unitario. Las empresas son competitivas en el sentido de que toman todos los precios como dados. Las empresas combinan capital y trabajo utilizando una tecnología neoclásica. Es decir, la función de producción neoclásica satisface las tres propiedades siguientes (en el capítulo 1 ya se han descrito detalladamente estas propiedades, por lo que aquí solamente las apuntamos):

(i) La función de producción tiene *rendimientos constantes de escala* (por lo que $F(\cdot)$ es una función homogénea de grado uno): $F(\lambda K, \lambda L) = \lambda F(K, L)$.
(ii) La *productividad marginal* de todos los factores de producción es *positiva*, pero *decreciente* (es decir, $\partial F/\partial K > 0$, $\partial F/\partial L > 0$, $\partial^2 F/\partial K^2 < 0$, $\partial^2 F/\partial L^2 < 0$).
(iii) $F(\cdot)$ satisface las *condiciones de Inada*. Éstas requieren que la productividad marginal del capital se aproxime a cero cuando el capital tiende a infinito y tienda a infinito cuando el capital se aproxima a cero, $\lim_{k\to\infty} \partial F/\partial K = 0$, $\lim_{k\to 0} \partial F/\partial K = \infty$. Condiciones análogas se aplican al trabajo.

El supuesto (ii) comporta que $f'(k) > 0$ y $f''(k) < 0$, mientras que el supuesto (iii) requiere que $\lim_{k\to 0} f'(k) = \infty$ y $\lim_{k\to\infty} f'(k) = 0$. Tal como se indicó en los capítulos 1 y 2, una función de producción bastante sencilla que satisface las propiedades neoclásicas es la función Cobb-Douglas $Y = AK^{\alpha}L^{1-\alpha}$, siempre que $0 < \alpha < 1$. Esta función puede reescribirse en términos per cápita del siguiente modo: $f(k) = Ak^{\alpha}$.

Si R es el precio de alquiler de una unidad de capital, la tasa de beneficio que obtienen los propietarios al alquilar una unidad de capital viene dada por $R - \delta$, donde δ es la tasa de depreciación del capital. Dado que, en este modelo, no existe riesgo ni incertidumbre respecto al futuro, el rendimiento de los activos debe coincidir con el rendimiento del capital, de modo que $r = R - \delta$. Por otra parte, las empresas maximizarán sus beneficios, los cuales vienen dados por

$$\pi = F(K, L) - (r + \delta)K - wL. \qquad [3.15]$$

Las condiciones de primer orden de este problema imponen que el alquiler de los factores sea igual a su productividad marginal. Es decir, $\partial F/\partial K = R = r + \delta$ y $\partial F/\partial L = w$. Es útil escribir estas condiciones de primer orden en función del capital por persona en lugar del capital agregado (dado que el modelo general será resuelto en términos per cápita):[8]

$$r + \delta = f'(k) \qquad [3.16]$$

[8] Podemos escribir $Y = Lf(k)$. Si diferenciamos Y con respecto a K, siendo L una constante, obtendremos [3.16]. Si diferenciamos Y con respecto a L, manteniendo constante K, se obtendrá [3.17] (recuérdese que $\partial k/\partial L = -K/L^2$).

$$w = f(k) - kf'(k). \qquad [3.17]$$

Equilibrio

Los consumidores y las empresas se encuentran en el mercado: los salarios que pagan los empresarios son iguales a los salarios que reciben los trabajadores, el interés que pagan las empresas es el mismo que reciben las familias y el precio que cobran las empresas por el bien producido (precio que hemos normalizado a 1) es el mismo que pagan los consumidores. Además, debemos imponer la existencia de equilibrio en el mercado financiero. El modelo neoclásico que estamos analizando considera una economía cerrada sin gobierno. La implicación de estos dos supuestos (economía cerrada y ausencia de gobierno) hace que el equilibrio en el mercado financiero requiera que el único activo del cual existe una oferta neta no negativa sea el capital, de modo que $b = k$. Es cierto que los individuos pueden prestar y pedir prestada cualquier cantidad de bonos que quieran. Pero, si la economía es cerrada y no hay gobierno, todo lo que presten los individuos prestadores tiene que ser necesariamente igual a todo lo que reciben los que piden prestado. Es decir, la cantidad neta total de deuda debe ser igual a cero, por lo que el único activo en oferta neta positiva debe ser el capital. El tipo de interés r se ajusta hasta el punto en que $b = k$, y todos los créditos son exactamente iguales a todos los débitos obteniendo que la deuda neta agregada es nula y el único activo neto es el capital físico. Si se sustituye [3.16], [3.17] y la condición $b = k$ en [3.6], obtendremos

$$\dot{k} = f(k) - c - (\delta + n)k. \qquad [3.18]$$

Esta ecuación nos describe el comportamiento dinámico del stock de capital por persona como una función de la cantidad producida, $f(k)$, del consumo escogido, c, y de la depreciación agregada, $(\delta + n)k$, que incluye el hecho de que la depreciación del capital por persona se debe tanto a la depreciación física, δk, como al aumento del número de personas, nk. Note el lector que esta ecuación es idéntica a la obtenida por las familias productoras del capítulo 1 (ecuación [1.13]). La identidad de las dos restricciones sugiere que el hecho de introducir mercados, en lugar de suponer que las familias son a la vez consumidoras y productoras, no altera en absoluto nuestro análisis. En el modelo de "tasa de ahorro constante", una vez obteníamos la ecuación [3.18], suponíamos que el consumo era una fracción constante de la renta o producción, por lo que $c = (1 - s)f(k)$. Si substituíamos c, obteníamos la ecuación fundamental del modelo de Solow- Swan: $\dot{k} = sf(k) - (\delta + n)k$. Desafortunadamente, ahora no podemos hacer este supuesto sobre el comportamiento del consumo, dado que no sabemos si los consumidores escogerán óptimamente una tasa de ahorro constante. Lo que sí sabemos es que el comportamiento óptimo de los consumidores viene descrito por la ecuación [3.14]. Si substituimos [3.16] en [3.14] llegaremos a la expresión

$$\gamma_c \equiv \frac{\dot{c}}{c} = \frac{1}{\theta}(f'(k) - \rho - \delta) \qquad [3.19]$$

Esta condición dice que para que el consumidor decida aceptar óptimamente una senda de consumo creciente, se le debe recompensar con un producto marginal superior. La intuición es la misma que la desarrollada en la sección de las familias neoclásicas al principio de este capítulo.

Por último, substituyendo la igualdad $b = k$ en la condición de transversalidad aparece

$$\lim_{t \to \infty} k_t \nu_t = 0 \qquad [3.20]$$

La ecuación [3.20] nos dice que el valor del stock de capital al final del periodo de optimización (que en este caso es infinito) debe ser igual a cero.

Si empleamos una tecnología Cobb-Douglas, $y = f(k) = Ak^{\alpha}$, las ecuaciones [3.18] y [3.19] pueden expresarse, respectivamente, del siguiente modo:

$$\dot{k} = Ak^{\alpha} - c - (\delta + n)k \qquad [3.18']$$

$$\gamma_c \equiv \frac{\dot{c}}{c} = \frac{1}{\theta}\left(\alpha A k^{-(1-\alpha)} - \delta - \rho\right) \qquad [3.19']$$

3.2 Escenarios similares alternativos

Las ecuaciones diferenciales [3.18] y [3.19] junto con la condición de transversalidad describen el comportamiento dinámico del consumo, del capital y del PIB per cápita de la economía neoclásica con mercados competitivos desde el momento inicial hasta el final de los tiempos. Antes de analizar dicha dinámica, comparemos esta solución con la que se obtiene en dos escenarios distintos: la economía de consumidores-productores de Robinson Crusoe y la economía del planificador.

3.2.1 La solución de Robinson Crusoe

Consideremos una economía cerrada en la que sólo existe un único bien, de tal forma que la producción final se puede dedicar tanto al consumo como a la inversión. El capital se deprecia a una tasa constante δ y la población crece a una tasa n. Toda la población trabaja, de manera que la población y el trabajo son idénticos. El supuesto de economía cerrada quiere decir que no se puede pedir prestado de mercados extranjeros, por lo que el ahorro debe ser igual a la inversión (en una economía abierta, la diferencia entre ahorro e inversión es igual a la balanza por cuenta corriente. En una economía cerrada, la balanza por cuenta corriente es igual a cero, por lo que el ahorro menos la inversión debe ser igual a cero o, dicho de otro modo, el ahorro debe ser igual a la inversión). El ahorro es igual a la producción total, $Y = F(K, L)$, menos el consumo, C (en este modelo tampoco hay gobierno, por lo que no hay impuestos ni ahorro público). La inversión bruta es igual a la inversión neta, $\dot{K}$, más la depreciación, δK. Tenemos, pues, que la restricción de economía cerrada requiere

$$\dot{K}_t = F(K_t, L_t) - C_t - \delta K_t \qquad [3.21]$$

Los consumidores maximizan la misma función de utilidad descrita en [3.1]. Obsérvese que el argumento de la función de utilidad es el consumo per cápita (c minúscula), mientras que en la restricción presupuestaria entra el consumo agregado. Para corregir esta discrepancia, podemos dividir los dos miembros de [3.21] por el trabajo y, tras aplicar el supuesto de los rendimientos constantes de escala,[9] obtenemos la siguiente expresión:[10]

$$\dot{k} = f(k) - c - (\delta + n)k. \qquad [3.22]$$

Los individuos maximizan [3.1] sujeto a [3.22], a partir de un stock de capital inicial dado, $k_0 > 0$. Para solucionar este problema, construimos el hamiltoniano

$$H(\cdot) = e^{-(\rho-n)t}\left(\frac{c^{1-\theta}-1}{1-\theta}\right) + \nu\left(f(k) - c - (\delta + n)k\right). \qquad [3.23]$$

Las condiciones de primer orden son

$$H_c = 0 \leftrightarrow e^{-(\rho-n)t}c^{-\theta} - \nu = 0 \qquad [3.24]$$

$$H_k = -\dot{\nu} \leftrightarrow -\dot{\nu} = \nu(f'(k) - n - \delta) \qquad [3.25]$$

$$\lim_{t\to\infty} k_t \nu_t = 0. \qquad [3.26]$$

[9] Para ver este resultado, tómese la condición (i) y $\lambda = 1/L$ y se obtiene: $\frac{1}{L}F(K, L) = F\left(\frac{K}{L}, 1\right) = F(k, 1) = f(k)$.

[10] Dividiendo [3.21] por L obtenemos $\frac{\dot{K}}{L} = f(k) - c - \delta k$. El segundo miembro de esta expresión está en términos per cápita, mientras que el primero todavía no. Sin embargo, es posible escribir $\dot{K}/L$ como una función de k, de la siguiente forma: $\dot{k} = \frac{\dot{K}L - \dot{L}K}{L^2}$. Substituyendo este término en la expresión anterior y reordenando términos se obtiene [3.22].

Tomando logaritmos y derivadas de [3.24] y substituyendo en [3.25] obtenemos

$$\frac{\dot{c}}{c} = \frac{1}{\theta}(f'(k) - \delta - \rho) \qquad [3.27]$$

Esta condición, junto con [3.22] y la condición de transversalidad [3.26] determinan completamente la dinámica del capital y el consumo del modelo. Nótese, sin embargo, que estas tres condiciones son idénticas a las que encontramos en el caso del mercado. La solución de mercado, pues, es idéntica a la del modelo de familias productoras de Robinson Crusoe.

3.2.2 La solución del planificador

A menudo es razonable preguntarse si el equilibrio que alcanza el mercado es "bueno". Es decir, si dejamos que los individuos escojan libremente la cantidad de producto que ahorran y consumen de acuerdo con sus preferencias y sus restricciones físicas, si dejamos a las empresas maximizar beneficios y que los mercados actúen libremente para equilibrar ofertas y demandas, ¿encontrarán los mercados una solución más o menos óptima? Para responder esa pregunta, es necesario definir lo que se quiere decir por *"óptimo"* y *"bueno"*. Para ello, utilizaremos un artilugio inventado, un ser fantástico, al que llamaremos **planificador** que, de alguna manera, lo hará todo bien y tomará todas las decisiones correctas. Después nos podremos preguntar si nuestros individuos actúan como el planificador. Si lo hacen, entonces diremos que el equilibrio alcanzado por los individuos privados es óptimo.

El planificador poseerá las siguientes propiedades. Primero, el planificador tendrá el mismo objetivo que los individuos (es decir, maximizará la misma función de utilidad [3.1]). La razón por la que supondremos que el planificador maximiza la misma función de utilidad es que, al querer utilizar el planificador como aquel ser que lo hace todo bien para compararlo con los individuos privados, debemos suponer que los objetivos del planificador y los de los individuos privados son parecidos, ya que, si no, van a encontrar soluciones trivialmente distintas, lo cual no sería interesante.

Segundo, el planificador tendrá como única restricción la restricción física que dice que todo el producto utilizado (para consumo, para inversión o para lo que sea) debe ser producido por la propia economía. Sin una restricción de este tipo, la solución alcanzada por el planificador sería trivial: consumir infinito en cada periodo (ésa sería la manera de maximizar la función de utilidad). Lamentablemente, esa solución trivial nos sería de poca utilidad a la hora de comparar con la solución lograda por los individuos privadamente. La restricción de recursos a la que debe enfrentarse el planificador requiere que la cantidad que el planificador quiera dedicar al consumo más la cantidad que quiera dedicar a la inversión sea igual a la cantidad producida. Nótese que esta restricción, una vez expresada en términos per cápita, se puede escribir como [3.22].

Finalmente, a diferencia de los individuos privados, el planificador tendrá en cuenta todos los mecanismos, todas las externalidades y toda la información que exista en la economía a la hora de tomar decisiones.

En el modelo neoclásico que estamos estudiando en este capítulo, los individuos tienen toda la información que existe en la economía, no hay externalidades de ningún tipo ni mecanismos extraños, por lo que el objectivo [3.1] y la restricción [3.22] a los que se enfrenta el planificador son idénticos a los que se enfrenta nuestro agente de la economía de Robinson Crusoe. Las ecuaciones dinámicas que van a caracterizar su solución óptima también son las mismas. Como ya hemos demostrado que la solución de Robinson y la de mercado competitivo son idénticas, concluimos que, en el modelo neoclásico, la solución de economía competitiva es idéntica a la del planificador. Por lo tanto, la solución encontrada por nuestras familias y nuestras empresas en un mercado competitivo es óptima. Si no hay ninguna interferencia del gobierno, el mercado va a encontrar la solución óptima.[11]

3.3 La dinámica de la transición y la forma de la trayectoria estable

La dinámica predicha por la solución del modelo neoclásico se puede representar utilizando un diagrama de fases. Como ya hemos señalado, el modelo queda completamente determinado por las ecuaciones [3.18], [3.19] y [3.20]. Para construir el diagrama de fases, seguiremos los siguientes pasos:

Primer paso: construimos la curva de valores de c y k para los cuales el aumento de capital es igual a cero, en un gráfico donde en el eje horizontal representamos el stock de capital, k, mientras que en el vertical representamos el consumo, c. Utilizando la ecuación [3.18] e igualando $\dot{k} = 0$, obtenemos que $c = f(k) - (\delta + n)k$. Para el caso de la tecnología Cobb-Douglas, esta ecuación viene dada por $c = Ak^{\alpha} - (\delta + n)k$. Nótese que esta curva pasa por el punto $c = 0$ y $k = 0$, es inicialmente creciente, obtiene un máximo en el stock de capital que satisface $f'(k) = \delta + n$, y luego decrece hasta volver a cruzarse con el eje horizontal. El máximo de esta curva se corresponde con el capital de la regla de oro que hemos discutido en el capítulo 1. En el caso de la tecnología Cobb-Douglas, el capital asociado con el máximo requiere que $\alpha A k^{\alpha-1} = \delta + n$, lo que significa que el stock de capital de la regla de oro es $k_{oro} = \left(\frac{\alpha A}{\delta+n}\right)^{\frac{1}{1-\alpha}}$.

Segundo paso: analizamos la dinámica del capital asociada con la ecuación [3.18] por encima y por debajo de la curva $\dot{k}$. En este sentido, nos colocamos exactamente

[11] En los siguientes capítulos encontraremos casos donde la solución privada no es idéntica a la del planificador, por lo que la solución privada no es óptima.

encima de la curva $\dot{k} = 0$. Por definición, en esta curva el capital no se mueve. Nos preguntamos qué pasaría si, con el mismo stock de capital, aumentáramos el consumo un poquito. Es decir, nos preguntamos cómo se moverá el stock de capital cuando nos situamos por encima de la curva $\dot{k} = 0$. Si analizamos la ecuación [3.18], vemos que un pequeño aumento de c irá asociado a una disminución de $\dot{k}$, dado que en la ecuación [3.18] el consumo aparece con un signo negativo. Como nos encontramos en un punto donde $\dot{k} = 0$ y ahora vemos que por encima de esta curva $\dot{k}$ será inferior, concluimos que por encima de la curva $\dot{k} = 0$ el capital decrecerá ($\dot{k} < 0$). Denotamos este movimiento con flechas que apuntan hacia la izquierda (como el capital aparece en el eje horizontal, una disminución de k se señala con un movimiento hacia la izquierda). Un procedimiento paralelo nos ayudará a concluir que por debajo de la curva, las flechas apuntan hacia la derecha.

Tercer paso: construimos la curva de valores de c y k para los cuales el aumento de consumo es igual a cero ($\dot{c} = 0$). Nótese que la ecuación [3.19] nos señala la tasa de crecimiento de c, $\dot{c}/c$ y no exactamente $\dot{c}$. Podemos, sin embargo, reescribir [3.19] como

$$\dot{c} = c\left[\frac{1}{\theta}(f'(k) - \rho - \delta)\right] \qquad [3.19'']$$

Vemos que hay dos maneras de satisfacer la condición $\dot{c} = 0$: $c = 0$ y $\frac{1}{\theta}(f'(k) - \rho - \delta) = 0$. La primera posibilidad, $c = 0$, se corresponde con el eje horizontal. La segunda posibilidad se satisface solamente cuando el stock de capital, k^*, es tal que $f'(k^*) = \rho + \delta$. En el caso Cobb-Douglas, esta condición requiere $\alpha A(k^*)^{\alpha-1} = \rho + \delta$, por lo que el stock de capital correspondiente es $k^* = \left(\frac{\alpha A}{\delta+\rho}\right)^{\frac{1}{1-\alpha}}$. En el gráfico 3.2, esto se representa por una línea vertical en k^*. Note el lector que el stock de capital k^* es inferior al stock k_{oro} al ser $\rho > n$ y $f(k)$ una función decreciente. Esto quiere decir que la línea vertical correspondiente a $\dot{c} = 0$ se sitúa a la izquierda del máximo de la curva $\dot{k} = 0$, tal como se representa en el gráfico 3.2.

Cuarto paso: analizamos la dinámica del consumo asociada a la ecuación [3.19] a la izquierda y a la derecha de la curva $\dot{c} = 0$. Nos colocamos encima de la curva $\dot{c} = 0$ y nos preguntamos cuál será el comportamiento del consumo de acuerdo con la ecuación [3.19] cuando nos movemos un poquitín hacia la derecha, es decir, cuando aumentamos un poquito k. Dado que $f'(k)$ es una función decreciente, un aumento de k reduce el valor de $f'(k)$, por lo que el valor de $\dot{c}$ en la ecuación [3.19] pasa a ser menor que cero, es decir, pasa a ser negativo. En otras palabras, a la derecha de k^*, el consumo disminuye. Dibujamos, pues, flechas que apuntan hacia abajo (nótese que el consumo se mide en el eje vertical, por lo que las disminuciones de c se representan con movimientos hacia abajo en el gráfico 3.2). Un procedimiento paralelo nos demuestra que las flechas a la izquierda de k^* apuntan hacia el cielo (como las torres de la Catedral de Burgos).

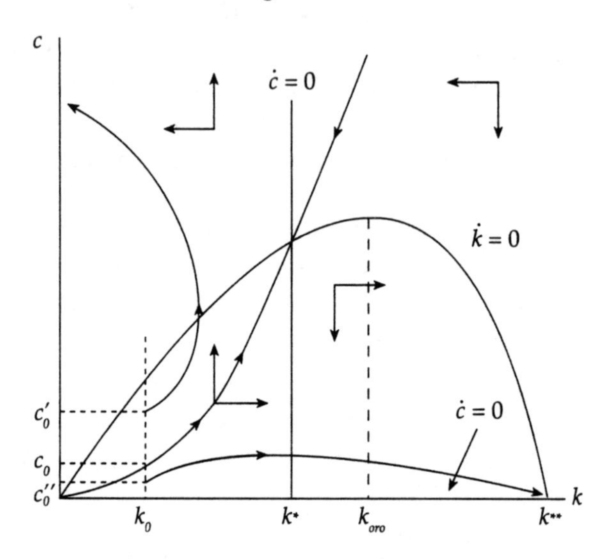

Gráfico 3.2. Diagrama de fases para el modelo de Ramsey.

Quinto paso: analizamos los estados estacionarios. El gráfico 3.2 nos muestra que las curvas $\dot{c} = 0$ y $\dot{k} = 0$ se cruzan tres veces. La primera, en el origen $c = 0$ y $k = 0$ (recordemos que la curva $\dot{k} = 0$ pasa por el origen y que un componente de $\dot{c} = 0$ es el eje horizontal por lo que las dos curvas se cruzan en el origen). Un segundo estado estacionario es en el punto k^{**} que se corresponde con la otra intersección de $\dot{k} = 0$ y el eje horizontal. Si substituimos $c = 0$ en $\dot{k} = 0$ obtenemos que el capital k^{**} satisface $f(k^{**}) = (\delta + n)k$. Lógicamente, este nivel de capital es superior al capital k_{oro}, dado que se encuentra a la derecha del máximo. En el caso de la tecnología Cobb-Douglas, el nivel k^{**} viene dado por $k^{**} = \left(\frac{A}{\delta+n}\right)^{\frac{1}{1-\alpha}}$.

El tercer cruce entre las dos curvas ocurre en la intersección entre $\dot{k} = 0$ y k^*. El nivel de capital en este punto es, lógicamente, k^*, y el consumo asociado es $c = f(k^*) - (\delta + n)k^*$. Pasamos ahora a argumentar que, a largo plazo, la economía deberá converger necesariamente hacia este tercer estado estacionario, que es el único que conlleva cantidades positivas de consumo.

Para analizar la dinámica de transición de la economía neoclásica descrita hasta el momento debemos notar que las curvas $\dot{k} = 0$ y $\dot{c} = 0$ dividen el espacio en cuatro regiones. La dinámica en cada una de esas regiones se representa por flechas, tal y como se observa en el gráfico 3.2. Vemos que el origen es un estado estacionario inestable, puesto que si empezamos cerca de él pero no exactamente en él, las flechas nos despiden en dirección contraria, por lo que, si no empezamos exactamente en el origen, nunca llegaremos a este estado estacionario.

El segundo estado estacionario, k^{**}, es completamente estable, dado que todas las flechas que existen a su alrededor apuntan hacia él.

El tercer estado estacionario, k^*, es un estado estacionario con estabilidad de "punto de silla". Vemos que esto es así porque, si seguimos las flechas, podemos llegar a él desde dos de las cuatro regiones existentes y solamente desde estas dos. Cuando esto pasa, existe una, y sólo una, trayectoria, llamada "trayectoria estable" que converge hacia este estado estacionario.[12]

Más adelante demostraremos que la economía con horizonte infinito que hemos descrito en este capítulo se encontrará *siempre* en esta trayectoria estable, por lo que nos será útil estudiar esta trayectoria. Notemos primero que si la economía se encuentra en esta trayectoria, sabemos que para cada stock de capital los agentes de nuestra economía decidirán escoger el consumo correspondiente a la trayectoria estable. La dinámica de transición nos dice cómo aumentarán tanto el consumo como el capital a lo largo del tiempo. A largo plazo, la economía converge hacia el estado estacionario, k^*.

La forma funcional de esta trayectoria estable no puede ser determinada, en general, de forma exacta. Su forma cualitativa depende, no obstante, de diferentes parámetros, cuya influencia podemos apreciar intuitivamente. Así, por ejemplo, para valores elevados del parámetro θ (es decir, si los agentes están muy interesados en "alisar" su consumo en el tiempo), la trayectoria estable estará muy próxima a la curva en la que $\dot{k} = 0$ (véase gráfico 3.3). La razón está en que los agentes tratan de consumir tanto como les sea posible para así tener una trayectoria de consumo relativamente lisa (obsérvese que consumir tanto como sea posible comporta invertir tan poco como sea factible; por este motivo, la trayectoria estable se sitúa en las proximidades del lugar geométrico de los puntos en los que la inversión neta es nula, $\dot{k} = 0$). De forma similar, en el caso en que el valor de θ es muy reducido, a los individuos no les importa tener trayectorias de consumo no lisas. La trayectoria óptima estable, en esta situación, estaría próxima al eje de las abscisas para stocks de capital pequeños. Cerca del estado estacionario, la trayectoria estable será muy vertical. Por esta razón, los individuos elegirán un consumo reducido y una acumulación de capital elevada antes de llegar a dicho estado. Cuando la economía se acerca al nivel de capital del estado estacionario el consumo aumenta súbitamente. De este modo, la trayectoria del consumo es muy brusca, pero las familias no se consideran por ello desgraciadas,

[12] Se explica tan extraño nombre (en inglés "saddle-path stability", siendo "saddle" literalmente "silla de montar"), porque las sillas de montar tienen una propiedad de estabilidad un poco especial. Hay un punto en el que si colocamos una canica, ésta permanece ahí para siempre. Este punto correspondería al estado estacionario. Hay toda una trayectoria de puntos con la propiedad de que si colocamos una canica exactamente encima de ésta, la canica avanzará hacia el estado estacionario. Si la canica se coloca en cualquier punto fuera de dicha trayectoria, caerá miserablemente al suelo. La trayectoria que lleva al estado estacionario correspondería, en nuestro modelo económico-matemático, a la llamada "trayectoria estable".

al contar con un θ cercano a cero.

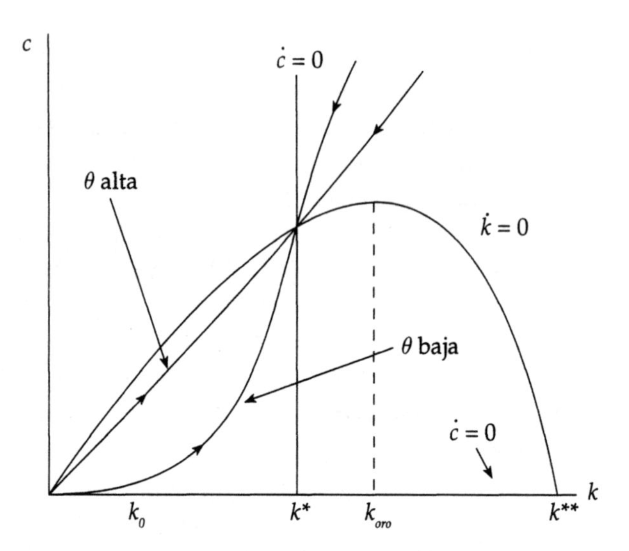

Gráfico 3.3. La forma de la trayectoria estable depende de los parámetros del modelo.

Obsérvese que la economía puede converger al estado estacionario desde un punto situado por encima o por debajo del mismo, según k_0 sea mayor o menor que k^*. Sin embargo, el caso interesante es aquel en que se converge desde un punto localizado por debajo del estado estacionario, ya que, de este modo, la economía crece. A lo largo de esta trayectoria, el capital per cápita crece, aunque lo haga a una tasa decreciente (que acaba siendo cero en el estado estacionario). Al ir aumentando el capital en la economía, su producto marginal disminuye y, por lo tanto, el tipo de interés y el crecimiento disminuyen. Dado que, en el caso de Cobb-Douglas, la producción es una función polinómica del stock de capital, el comportamiento cualitativo de la producción reproduce el que sigue el capital. El valor inicial del consumo se sitúa por debajo del valor del estado estacionario c^*, y crece a tasas positivas hasta que converge a c^*. De este modo, a lo largo de la transición, las tasas de crecimiento del consumo, del capital y del producto per cápita son positivas.

3.4 Exclusión de trayectorias explosivas

En la presente sección se demostrará que en el modelo de horizonte infinito, los agentes económicos escogerán la trayectoria estable dado que ésta es la única que satisface todas las condiciones de primer orden, incluyendo la condición de transversalidad [3.20]. Para demostrarlo se deben descartar las otras posibles trayectorias, todas ellas, lógicamente "explosivas". Consideremos una economía con capital inicial k_0 por debajo de k^*, tal como se indica en el gráfico 3.2. Sea c_0 el valor del consumo que corresponde a este volumen de capital en la trayectoria estable. Consideremos, en primer lugar, lo que ocurriría si el consumo inicial, c_0' fuera superior a este valor, $c_0' > c_0$. En este caso, la economía seguiría la trayectoria que se representa en el gráfico 3.2: al principio crecerían tanto el consumo c, como el capital k. Sin embargo, en algún momento del tiempo la economía se encontraría en un punto en el que $\dot{k} = 0$, con posterioridad al cual el consumo continuaría creciendo, a la par que el volumen de capital disminuiría. De este modo, la economía se descapitalizaría en un tiempo finito. Es decir, existe un $T < \infty$ para el que $k_T = 0$. En este momento se debería producir un salto en el consumo (ya que, si no existe capital, no puede haber producción y, por supuesto, tampoco puede haber consumo). El "salto" de $c(T)$ representa una tasa de crecimiento de c igual a menos infinito, lo cual viola la condición de Euler [3.19], dado que el producto marginal de k cuando k se acerca a cero es infinito (positivo). La ecuación de Euler dice que, en este caso, el crecimiento del consumo debería acercarse a infinito positivo, mientras que en realidad va a crecer a menos infinito. Por lo tanto, podemos eliminar todas las trayectorias situadas por encima de la trayectoria estable por no satisfacer las condiciones de optimalidad en todos los momentos del tiempo.

Si, por el contrario, el volumen de capital inicial c fuera inferior a c_0 (tal como sucede con c_0'' en el gráfico 3.2), el consumo y el capital de la economía crecerían durante un determinado periodo de tiempo. No obstante, una vez atravesada la línea de $\dot{c} = 0$, la economía convergería hacia el volumen de capital k^{**}. Notemos que este punto está situado a la derecha de k_{oro}, por lo que $f'(k^{**}) < f'(k_{oro}) = \delta + n$. La condición de primer orden de las empresas [3.16] nos dice que, en este punto como en todos los puntos, el tipo de interés es igual al producto marginal del capital menos la tasa de depreciación. Como el capital es constante e igual a k^{**}, tenemos que el tipo de interés en este punto es $r^{**} = f'(k^{**}) - \delta < n$, donde la última desigualdad se deriva del hecho de que $f'(k^{**}) < f'(k_{oro}) = \delta + n$. Esta situación conlleva la violación de la condición de transversalidad. Para ver este punto, basta con integrar la condición de optimalidad [3.12] para obtener

$$\nu_t = \nu_0 e^{-(r^{**} - n)t}, \qquad [3.28]$$

la cual podemos substituir en la ecuación de transversalidad para obtener:

$$\lim_{t \to \infty} \nu_0 e^{-(r^{**} - n)t} k^{**} \qquad [3.29]$$

Como hemos demostrado, en el estado estacionario el tipo de interés, r^{**}, es menor que n, por lo que el exponencial $e^{-(r^{**} - n)t}$ converge a más infinito. Como

k^{**} y ν_0 son dos números distintos de cero,[13] el límite [3.29] no es cero y la condición de transversalidad no se satisface. Debemos eliminar, por lo tanto, la posibilidad de que la economía escoja trayectorias por debajo de la trayectoria estable. En estas trayectorias, los consumidores consumen "demasiado poco", invierten "demasiado" y acabamos en un estado estacionario con demasiado capital.

El análisis hasta el momento nos ha permitido excluir tanto las trayectorias que se encuentran por encima de la trayectoria estable como las que se encuentran por debajo. Debemos concluir que *la única trayectoria que satisface todas las condiciones de optimalidad de nuestro modelo neoclásico con horizonte infinito (incluida la condición de transversalidad) es la trayectoria estable. Esta trayectoria es la que caracteriza el comportamiento de la economía a lo largo del tiempo.*

3.5 La importancia de la condición de transversalidad: un ejemplo con horizonte finito

Para resaltar la importancia de la condición de transversalidad en la elección del valor inicial de consumo, c_0, compararemos el ejemplo anterior con la situación que se produce cuando el horizonte temporal es finito. Es decir, consideraremos el mismo problema neoclásico [3.7] (el problema del planificador o de las familias productoras de Robinson Crusoe, que ya hemos demostrado que son equivalentes) con una única modificación, el periodo terminal es finito, por lo que $T < \infty$:

$$\begin{aligned} &\max U(0) \int_0^T e^{-(\rho-n)t} \left(\frac{c^{1-\theta} - 1}{1-\theta} \right) dt \\ &\text{sujeto a } \dot{k} = f(k) - c - (\delta + n)k, \end{aligned} \qquad [3.30]$$

donde $k_0 > 0$ está dado. Obsérvese que la única diferencia existente entre este problema y el analizado en las primeras secciones es que el valor que aparece encima del símbolo de la integral es T, en lugar de infinito. De este modo, las condiciones de primer orden [3.18] y [3.19] todavía se cumplen, con lo que las ecuaciones dinámicas caracterizadoras de la solución [3.18] y [3.19] son también válidas para este problema. Esto quiere decir que el diagrama de fases que nos describe el comportamiento de esta economía será, también, idéntico. Sin embargo, la condición de transversalidad ya no viene dada por [3.20], sino por

$$\nu_T k_T = 0. \qquad [3.31]$$

[13] La condición [3.11] nos muestra que en el momento cero, $\nu_0 = c_0^{-\theta}$. En el punto k^{**} el consumo es $c = 0$, por lo que la utilidad marginal del consumo, $c_0^{-\theta}$, es más infinito y no cero.

La condición [3.31] expresa la idea de que el stock de capital que los individuos desean dejar para después del momento de su "muerte" no puede tener valor positivo. A partir de la ecuación [3.11], podemos conocer el valor del precio implícito en el momento terminal T, $\nu_t = e^{-(\rho-n)T}c_T^{-\theta}$, que es positivo y finito. En consecuencia, dado que el precio del capital es positivo y la condición de transversalidad [3.31] requiere que el producto del capital por el precio sea cero, será necesario que el stock físico de capital que queda en el momento de la muerte del individuo sea cero,

$$k_T = 0. \quad [3.32]$$

Esta condición terminal tiene implicaciones para la transición dinámica de la economía. Dado que las expresiones [3.18] y [3.19] deben cumplirse en todo momento, el diagrama de fase correspondiente al caso que estamos estudiando es el mismo que ya vimos en el gráfico 3.2. La pregunta es si, dado un capital inicial k_0, el consumo óptimo todavía corresponde al de la trayectoria estable, tal como era el caso en el problema de horizonte infinito. La condición de transversalidad requiere que, en el momento T, el stock de capital óptimo sea nulo. Por esta razón, la estrategia óptima comportará elegir una trayectoria de consumo tal que, en el momento T, el sistema se sitúe en el eje de las ordenadas, donde se cumple que $k = 0$. Obsérvese que esta estrategia descarta, de entrada, la trayectoria estable, ya que esta trayectoria lleva la economía hacia el estado estacionario. Si la economía siguiese esta trayectoria, le sería imposible situarse en el eje de las ordenadas en el momento T. Esto mismo es cierto para cualquier consumo inicial c, inferior al de la trayectoria estable. En consecuencia, la elección óptima de capital debe situarse *por encima de la trayectoria estable*.

De hecho, existe un único valor de c_0 que posee la propiedad de que, si se sigue la dinámica determinada por [3.18] y [3.19], la economía se sitúe encima del eje de ordenadas exactamente en el momento T. En el gráfico 3.4 se ha representado este punto como c_0. La dinámica del sistema después del punto dado por c_0 supone que el consumo y el capital aumentan en el tiempo, a medida que la economía se acerca al estado estacionario. Sin embargo, y puesto que nos hemos situado en una trayectoria ubicada por encima de la trayectoria estable, la economía se encontrará eventualmente en el punto en que $\dot{k} = 0$. A partir de este momento, el capital empieza a disminuir, mientras que el consumo sigue aumentando. De este modo, a lo largo de esta trayectoria temporal, el perfil del consumo es creciente, mientras que el capital sigue una curva en forma de U invertida. Obsérvese (como curiosidad) la semejanza entre las predicciones de este modelo y las del modelo del ciclo vital. En éste, no obstante, la trayectoria del capital en forma de U invertida se consigue sin suponer que los individuos se retiran durante el último periodo de sus vidas.

Si los individuos hubieran escogido un nivel de consumo inicial "demasiado reducido" (como el punto A_0 del gráfico 3.4), la trayectoria cualitativa del consumo y del capital hubiera sido muy similar. La diferencia clave residiría en que la nueva trayectoria estaría más próxima al estado estacionario, por lo que $\dot{c}$ y $\dot{k}$ siempre adoptarían unos valores inferiores. Esto significa que la economía estaría más tiempo en esa posición, puesto que cuando $\dot{c}$ y $\dot{k}$ están próximos a cero, c y k no se modifican excesivamente. Finalmente, a pesar de todo, llegaría un momento en el que la economía cruzaría la curva $\dot{k} = 0$ y a partir de este momento, el stock de capital empezaría a caer. Dado que la economía habría estado tanto tiempo en los alrededores del estado estacionario, se alcanzaría el momento T sin que el stock de capital final fuera cero (en el gráfico 3.4, en el momento T la economía se sitúa en el punto A_T, siendo el stock de capital positivo). Esto, por supuesto, violaría la condición de transversalidad que requiere $k_T = 0$.

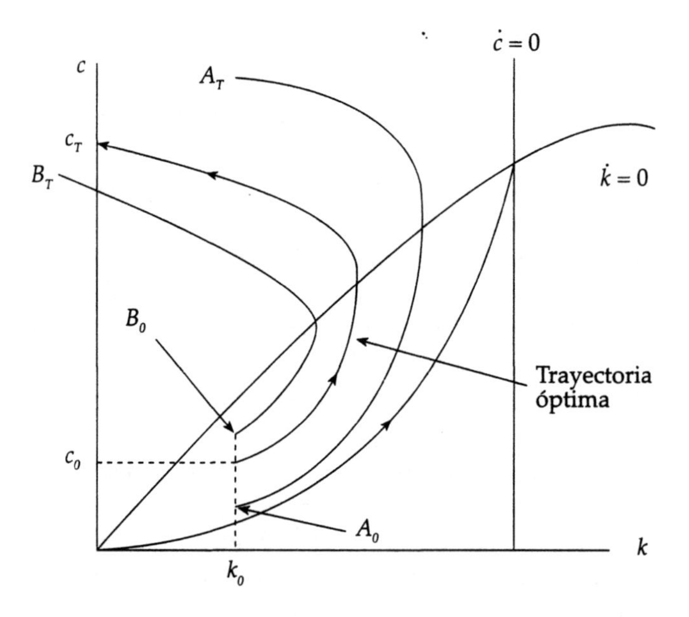

Gráfico 3.4. El modelo de Ramsey con horizonte finito.

De forma análoga, si el consumo que se elige al principio fuera demasiado elevado (tal como se representa en el punto B_0 del gráfico 3.4), la economía alcanzaría el eje de las ordenadas antes del momento T. Tal como ocurre en los problemas de horizonte infinito, cuando el sistema alcanza un punto de este eje, debe caer a continuación hacia el origen (dado que se ha agotado todo el capital, no puede haber consumo). Un salto de esta índole viola la ecuación de Euler [3.19].

Así pues, existe una única elección de consumo c_0 que sea óptima. La principal enseñanza de este apartado es que el consumo inicial c_0 es diferente del que se elige en el caso del problema de horizonte infinito. Dicho de otro modo, la simple modifi-

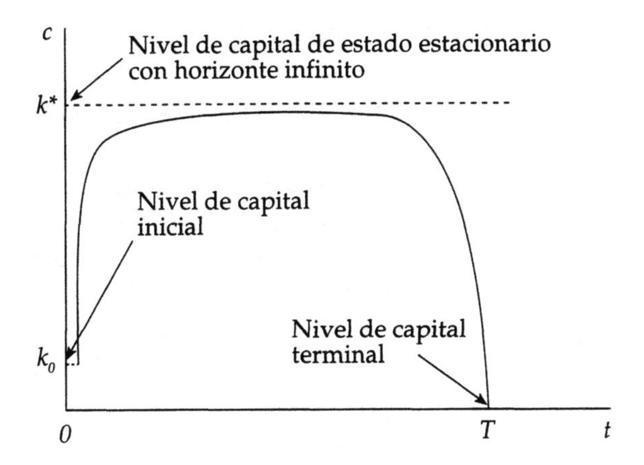

Gráfico 3.5. El teorema de la autopista.

cación de la condición de transversalidad determina un cambio en la elección inicial del consumo c_0.

3.6 El teorema de la autopista

Podemos emplear el análisis del horizonte finito para describir el denominado "teorema de la autopista", desarrollado por Dorfman, Samuelson y Solow (1958). Este teorema indica que, si el periodo terminal T está lejano en el tiempo, la forma óptima de desplazarse desde un stock de capital inicial hasta el capital final $k_T = 0$ consiste en situarse en un lugar muy próximo al estado estacionario durante la mayor parte del tiempo y, después, dirigirse hacia el capital nulo final (tal como se vio en el gráfico 3.4). Podemos ver la razón por la cual se debe seguir precisamente este tipo de trayectorias tomando como punto de partida la trayectoria óptima que sigue a c_0 en el caso anterior, y cuestionándonos lo que ocurriría si el horizonte temporal fuese un poco más largo. En esta situación, se elegirá un c_0 más cercano al de la trayectoria estable, y la dinámica del sistema hará que nos movamos a una distancia menor del estado estacionario. Pero, nuevamente, estar más próximos al estado estacionario comporta estar más cerca de las curvas en que $\dot{c} = 0$ y $\dot{k} = 0$. En esta región, la economía no se mueve muy deprisa (¡precisamente por eso se trata de los puntos en los que $\dot{c} = 0$ y $\dot{k} = 0$!), por lo que ésta permanecerá en los alrededores del estado estacionario por un largo periodo de tiempo hasta que, finalmente, se dirija hacia el punto en que $k_T = 0$. En consecuencia, si T es lo suficientemente grande, la trayectoria óptima implicará permanecer en las proximidades del estado estacionario durante un largo periodo de tiempo. Un ejemplo de las trayectorias de este tipo está representado en el gráfico 3.5.

3.7 Comportamiento de la tasa de ahorro a lo largo de la transición

A lo largo de los dos primeros capítulos empleamos una tasa de ahorro constante, sin pararnos a pensar si la elección de una tasa de este tipo era el resultado de alguna conducta óptima. En esta sección demostraremos que existe una configuración de parámetros en el modelo de Ramsey para los cuales una tasa de ahorro constante es óptima. La utilidad de este ejercicio es doble: por un lado, es interesante saber si la tasa de ahorro cambia monotónicamente a medida que la economía crece o si existe la posibilidad de que la tasa de ahorro primero aumente y después decrezca. La razón por la que este ejercicio es interesante es que hay investigadores que creen observar que los países con tasas de crecimiento elevadas tienden a tener una tasa de ahorro (e inversión) creciente en un primer momento, para pasar a tener una tasa decreciente a medida que su nivel de ingreso va aumentando. La segunda utilidad de este ejercicio es demostrar que, en los modelos de economía dinámicos como los que solucionamos en este libro, a menudo la variable de interés (en este caso, la tasa de ahorro) no es necesariamente la variable que sale del programa de optimización (recordemos que nuestro modelo daba como solución dos ecuaciones diferenciales en c y k, y no una ecuación diferencial en la tasa de ahorro). Cuando sucede esto, a menudo es útil utilizar una transformación que nos permita estudiar el comportamiento de la variable de interés por medio de un diagrama de fases en el que uno de los ejes contenga la variable de interés. En este caso particular, estamos interesados en estudiar el comportamiento de la tasa de ahorro, $s = (y - c)/y$, en la transición en la que el capital converge hacia el estado estacionario. Notemos que la tasa de ahorro se puede escribir como $s = 1 - (c/y)$. Es decir, el comportamiento de la tasa de ahorro será exactamente el opuesto al comportamiento de c/y si demostramos que, a lo largo de la transición, la variable c/y sube monotónicamente, sabremos que, a lo largo de la misma transición, la tasa de ahorro, s, baja monotónicamente. Como, desde un punto de vista algebraico es más fácil trabajar con c/y que con s, intentaremos construir un diagrama de fases expresando la solución del modelo de Ramsey en función de dos variables: c/y y k (en los diagramas de fases anteriores, por ejemplo, en el gráfico 3.2, las variables utilizadas eran c y k). Para ser más concretos, consideremos el caso de la función de producción Cobb-Douglas, $y = Ak^\alpha$.

Obsérvese que, en este caso, $\dot{y}/y = \alpha\dot{k}/k$ y que $\frac{\dot{c/y}}{c/y} \equiv \frac{\partial(c/y)}{\partial t}\frac{1}{c/y} = \frac{\dot{c}}{c} - \frac{\dot{y}}{y} = \frac{\dot{c}}{c} - \alpha\frac{\dot{k}}{k}$. Mediante estas igualdades, podemos utilizar [3.18] y [3.19] para escribir ecuaciones dinámicas de $\dot{c/y}$ y $\dot{k}$ como funciones de c/y y k. Obtenemos el siguiente resultado:

$$\begin{aligned}\frac{\dot{c/y}}{c/y} \equiv& \frac{\partial(c/y)}{\partial t}\frac{1}{c/y} = \\ =&\frac{1}{\theta}\left(\alpha Ak^{\alpha-1} - \rho - \delta\right) - \alpha\left(Ak^{\alpha-1} - \frac{c}{y}Ak^{\alpha-1} - \delta - n\right).\end{aligned} \quad [3.33]$$

Nótese que el término $\frac{c}{y}Ak^{\alpha-1}$ dentro del segundo paréntesis se obtiene al multiplicar y dividir el término c/k por y. La condición $\dot{[c/y]} = 0$ requiere que

$$\frac{c}{y} = \frac{-(1-\theta)}{\theta} + \frac{k^{1-\alpha}}{A\alpha}\left[(\rho+\delta)/\theta - \alpha(n+\delta)\right]. \qquad [3.34]$$

Esta condición tiene pendiente positiva si $(\rho+\delta)/\theta > \alpha(n+\delta)$ (es decir, la derivada de c/y con respecto a k es positiva si esta desigualdad se cumple); negativa si $(\rho+\delta)/\theta < \alpha(n+\delta)$, y es una línea horizontal si $(\rho+\delta)/\theta = \alpha(n+\delta)$. Estas tres situaciones están representadas en los gráficos 3.6A, 3.6B y 3.6C, respectivamente.

Por su parte, la restricción [3.18] representa la ecuación dinámica de $\dot{k}$ como función de k y c. Si queremos dibujar la ecuación en el mismo diagrama con c/y y k en los ejes, es necesario reescribir la ecuación [3.18] como

$$\frac{\dot{k}}{k} = Ak^{\alpha-1} - \frac{c}{y}Ak^{\alpha-1} - (\delta+n), \qquad [3.35]$$

donde el término $\frac{c}{y}Ak^{\alpha-1}$ es el resultado de multiplicar y dividir el término c/k por y. La curva $\dot{k} = 0$ viene dada por la ecuación

$$\frac{c}{y} = 1 - \frac{(n+\delta)k^{1-\alpha}}{A}. \qquad [3.36]$$

Esta curva siempre tiene una pendiente negativa y es así como se dibuja en los gráficos 3.6.[14] La dinámica del sistema, representada en los gráficos 3.6, indica que el sistema posee una trayectoria estable de punto de silla en las tres parametrizaciones posibles.

La diferencia clave entre los tres casos es la pendiente de la trayectoria estable. Como se observa, la pendiente es positiva si $(\rho+\delta)/\theta > \alpha(n+\delta)$, negativa en el caso contrario, $(\rho+\delta)/\theta < \alpha(n+\delta)$, y es horizontal si $(\rho+\delta)/\theta = \alpha(n+\delta)$. En este último caso, la tasa de consumo, c/y, es constante e igual a $(\theta-1)/\theta$ a lo largo de la transición. Puesto que la tasa de ahorro es $s = 1 - c/y$, se puede concluir que es constante y toma el valor $s^* = \frac{1}{\theta}$. Dicho de otro modo, la elección de una tasa de ahorro constante será óptima cuando los parámetros verifiquen la restricción $(\rho+\delta)/\theta = \alpha(n+\delta)$.

En el caso en que $(\rho+\delta)/\theta > \alpha(n+\delta)$, la tasa de consumo c/y aumenta de forma monotónica a lo largo de la transición al ir aumentando el stock de capital, y la tasa de ahorro, lógicamente, va disminuyendo. La situación inversa se produce cuando $(\rho+\delta)/\theta < \alpha(n+\delta)$. La conclusión a la que llegamos, pues, es doble. Por un lado, hemos demostrado que, a lo largo de la transición del modelo neoclásico, la tasa de ahorro aumenta o disminuye de forma monotónica. Nunca se da el caso

[14] La pendiente de la curva $\dot{k} = 0$ es $-\frac{(n+\delta)(1-\infty)k^{-\alpha}}{A}$. La pendiente de la curva $\dot{(c/y)} = 0$ en el caso en que esta curva sea decreciente es $-\left[\frac{n+\delta}{A} - \frac{\rho+\delta}{\theta A\alpha}\right](1-\alpha)k^{-\alpha}$. Nótese que la primera tiene una pendiente más negativa que la segunda y así se ha dibujado en el gráfico 3.6B.

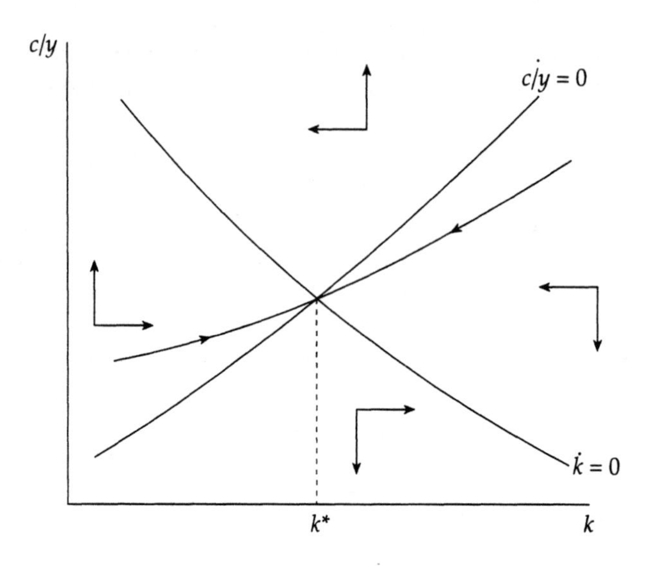

Gráfico 3.6A. La tasa de ahorro a lo largo de la transición. Caso A: $\frac{\rho+\delta}{\theta} > \alpha(n + \delta)$.

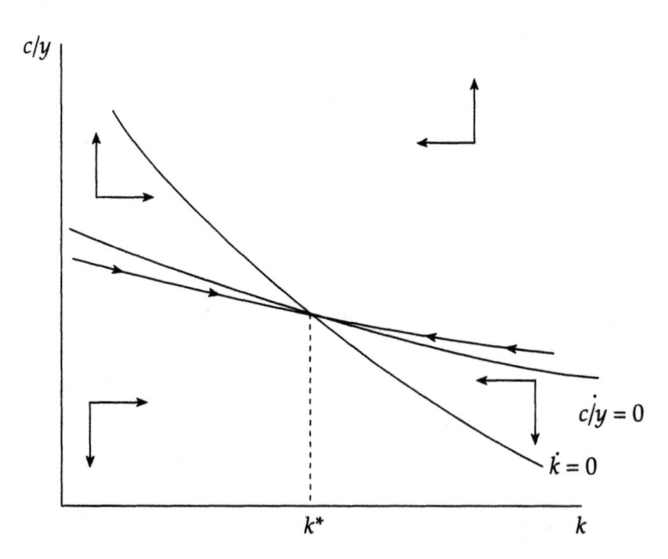

Gráfico 3.6B. La tasa de ahorro a lo largo de la transición. Caso B: $\frac{\rho+\delta}{\theta} < \alpha(n + \delta)$.

de que primero aumente y luego disminuya, por lo que el modelo neoclásico no es consistente con comportamientos no monotónicos de la tasa de ahorro. Segundo, bajo ciertos parámetros, las familias optimizadoras neoclásicas escogerán tasas de ahorro

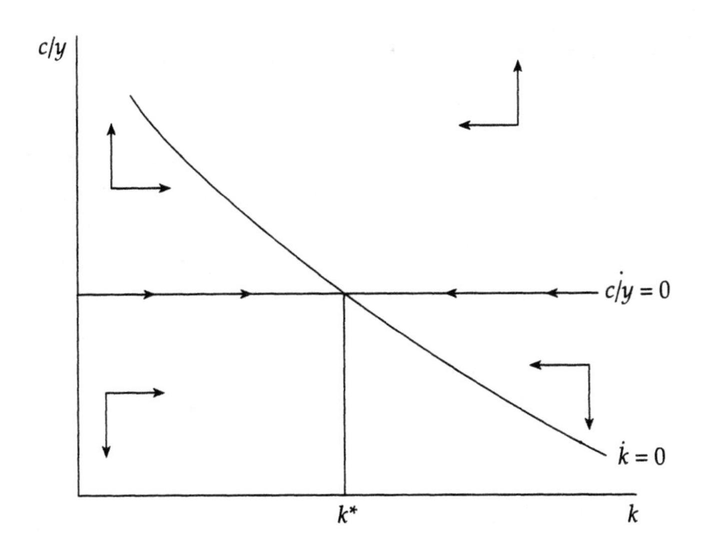

Gráfico 3.6C. La tasa de ahorro a lo largo de la transición. Caso C: $\frac{\rho+\delta}{\theta} = \alpha(n + \delta)$.

constantes, por lo que el supuesto de ahorro constante adoptado por Solow y Swan no es tan descabellado como parecía en un principio. Es cierto que los parámetros necesarios para que la tasa de ahorro sea óptimamente constante no se darán casi nunca con total exactitud. Ahora bien, si los parámetros son, aproximadamente los que garantizan la igualdad $(\rho + \delta)/\theta = \alpha(n + \delta)$, entonces la tasa de ahorro será aproximadamente constante.

A pesar de que el modelo de optimización de Ramsey es consistente con la existencia de una tasa de ahorro constante, existe una diferencia importante entre este modelo y el de Solow-Swan con tasa de ahorro constante que hemos estudiado con anterioridad. El nivel de la tasa de ahorro en el modelo de Ramsey está dictado por los parámetros del modelo y no puede elegirse arbitrariamente. En particular, nunca puede ser tan alto como para situar el nivel de capital estacionario en la región dinámicamente ineficiente (hemos demostrado en este capítulo que el estado estacionario al que convergirá la economía neoclásica, k^*, mantiene un stock de capital inferior a k_{oro}). Como demostramos en su momento, esta afirmación no es cierta en el modelo de Solow-Swan, puesto que, al ser la tasa de ahorro una variable exógena, no hay nada que le impida ser demasiado alta, de manera que es posible dar lugar a stocks de capital de estado estacic rio por encima de k_{oro}.

3.8 La validación econométrica de la existencia de convergencia entre países

Del mismo modo que el modelo neoclásico en el que la tasa de ahorro es constante, descrito en el capítulo 1, el modelo de Ramsey de consumo óptimo predice que, si todos los países poseen los mismos parámetros en las funciones de producción y de utilidad, los países pobres crecerán a una tasa superior a la de los países ricos, aunque la tasa de ahorro sea creciente bajo las condiciones especificadas en la sección anterior. Es decir, la renta y la producción tenderán a converger a lo largo del tiempo. Esta importante consecuencia del modelo puede ser demostrada, tal como se recoge en Sala-i-Martin (1990), mediante una log- linearización de las dos ecuaciones fundamentales [3.18] y [3.19] alrededor del estado estacionario. En el apéndice se demuestra que, operando de este modo, la tasa de crecimiento de la producción per cápita se puede expresar como una función negativa del valor inicial de la producción per cápita:

$$\frac{[\log(y_t) - \log(y_0)]}{t} = \frac{[1 - e^{-\lambda_1 t}]}{t}[\log(y^*) - \log(y_0)] \qquad [3.37]$$

siendo $-\lambda_1 = \dfrac{1}{2}\left[\rho - n - \sqrt{(\rho - n)^2 + 4\mu\dfrac{\rho + \delta(1-\alpha) - \alpha n}{\alpha}}\right]$, y

$\mu \equiv (1-\alpha)(\rho+\delta)/\theta > 0$.

La ecuación [3.37] expresa la idea de que en un conjunto de economías que posean los mismos parámetros estructurales (tasa de descuento, coeficiente de elasticidad de sustitución intertemporal, participación del capital en la renta nacional, tasa de depreciación, tasa de crecimiento de la población, etc.), de tal forma que todos ellos converjan al mismo estado estacionario, si se efectúa una regresión de corte transversal del crecimiento de la renta en relación con la renta inicial, deberíamos obtener un coeficiente negativo. Dicho de otro modo, los países pobres, en este modelo, deberían crecer más deprisa que los ricos. La razón está en que los países que cuentan con un stock de capital inicial menor también tienen, por este mismo motivo, una mayor productividad inicial del capital. La inversión de una determinada cantidad de capital en estas circunstancias tiende a generar un gran aumento de la producción y, por lo tanto, un gran ritmo de crecimiento. Es decir, los países pobres con poco capital tenderán a crecer más deprisa.

No obstante, si los países convergen a estados estacionarios diferentes, no es necesario que exista ningún tipo de relación entre el crecimiento y la renta inicial. Éste es el mismo fenómeno de convergencia condicional que encontramos en el modelo de Solow y Swan discutido en el capítulo 1. En el capítulo 10 veremos que los Estados integrantes de Estados Unidos, las prefecturas del Japón y las regiones de varios países europeos (para los cuales es razonable postular que los parámetros de la función de producción y de la función de utilidad son similares) convergen exactamente de la forma en que predice la ecuación [3.37]. También veremos que si se mantienen constantes los determinantes del estado estacionario, una muestra más grande de países también converge de la misma forma.

Apéndice

Derivación de la Regresión de Convergencia [3.37]

Si se expresan todas las variables en logaritmos, las dos ecuaciones diferenciales fundamentales [3.18] y [3.19] pueden escribirse de la siguiente forma:

$$\begin{aligned} \dot{\log}(c_t) &= \frac{1}{\theta}\left[\alpha A e^{-(1-\alpha)\log(k_t)} - (\rho+\delta)\right] \\ \dot{\log}(k_t) &= A e^{-(1-\alpha)\log(k_t)} - e^{\log(c_t)-\log(k_t)} - (n+\delta), \end{aligned} \quad [A.1]$$

donde $\dot{\log}(c_t) \equiv \frac{\partial \log(c_t)}{\partial t} = \frac{\dot{c}_t}{c_t}$ y $\dot{\log}(k_t) \equiv \frac{\partial \log(k_t)}{\partial t} = \frac{\dot{k}_t}{k_t}$.

En el estado estacionario las dos ecuaciones valen cero cuando se cumple

$$\begin{aligned} e^{-(1-\alpha)\log(k^*)} &= \frac{\rho+\delta}{A\alpha} \\ e^{\log(c^*)-\log(k^*)} &= A e^{-(1-\alpha)\log(k^*)} - (n+\delta) = h, \end{aligned} \quad [A.2]$$

siendo $h = \frac{\rho+\delta(1-\alpha)-\alpha n}{\alpha} > 0$. A continuación, podemos hacer una expansión de Taylor del sistema [A.1] alrededor del valor del estado estacionario obtenido en [A.2] utilizando como variables relevantes $\log(c_t)$ y $\log(k_t)$ (y no c_t y k_t), lo que nos proporciona un resultado interesante:

$$\begin{aligned} \dot{\log}(c_t) &= -\mu[\log(k_t) - \log(k^*)] \\ \dot{\log}(k_t) &= -h[\log(c_t) - \log(c^*)] + (\rho - n)[\log(k_t) - \log(k^*)], \end{aligned} \quad [A.3]$$

siendo $\mu \equiv (1-\alpha)(\rho+\delta)/\theta > 0$. Esta expresión se puede escribir en forma matricial de la siguiente forma:

$$\begin{bmatrix} \dot{\log}(c_t) \\ \dot{\log}(k_t) \end{bmatrix} = \begin{bmatrix} 0 & -\mu \\ -h & (\rho-n) \end{bmatrix} \begin{bmatrix} \log(c_t) - \log(c^*) \\ \log(k_t) - \log(k^*) \end{bmatrix}. \quad [A.4]$$

El valor del determinante de la matriz B, es $-h\mu < 0$, lo que comporta que este sistema tenga una trayectoria estable hacia el punto de silla. Los valores propios de este sistema son

$$\begin{aligned} -\lambda_1 &= \frac{1}{2}\left(\rho - n - \sqrt{(\rho-n)^2 + 4h\mu}\right) < 0 \\ \lambda_2 &= \frac{1}{2}\left(\rho - n + \sqrt{(\rho-n)^2 + 4h\mu}\right) > 0. \end{aligned} \quad [A.5]$$

La solución de $\log(k_t)$ tiene la forma habitual

$$\log(k_t) - \log(k^*) = \Psi_1 e^{-\lambda_1 t} + \Psi_2 e^{\lambda_2 t} \quad [A.6]$$

siendo Ψ_1 y Ψ_2 dos constantes de integración arbitrarias. Dado que λ_2 es positiva, el stock de capital violará la condición de transversalidad a menos que $\Psi_2 = 0$. Las condiciones iniciales nos ayudarán a determinar el valor de la otra constante, puesto que en el momento 0 la solución comporta

$$\log(k_0) - \log(k^*) = \Psi_1 e^0 = \Psi_1 \qquad [A.7]$$

Por este motivo, la solución final del logaritmo del stock de capital tiene la siguiente forma:

$$\log(k_t) - \log(k^*) = [\log(k_0) - \log(k^*)]e^{-\lambda_1 t}. \qquad [A.8]$$

Basta con darse cuenta de que $\log(k_t) = \frac{1}{\alpha}\log(y_t)$ y restar $\log(y_0)$ de ambos lados de la ecuación [A.8] para obtener la ecuación que aparece en el texto [3.37]:

$$\frac{[\log(y_t) - \log(y_0)]}{t} = \frac{[1 - e^{-\lambda_1 t}]}{t}[\log(y^*) - \log(y_0)] \qquad [3.37]$$

4. El crecimiento exógeno de la productividad

4.1 Tipos de progreso tecnológico

En los capítulos 1 y 3 hemos visto que en el modelo neoclásico simple la tasa de crecimiento a largo plazo es cero. También hemos mencionado que para poder explicar el crecimiento a largo plazo que se observa en las economías desarrolladas, los economistas neoclásicos introdujeron el crecimiento exógeno de la productividad. Una pregunta a la que se enfrentaron fue el tipo de progreso técnico que se debía introducir. En la práctica, algunas innovaciones permiten producir la misma cantidad de producto con una cantidad menor de capital. Es decir, ahorran capital en relación con el trabajo necesario para la producción (esto se llama progreso técnico ahorrador de capital). Otras innovaciones ahorran trabajo en relación con el capital (progreso técnico ahorrador de trabajo), y otras, finalmente, no reducen el uso de ningún factor en relación con los demás (progreso técnico neutral o insesgado).

Es de destacar, no obstante, que la definición de innovaciones neutrales depende de lo que se quiera significar por "ahorro". Las dos definiciones más extendidas de progreso técnico neutral o insesgado se deben a Hicks y Harrod, respectivamente.

Hicks indicó que una innovación tecnológica era neutral (neutralidad de Hicks) con respecto al capital y al trabajo, si y sólo si, la relación existente entre las productividades marginales de los factores se mantenía constante para una proporción dada entre el capital y el trabajo. En consecuencia, según esta definición, una innovación tecnológica es ahorradora de capital (de trabajo) si el producto marginal del capital (del trabajo) aumenta más que el producto marginal del trabajo (del capital) cuando la relación entre el capital y el trabajo permanece constante.

Es importante destacar el hecho de que la neutralidad de Hicks equivale a efectuar una renumeración de las isocuantas. De este modo, las funciones de producción con un progreso técnico neutral de Hicks se pueden escribir de la siguiente forma:

$$Y_t = B(t)F(K_t, L_t), \tag{4.1}$$

en la cual $B(t)$ es un índice del estado de la tecnología en el momento t, que evoluciona según la siguiente expresión,$B(t) = B(0)e^{x_B t}$ (es decir, que $\dot{B}/B = x_B$) y donde $F(\cdot)$ sigue siendo una función homogénea de grado 1.

La segunda definición de progreso técnico insesgado se debe a Harrod. Según ésta, una innovación tecnológica es neutral (neutralidad de Harrod), si las participaciones relativas del capital y del trabajo en la renta nacional (es decir, si el ratio $\frac{KF_K}{LF_L}$) permanecen inalteradas para una determinada relación capital-producto. Robinson (1938) y Uzawa (1961) demostraron que esta condición implica que la función de producción debe tener la siguiente forma:

$$Y_t = F(K_t, A(t)L_t), \tag{4.2}$$

en la cual $A(t)$ es un índice de la tecnología en el momento t, de tal forma que $\dot{A}/A = x_A$, además, $F(\cdot)$ vuelve a ser una función homogénea de grado 1. Como se observa, esta función de producción indica que, con una misma cantidad de capital, se precisa una cantidad cada vez menor de trabajo para obtener el mismo aumento en la producción. Éste es el motivo por el que la innovación tecnológica que se recoge en las funciones de producción de esta familia también se conoce como progreso técnico *potenciador del trabajo*. Por simetría, podemos considerar el caso del progreso tecnológico "potenciador del capital", es decir, la función de producción:

$$Y_t = F(D(t)K_t, L_t), \tag{4.3}$$

donde $\dot{D}/D = x_D$. Esto conllevaría que, para un número dado de horas de trabajo L_t, se requeriría una cantidad de capital decreciente para alcanzar la misma isocuanta.

Conviene plantearse el tipo de progreso técnico que se va a introducir en la función de producción por el siguiente motivo: tal como demostró Phelps (1962, 1966), una condición necesaria y suficiente para la existencia de estado estacionario en una economía con un progreso técnico exógeno neutral es que este progreso técnico sea neutral en el sentido de Harrod, es decir, potenciador del trabajo (véase Barro y Sala-i-Martin, 1995, capítulo 1, para una derivación sencilla, pero bastante detallada de este resultado).

Es importante destacar que cuando se parte de funciones de producción del tipo Cobb-Douglas, los dos tipos de progreso técnico son completamente equivalentes, puesto que

$$\begin{aligned} Y(K, AL) &= K^{\alpha}(AL)^{1-\alpha} = K^{\alpha} e^{x_A(1-\alpha)t} L^{1-\alpha} = \\ &= e^{x_A(1-\alpha)t} K^{\alpha} L^{1-\alpha} = BK^{\alpha} L^{1-\alpha} \end{aligned} \quad [4.4]$$

donde basta con definir B como $B = e^{x_A(1-\alpha)t}$ y, por lo tanto, $x_B = (1-\alpha)x_A$. Es decir, con una simple redefinición de las constantes, tenemos que el progreso tecnológico en la función Cobb-Douglas puede ser escrito como neutral en el sentido de Hicks y neutral en el sentido de Harrod.

4.2 Solamente el progreso tecnológico potenciador del trabajo es consistente con la existencia de estado estacionario

De todos los tipos de progreso técnico definidos hasta ahora, solamente el neutral en el sentido de Harrod es consistente con un estado estacionario en donde las tasas de crecimiento son constantes en el tiempo. Podemos observar este fenómeno considerando una función de producción con elasticidad constante de substitución (CES) como la descrita en el capítulo 2:

$$Y_t = B(t)\left([D(t) \cdot K_t]^{\Psi} + [A(t) \cdot L_t]^{\Psi}\right)^{\frac{1}{\Psi}}, \quad [4.5]$$

donde Ψ es una constante $-\infty < \Psi < 1$. Los términos $B(t)$, $D(t)$ y $A(t)$ representan los diferentes tipos de progreso tecnológico descritos en el apartado anterior, donde $\dot{A}/A = x_A$, $\dot{B}/B = x_B$ y $\dot{D}/D = x_D$. Para simplificar la notación, supongamos que la población es constante e igual a uno (este supuesto no es importante), $L_t = 1$. Además, normalizamos los stocks iniciales de tecnología a uno, $A_0 = B_0 = D_0 = 1$. En el estado estacionario la tasa de crecimiento del capital agregado, del consumo agregado y del PIB agregado deben ser iguales $\gamma_K^* = \gamma_Y^* = \gamma_C^*$.

Supongamos primero que el progreso tecnológico es neutral en el sentido de Hicks, de manera que $x_D = x_A = 0$ y $x_B \geq 0$. Tomando logaritmos de los función de producción (tras substituir $A(t) = D(t) = 1$):

$$\log(Y_t) = \log(B(t)) + \frac{1}{\Psi}\log\left(K_t^{\Psi} + 1\right) \quad [4.6]$$

Podemos tomar derivadas con respecto del tiempo para obtener que, en estado estacionario, se debe cumplir

$$\gamma_Y^* = \text{[illegible]} + \left(\frac{K_t^{\Psi}}{K_t^{\Psi} + 1}\right)\gamma_K^*. \quad [4.7]$$

Obérvese que la única manera de que se satisfaga la igualdad [4.7] es que $\gamma_Y^* = \gamma_K^* = x_B = 0$. (Esto es cierto porque el término de dentro del paréntesis crece incesantemente si $\gamma_K^* > 0$, por lo que la tasa de crecimiento del capital y del PIB agregados solamente pueden ser iguales si ambas son cero. Cuando esto ocurre, la expresión [4.7] nos dice que x_B también debe ser igual a cero). El progreso tecnológico neutral en el sentido de Hicks, pues, no es consistente con el estado estacionario.

Consideremos a continuación el caso en el que solamente existe cambio tecnológico potenciador del capital. Es decir, imaginemos que $x_B = x_A = 0$ y $x_D \geq 0$. Tomando logaritmos de la función de producción (y tras substituir $B(t) = A(t) = 1$) obtenemos

$$\log(Y_t) = \frac{1}{\Psi} \log\left([D(t)K_t]^{\Psi} + 1\right) \quad [4.8]$$

Derivando a ambos lados de [4.8] con respecto al tiempo y reordenando obtenemos la siguiente expresión para la tasa de crecimiento del PIB agregado:

$$\gamma_Y^* = (x_D + \gamma_K^*) \left[\frac{(D(t)K_t)^{\Psi}}{(D(t)K_t)^{\Psi} + 1}\right]. \quad [4.9]$$

El término entre corchetes crecerá incesantemente, a no ser que la tasa de crecimiento de K sea exactamente la opuesta a la tasa de crecimiento de D de manera que el producto KD sea constante (y si el término entre corchetes crece incesantemente, entonces los demás términos de [4.9] no pueden ser constantes, lo cual es inconsistente con la existencia de estado estacionario). Es decir, para que haya estado estacionario es necesario que $\gamma_K^* = -x_D$. Esta igualdad hace que el primer paréntesis de [4.9] se anule, por lo que la tasa de crecimiento de Y debe ser necesariamente cero. Como $\gamma_Y^* = \gamma_K^*$, tenemos que la tasa de crecimiento de ambas debe ser cero. Como hemos demostrado que $\gamma_K^* = -x_D$, obtenemos que $x_D = 0$. Es decir, el progreso tecnológico potenciador del capital tampoco es consistente con el estado estacionario.

Finalmente, consideremos el caso en que solamente existe progreso técnico potenciador del trabajo, $x_B = x_D = 0$ y $x_A \geq 0$. Tomando logaritmos de la función de producción y substituyendo $B(t) = D(t) = 1$, obtenemos

$$\log(Y_t) = \frac{1}{\Psi} \log\left(K_t^{\Psi} + A(t)^{\Psi}\right). \quad [4.10]$$

Si derivamos con respecto al tiempo obtenemos una expresión para la tasa de crecimiento del PIB agregado:

$$\gamma_Y^* = \left[\frac{K_t^{\Psi}\gamma_k^* + A(t)^{\Psi}x_A}{K_t^{\Psi} + A(t)^{\Psi}}\right]. \quad [4.11]$$

Podemos pasar el denominador a la izquierda de la ecuación [4.11] y, tras notar que, en el estado estacionario, $\gamma_Y^* = \gamma_K^*$, nos queda $\gamma_Y^* = x_A$. En el estado estacionario, pues, debe ser cierto que todas las variables crecen al mismo ritmo que la tecnología. Vemos que el progreso tecnológico potenciador del trabajo sí es consistente con la existencia de estado estacionario.

En resumen, el único tipo de progreso tecnológico consistente con el estado estacionario con tasas de crecimiento constante es el progreso potenciador del trabajo o neutral en el sentido de Harrod.[1]

4.3 La irrelevancia de la incorporación del progreso técnico

Todos los tipos de progreso técnico que se han discutido hasta el momento, consideran el cambio técnico como "no incorporado", en el sentido de que, cuando aparece una mejora tecnológica, todas las máquinas existentes hasta el momento aumentan su productividad. Un ejemplo de este tipo de avances lo constituyen los programas informáticos que mejoran el rendimiento de todos los ordenadores existentes. Existen numerosas invenciones, sin embargo, que no afectan a todas las máquinas existentes sino que solamente afectan a las máquinas nuevas. Éste sería el caso, por ejemplo, del *hardware* informático: las nuevas generaciones de ordenador aumentan la velocidad y la eficiencia del proceso de datos, pero sólo de las nuevas máquinas. Las máquinas de generaciones obsoletas no se ven afectadas por las nuevas tecnologías. Los economistas denominan este fenómeno *progreso técnico incorporado,* dado que se encuentra "incorporado" en el propio capital.

En la década de los sesenta, a la par que se estaba desarrollando el modelo neoclásico de crecimiento exógeno, surgió el debate sobre la importancia del progreso técnico incorporado para el crecimiento económico. Los defensores de lo que en aquel momento fue llamado "nueva teoría de la inversión" (tecnologías incorporadas) afirmaban que la inversión en nuevas máquinas tenía el efecto habitual de aumentar el stock de capital y un efecto adicional consistente en la modernización del stock de capital medio. Los defensores de la "irrelevancia de la incorporación del progreso técnico" defendían, por su parte, que este nuevo efecto tenía consecuencias para el nivel de las variables, pero no afectaba a la tasa de crecimiento en el estado estacionario. En este contexto, dos importantes artículos de Solow (1969) y Phelps (1962) demostraron lo siguiente:

(i) El modelo neoclásico con progreso técnico incorporado y competencia perfecta (en el que la productividad marginal del trabajo sea, por lo tanto, igual para todos los trabajadores, con independencia de la "cosecha" a la que pertenezcan las máquinas que estén utilizando) puede ser reescrito de tal forma que sea equivalente al modelo neoclásico con progreso técnico no incorporado (Solow, 1969).

[1] Este resultado, que se ha demostrado utilizando una función de producción CES, es mucho más general, ya que es cierto para todo tipo de funciones de producción. Para una demostración de este resultado, véase Barro y Sala-i-Martin (1995, capítulo 1).

(ii) La tasa de crecimiento en el estado estacionario es independiente de la parte que representa el progreso técnico incorporado, aunque depende de la tasa total de progreso técnico (Phelps, 1962).
(iii) La velocidad de convergencia es tanto mayor cuanto mayor sea la parte que represente el progreso incorporado (Phelps, 1962).

De esta forma, la distinción entre progreso técnico incorporado y no incorporado, que no tiene consecuencias para el estudio de las variables a largo plazo, cobra su importancia en el estudio de la dinámica del corto plazo. La importancia de la incorporación del progreso técnico para los modelos de ciclos económicos de origen real se puede apreciar a partir del hecho de que una perturbación incorporada afecta a la productividad marginal del capital, pero no afecta a la productividad marginal del trabajo ni a la oferta de productos del periodo. Aquí reside la diferencia fundamental respecto a los efectos de una perturbación no incorporada, debido, especialmente, a las diferentes implicaciones de los dos casos para la prociclicidad de los salarios reales y los tipos de interés. La modelización del progreso técnico incorporado es difícil, puesto que es preciso seguir la pista de las cosechas antiguas de capital y del trabajo asociado a éstas. Una manera relativamente simple de resolver esta cuestión consiste en postular la existencia de una función de producción en la que no se producen avances tecnológicos $Y = F(K, L)$ y una función de acumulación con la siguiente expresión: $\dot{K} = A(t)[Y_t - C_t]$, en la cual se cumple que $\dot{A}/A = x_A$ siendo $K(t)$ una medida del capital agregado de la economía. Esta función refleja el hecho de que la generación de una unidad de ahorro $(Y - C)$ en un periodo genera un aumento superior del capital que la obtención de esa misma unidad en un periodo anterior. Esto equivale a afirmar que las cosechas más recientes de capital son más productivas.

4.4 En el modelo neoclásico, el progreso tecnológico DEBE ser exógeno

En la sección 5 del capítulo 1 hemos demostrado que los economistas neoclásicos introdujeron el progreso tecnológico *exógeno* en sus modelos de crecimiento y que, a pesar de no ser un supuesto deseable, los propios supuestos del modelo *exigían* dicha condición exógena. Como este resultado ya se ha demostrado en el capítulo 1 no repetiremos el análisis aquí.

4.5 El modelo neoclásico con progreso tecnológico

Es el momento de volver al progreso técnico potenciador del trabajo, que expresamos en [4.2] (recordemos que ése es el único tipo de progreso técnico consistente con la existencia de un estado estacionario). Obsérvese que la producción depende del capital K_t y del factor $A(t)L_t$. A este elemento se le denomina en algunas ocasiones trabajo efectivo. Los individuos maximizan su función de utilidad [3.1]. Como ya sabemos, la solución de equilibrio de mercado es idéntica a la del planificador y a la del modelo de las familias productoras de Robinson Crusoe, por lo que podemos solucionar este último modelo en lugar de solucionar el modelo de mercado, que es un poco más complicado. La restricción de la economía en este modelo es parecida a [3.22], pero donde la función de producción está sujeta a cambios tecnológicos, por lo que viene dada por [4.2]. Tal como ya hicimos en el capítulo 1, para resolver este modelo será útil expresar primero todas las variables con relación al trabajo efectivo y proceder después de una forma análoga a la que utilizamos para resolver el modelo de Ramsey en el capítulo 3, en el que presentamos todas las ecuaciones en términos per cápita. Si denotamos las variables expresadas en unidades efectivas mediante un circunflejo (de modo que $\hat{c} \equiv \frac{C}{AL}$, $\hat{k} \equiv \frac{K}{AL}$, $\hat{y} \equiv \frac{Y}{AL}$) podemos escribir la función de utilidad utilizando las variables en "unidades de trabajo efectivo" de la siguiente forma:

$$U(0) = \int_{o}^{\infty} e^{-(\rho-n)t} \left(\frac{(\hat{c}e^{xt})^{1-\theta} - 1}{1-\theta} \right) L_0 dt \qquad [4.12]$$

donde, para simplificar la notación, hemos denotado la tasa de crecimiento del progreso tecnológico con la letra x. La restricción presupuestaria también se puede escribir en términos de unidades de trabajo efectivo como

$$\frac{\partial \hat{k}}{\partial t} = f(\hat{k}) - \hat{c} - (\delta + n + x)\hat{k}. \qquad [4.13]$$

Las familias maximizan [4.12] sujeto a [4.13], tomando $k_0 > 0$ como dado. Este modelo coincide con el modelo de Ramsey del capítulo anterior, salvo en dos pequeñas diferencias. En primer lugar, la tasa efectiva de descuento de la función de utilidad es $(\rho - n) - (1 - \theta)x$, en lugar de ser simplemente $\rho - n$ como era el caso en el capítulo anterior. En segundo lugar, la tasa efectiva de depreciación es $\delta + n + x$, en lugar de $\delta + n$. Si dejamos de lado estas dos nimias diferencias, el modelo es el mismo que el presentado en el capítulo 3, por lo que podemos reproducir los resultados obtenidos allá. Mencionemos en primer lugar que la condición que debe cumplirse para que la función de utilidad esté acotada es, en este caso,

$$\rho > n + (1 - \theta)x, \qquad [4.14]$$

a la par que la ecuación diferencial que representa el comportamiento dinámico del consumo es la siguiente condición de Euler modificada:

$$\frac{\dot{\hat{c}}}{\hat{c}} = \frac{1}{\theta}[f'(\hat{k}) - (\delta + \rho + x)]. \qquad [4.15]$$

La condición de transversalidad requiere que $\lim_{t\to\infty} = \hat{k}_t \nu_t = 0$, siendo ν_t el precio implícito del capital. Las ecuaciones [4.15] y [4.13] determinan la dinámica de $\hat{c}$ y $\hat{k}$. Su comportamiento es exactamente análogo al que vimos para c y k en el gráfico 3.2, por lo que no lo reproducimos aquí. La conclusión a la que llegaremos es que las variables $\hat{c}$ y $\hat{k}$ son constantes en el estado estacionario. Dado que $\hat{c} \equiv C/LA = c/A$, donde c es el consumo per cápita, se sigue que $\gamma^*_{\hat{c}} = \gamma^*_c - \gamma^*_A = 0$, por lo que $\gamma^*_c = \gamma^*_A \equiv x$. Lo mismo ocurre con la tasa de crecimiento del capital per cápita, $\gamma^*_{\hat{k}} = \gamma^*_k - \gamma^*_A = 0$. Se deduce que $\gamma^*_k = \gamma^*_A \equiv x$. Es decir, en el estado estacionario, la tasa de crecimiento de todas las variables en términos per cápita es x.

Tercera parte:

CINCO MODELOS PROTOTIPO DE CRECIMIENTO ENDÓGENO

"Un enfoque del crecimiento económico que depende en tan gran medida de una variable exógena es notoriamente insatisfactorio desde el punto de vista intelectual y más aún si se trata de una variable de tan difícil medición como es la cantidad de conocimiento. Desde una perspectiva cuantitativa y empírica, nos quedamos con que una de las variables explicativas del modelo es el tiempo. Ahora bien, por más necesaria que sea en la práctica, una tendencia temporal es una mera confesión de ignorancia y, lo que es peor desde un punto de vista práctico, no se trata de una variable de política económica".

Arrow (1962), pág. 155.

5. Modelos simples de crecimiento endógeno: el modelo *AK*

En este capítulo introducimos el modelo más simple de crecimiento endógeno: el modelo con función de producción AK. En el capítulo 3 hemos demostrado que el modelo de mercado genera la misma solución que el modelo de familias productoras, por lo que da lo mismo si solucionamos uno u otro modelo. En este capítulo solucionamos primero el modelo de familias productoras y luego el de mercado competitivo. El lector que esté interesado en ver primero la solución de mercado puede ir directamente a la sección 5.5.

5.1 El modelo de las familias productoras

Aunque algunos economistas utilizaron en un momento u otro algún tipo de tecnologías lineales (véase, por ejemplo, Von Neuman (1937), Eaton (1981), o Cohen y Sachs (1986)), la introducción del modelo lineal en la nueva literatura sobre crecimiento endógeno de los años ochenta se atribuye a Rebelo (1991). En este modelo, se postula la existencia de una función de producción que es lineal en el único factor de producción, el capital. Por este motivo, la función de producción posee simultáneamente las propiedades de rendimientos constantes de escala y rendimientos constantes del capital,

$$Y_t = F(K_t, L_t) = AK_t, \tag{5.1}$$

siendo A una constante exógena y K el capital agregado, definido de una manera amplia. A diferencia de lo que hicimos en el capítulo 3, empezaremos por describir el modelo de las familias productoras y luego pasaremos a demostrar que la solución es idéntica a la que encontramos para la economía de mercados competitivos. Supongamos, en primer lugar, un contexto en el que las familias dedicadas a la producción de bienes maximizan una función de utilidad de horizonte infinito, similar a [3.1],

$$U(0) = \int_0^\infty e^{-(\rho-n)t} \left(\frac{c_t^{1-\theta} - 1}{1-\theta} \right) dt, \qquad [5.2]$$

en la cual ρ es la tasa de descuento, n es la tasa constante de crecimiento de la población y θ es la inversa de la elasticidad de substitución intertemporal, que también es constante y refleja el mayor o menor interés de los individuos por suavizar su consumo a través del tiempo (véase el capítulo 3 para una discusión más detallada de esta función de utilidad).

Imaginemos que nos encontramos en una economía cerrada y sin gobierno, por lo que el ahorro bruto debe ser igual a la inversión bruta. La inversión bruta, a su vez, es igual al aumento neto del stock de capital más la depreciación total. Puesto que la tasa de depreciación es constante, la función de acumulación de la economía puede expresarse, en términos per cápita, de la siguiente forma:

$$\dot{k}_t = Ak_t - c_t - (\delta + n)k_t. \qquad [5.3]$$

La ecuación [5.3] corresponde a la [3.18], con la única diferencia de que, en ésta, la tecnología viene dada por la función Ak, en lugar de por $f(k)$. Las familias de este modelo maximizan [5.2] sujetas a la restricción que les impone [5.3] y tomando el volumen de capital inicial k_0 como dado. Para solucionar este problema, debemos construir el hamiltoniano

$$H(\cdot) = e^{-(\rho-n)t} \left(\frac{c^{1-\theta} - 1}{1-\theta} \right) + \nu(Ak - c - (\delta + n)k), \qquad [5.4]$$

donde, una vez más, los subíndices temporales se han omitido allí donde esta omisión no genera confusión.

Las condiciones de primer orden son:

$$\frac{\partial H}{\partial c} = 0 \leftrightarrow e^{-(\rho-n)t} c^{-\theta} - \nu = 0 \qquad [5.5]$$

$$\frac{\partial H}{\partial k} = -\dot{\nu} \leftrightarrow \nu[A - (\delta + n)] = -\dot{\nu} \qquad [5.6]$$

$$\lim_{t\to\infty} \nu_t k_t = 0. \qquad [5.7]$$

Tal como se hizo en el capítulo 3, se puede utilizar la condición [5.5] para obtener la tasa de crecimiento del consumo tomando logaritmos, derivando respecto del tiempo y substituyendo el resultado en [5.6]. Obtenemos de este modo el siguiente resultado:

$$\frac{\dot{c}}{c} = \frac{1}{\theta}[A - \rho - \delta]. \quad [5.8]$$

Obsérvese que [5.8] indica que el consumo crece a una tasa constante en todo momento. Esta tasa constante depende negativamente del tipo de descuento, ρ, de la necesidad de alisar el consumo, θ, de la tasa de depreciación, δ, y positivamente del parámetro de productividad, A. Para que puedan obtenerse tasas positivas de crecimiento, es necesario considerar el caso en que los parámetros del modelo cumplen, $A > \delta + \rho$. Para entender esta ecuación de forma intuitiva, la reescribimos de la siguiente forma:

$$\theta\gamma_c + \rho = A - \delta, \quad [5.9]$$

donde, una vez más, utilizamos la variable γ para denotar la tasa de crecimiento ($\gamma_c \equiv \dot{c}/c$). El miembro de la izquierda de [5.9] es el beneficio obtenido del consumo y el miembro de la derecha es el beneficio o rendimiento obtenido de la inversión. El beneficio del consumo depende de la tasa de descuento (que refleja el hecho de que los individuos prefieren consumir cuanto antes mejor) y de la tasa de crecimiento multiplicada por θ. En efecto, si la tasa de crecimiento es positiva, la gente está dispuesta a desplazar una parte del consumo que realizará en el futuro al presente para lograr así un consumo más liso. El miembro de la derecha es el rendimiento de la inversión o la productividad marginal neta del capital y es igual, por lo tanto, a $A - \delta$ (dado que no existen costes de ajuste ni fenómenos de rendimientos decrecientes del capital, este rendimiento es independiente de la tasa de crecimiento o del stock de capital).

Para calcular la tasa de crecimiento del capital per cápita, k, dividimos por k los dos miembros de la ecuación dinámica [5.3], y así obtenemos que

$$\frac{\dot{k}}{k} = A - \frac{c}{k} - (\delta + n). \quad [5.10]$$

Por la propia definición de estado estacionario (que es el estado en el cual todas las variables crecen a una tasa constante, sea cero o sea cualquier otra constante), en este estado, la tasa de crecimiento del capital γ_k^* es constante. Si se llevan todos los términos constantes de [5.10] a un lado de la expresión y se toman logaritmos y derivadas con respecto al tiempo, llegamos a la conclusión de que $\gamma_k^* = \gamma_c^* \equiv \gamma^*$. Dado que la producción de la economía es proporcional a k, la tasa de crecimiento de y es igual a la tasa de crecimiento de k, $\gamma_y^* \equiv \gamma^*$. En otras palabras, las tasas de crecimiento de estado estacionario del consumo, el capital y la producción per cápita son idénticas, y vienen dadas por [5.8]:

$$\gamma_k^* = \gamma_c^* = \gamma_y^* = \gamma^* = \frac{1}{\theta}[A - \rho - \delta] \quad [5.11]$$

La ecuación [5.6] nos muestra que el precio implícito ν crece a una tasa constante igual a $\dot{\nu}/\nu = -[A - (\delta + n)]$. De este modo, su evolución temporal viene dada por la expresión $\nu_t = \nu(0)e^{-(A-\delta-n)t}$. Si substituimos esta ecuación temporal en la condición de transversalidad [5.7], concluiremos que

$$\lim_{t\to\infty} \nu(0)e^{-(A-\delta-n)t}k_t = \lim_{t\to\infty} e^{-(A-\delta-n)t}k_t = 0. \qquad [5.12]$$

La segunda igualdad (que elimina el término $\nu(0)$ del límite) proviene del hecho que $\nu(0) > 0$, dado que, utilizando [5.5], vemos que $\nu(0) = e^0 c(0)^{-\theta} > 0$.

5.2 La acotación de la utilidad

Una tasa de crecimiento positiva en el estado estacionario comporta que el término de la función de utilidad $c^{1-\theta}$ crezca exponencialmente. Puesto que la función de utilidad, $U(0)$, es la suma descontada de un número infinito de tales términos, $U(0)$ valdrá infinito, a menos que la tasa de descuento que los multiplica decrezca más rápidamente de lo que crecen éstos. Para que la utilidad sea finita (y, por lo tanto, para que nuestro problema económico tenga sentido) es necesario restringir los parámetros del modelo como ya hicimos en el capítulo 3. Si la utilidad fuera infinita, los individuos no tendrían ningún motivo para maximizar la utilidad, ¡ya que siempre serían, en todo caso, infinitamente felices! Para lograr que la utilidad esté acotada, es preciso, pues, que el término que está dentro de la integral se aproxime a cero cuando el tiempo tiende a infinito. Dado que el consumo siempre crece a la tasa constante de $\gamma^* = \frac{1}{\theta}[A - \rho - \delta]$, podemos escribir c_t como $c_t = c(0)e^{\gamma^* t}$. En consecuencia, el término que incluye el consumo en la función de utilidad puede ser escrito como $e^{-(\rho-n-\gamma^*[1-\theta])t}$. Así pues, para que esta expresión se aproxime a cero cuando t tiende a infinito, debe cumplirse que $\rho > n + \gamma^*(1 - \theta)$. Si empleamos el valor de γ^* que nos proporciona [5.8], para substituir $-\theta\gamma^*$ podemos reescribir esta condición como $\rho > n + \gamma^* - (A - \rho - \delta)$. Despejando ρ llegamos a la conclusión de que la condición que debe cumplirse para que la utilidad esté acotada es:

$$A - \delta - n > \gamma^*. \qquad [5.13]$$

5.3 La dinámica de la transición

En la sección 5.1 se ha demostrado que, *en el estado estacionario*, el consumo, el capital y la producción per cápita, deben crecer todos a la misma tasa. La ecuación [5.8], que se cumple para todo t, indica que el consumo crecerá *siempre* a una tasa constante dada por $\frac{1}{\theta}(A - \rho - \delta)$, por lo que *el consumo siempre se encuentra en el estado estacionario.* En esta sección demostraremos que el capital y la producción también crecen a la misma tasa en todo momento, por lo que *el modelo no presenta ningún tipo de transición hacia el estado estacionario.*

Si tomamos la restricción presupuestaria [5.3] y la integramos (premultiplicando previamente ambos lados por el factor de integración $e^{-(A-\delta-n)t}$, y teniendo en cuenta que $c_t = c(0)e^{\gamma^* t}$), se obtiene el siguiente resultado:

$$\int e^{-(A-\delta-n)t}[\dot{k}_t - (A-\delta-n)k_t]dt = -c_0 \int e^{-(A-\delta-n)t} e^{\gamma^* t} dt \qquad [5.14]$$

La solución de [5.14] es :

$$\begin{aligned} k_t e^{-(A-\delta-n)t} &= \frac{-c_0}{-[A-\delta-n-\gamma^*]} e^{-(A-\delta-n-\gamma^*)t} + \Psi \rightarrow \\ \rightarrow k_t &= \frac{-c_0}{-[A-\delta-n-\gamma^*]} e^{\gamma^* t} + \Psi e^{(A-\delta-n)t}, \end{aligned} \qquad [5.15]$$

donde Ψ es una constante de integración. Si, tras substituir el valor de k_t que acabamos de obtener en la condición de transversalidad [5.12], tomamos el límite cuando t tiende a infinito, llegamos al resultado:

$$\lim_{t\to\infty} k_t e^{-(A-\delta-n)t} = \lim_{t\to\infty} \frac{c_0}{[A-\delta-n-\gamma^*]} e^{-(A-\delta-n-\gamma^*)t} + \lim_{t\to\infty} \Psi. \qquad [5.16]$$

Nótese que el primer término de la derecha converge a cero, dado que la condición [5.13] nos dice que $A-\delta-n > \gamma^*$, por lo que el exponente es negativo. La única manera de conseguir que la *constante* de integración Ψ también converja a cero es que siempre sea cero, por lo que la condición de transversalidad requiere $\Psi = 0$. Si substituimos este valor de la constante en [5.15] vemos que el capital y el consumo deben ser proporcionales: $k_t = \frac{c_0}{A-\delta-n-\gamma^*} e^{\gamma^* t} = \frac{c_t}{A-\delta-n-\gamma^*}$. Al ser proporcionales, la tasa de crecimiento del capital debe ser *siempre igual* a la del consumo. También el capital, pues, *siempre* crece a una tasa constante. Puesto que la producción es proporcional al capital, su tasa de crecimiento también es constante en todo momento. En consecuencia, una economía en la que exista una tecnología AK no presentará transición dinámica, y todas las variables crecerán permanentemente a una tasa constante.

5.4 La hipótesis de convergencia

A diferencia del modelo neoclásico, este modelo no predice la convergencia de las economías (ni absoluta, ni condicional). Para ver este punto consideremos un conjunto de países con los mismos valores de los parámetros A, θ, n, ρ y δ. Imaginemos, además, que la única diferencia entre ellos es el valor inicial del capital k_0. El modelo AK predice que la tasa de crecimiento de todos los países será constante e igual a

[5.8]. En consecuencia, la tasa de crecimiento no estará relacionada con la renta (ni negativamente, ni de ninguna otra forma).

Supóngase, por otra parte, que los países se diferencian únicamente por sus parámetros de productividad ($A_i \neq A_j$ para $i \neq j$). Puesto que $\gamma^* = \frac{1}{\theta}(A - \rho - \delta)$, los países con un crecimiento bajo continuarán con este tipo de crecimiento para siempre, y esto independientemente del valor de su renta o de su producción inicial. Es decir, una vez más el modelo predice que no existe ninguna relación entre el crecimiento y la renta inicial. Una forma alternativa de llegar a este resultado consiste en recurrir a la linealización del modelo neoclásico en las proximidades del estado estacionario que se desarrolló en el capítulo 3, y hacer que la participación del capital α sea igual a la unidad (con lo que la tecnología se convierte en AK). Obsérvese que, en este caso, el parámetro μ de [3.37] es igual a cero, de modo que el valor propio "negativo" es igual a $-\lambda_1 = \frac{1}{2}[\rho - n - (\rho - n)] = 0$. Como resultado, la ecuación de convergencia [3.37] indica que el valor del coeficiente de regresión de la renta inicial en este modelo debe ser cero.

Tal como se mencionó en el capítulo 1, las implicaciones de los diferentes modelos en relación con la existencia de convergencia económica entre países han sido utilizadas por diversos economistas para contrastar la validez del modelo neoclásico respecto a los modelos de crecimiento endógeno. El resultado fundamental que surge de estos estudios empíricos (que se encuentran resumidos en el capítulo 10 de este libro) es que la hipótesis de convergencia parece cumplirse con regularidad, al menos en un sentido condicional, para una amplia variedad de fuentes estadísticas.

5.5 La solución de mercado

Es posible demostrar que los resultados que acabamos de derivar coinciden con los resultados que se obtendrían en un contexto en el que existen mercados competitivos en los que las familias, por un lado, adquieren el producto y, por otro, venden los factores de producción a las empresas. Puesto que el análisis es muy parecido al que se desarrolló en el capítulo 3, no vamos a reproducir de nuevo todos los pasos. Como es habitual, las familias maximizan [5.2] sujeto a la ecuación dinámica

$$\dot{b} = rb - c - nb, \qquad [5.17]$$

en la cual b es el número de activos por persona y r es la tasa de rendimiento de los activos. Como en el modelo AK no se recoge explícitamente el factor trabajo, en [5.17] se han omitido las rentas salariales. Esta ecuación expresa el hecho de que la asignación de la renta total per cápita, rb, debe repartirse entre el gasto en bienes de consumo y la adquisición de nuevos activos, $\dot{b}$. El término nb aparece en [5.17], tal como ya aparecía en los capítulos 1 y 2, para demostrar el hecho de que un aumento en n, si todo lo demás permanece igual, reduce el número de activos por persona.

Las condiciones de primer orden de este problema de maximización comportan que la ecuación de Euler tenga una forma idéntica a [3.14]:

$$\gamma_c \equiv \frac{\dot{c}}{c} = \frac{1}{\theta}(r - \rho), \qquad [5.18]$$

y la condición de transversalidad, por su parte, viene dada por $\lim_{t\to\infty} \nu_t b_t = 0$.

Las empresas alquilan el único factor de producción, el capital, y utilizan la tecnología AK para obtener un producto, con el objeto de maximizar sus beneficios. Las condiciones de primer orden del problema de las empresas exigen que las tasas de rendimiento sean iguales a los productos marginales:

$$r = A - \delta. \qquad [5.19]$$

Dado que nos enfrentamos a una economía cerrada sin gobierno, la condición de equilibrio del mercado financiero requiere que el único activo con una oferta neta positiva sea el capital, por lo que se cumple $b = k$. Si substituimos este resultado en [5.17], y teniendo en cuenta que $\dot{b} = \dot{k}$, llegamos a la restricción presupuestaria agregada incluida en [5.3]. Por último, si se introduce la condición de equilibrio $k = b$ en la condición de transversalidad, se obtiene [5.7]. Las ecuaciones dinámicas de la economía en que existen mercados competitivos, [5.8] y [5.3], y la condición terminal [5.7], coinciden, por tanto, con las que regían en una economía de familias productoras. En consecuencia, los dos planteamientos son idénticos.

5.6 La solución del planificador

Del mismo modo como vimos en el capítulo 3 para el modelo neoclásico, un planificador maximizaría la misma función de utilidad sujeto a la restricción de recursos a la que se enfrenta el conjunto de la economía. Puesto que [5.3] es una restricción de recursos de esta índole, el problema del planificador coincide con el problema de las familias productoras. El corolario es que las ecuaciones dinámicas que caracterizan la solución también son las mismas.

5.7 La tecnología *AK* a través de la introducción del capital humano

Se mencionó en el capítulo 2 que el modelo AK puede ser interpretado como un modelo en el que coexisten el capital físico y el humano.[1] En esta sección haremos

[1] En el apartado 1 del capítulo 2 ya se introdujo el concepto de capital humano y se demostró cómo una función de producción neoclásica se convierte en una función AK cuando hay capital humano en lugar de trabajo no acumulable.

explícita esta relación a través de una función de producción Cobb-Douglas en la que los dos factores de producción son el capital físico, K, y el humano, H,

$$Y = BK^{\alpha}H^{1-\alpha}, \tag{5.20}$$

siendo $0 < \alpha < 1$ y B un parámetro constante que refleja el nivel alcanzado por la tecnología. Supondremos que los dos factores, K y H, pueden ser acumulados detrayendo recursos para el consumo, mediante la siguiente relación:

$$\dot{K} + \dot{H} = BK^{\alpha}H^{1-\alpha} - C - \delta_K K - \delta_H H, \tag{5.21}$$

siendo δ_K y δ_H las tasas de depreciación del capital físico y el humano, respectivamente. La ecuación [5.21] implica que los dos tipos de capital, en su vertiente de activos reales, son substitutos perfectos, de modo que sus poseedores exigirán que la tasa de rendimiento de ambos coincida. Puesto que la tasa de rendimiento de cada activo viene dada por su productividad marginal neta, será preciso que $\frac{\partial Y}{\partial K} - \delta_K \equiv \alpha\frac{Y}{K} - \delta_K = \frac{\partial Y}{\partial H} - \delta_H \equiv (1-\alpha)\frac{Y}{H} - \delta_H$. Si introducimos el supuesto adicional de que las dos tasas de depreciación son idénticas, podemos deducir que

$$\alpha\frac{Y}{K} = (1-\alpha)\frac{Y}{H}, \tag{5.22}$$

lo que nos proporciona una relación lineal entre K y H

$$H = K\frac{1-\alpha}{\alpha}. \tag{5.23}$$

Substituyendo [5.23] en la función de producción [5.20], obtenemos la expresión que queríamos encontrar, $Y = AK$, siendo A una constante irrelevante que toma el valor $B[(1-\alpha)/\alpha]^{1-\alpha}$. Éste es el motivo por el que podemos considerar el modelo AK como un modelo en el que coexisten capital físico y humano, a condición de que las tasas de rendimiento de los dos tipos de capital sean iguales en todo momento.

6. Gasto público y crecimiento

Una de las cuestiones más importantes cuando se estudia el crecimiento económico es la del tamaño del gobierno. Mucho se ha discutido en la literatura económica y en la prensa popular si lo deseable es tener un gobierno grande o un gobierno pequeño. En este capítulo analizaremos los conceptos básicos que nos pueden ayudar a pensar sobre el tamaño óptimo del gobierno. La lección principal que vamos a aprender es que, aun cuando el gobierno dedique su esfuerzo a hacer cosas buenas y productivas, será necesario limitar el tamaño del gobierno, por cuanto éste debe financiar sus acciones con impuestos distorsionadores. Éstos tenderán a reducir la rentabilidad de las inversiones privadas y, con ella, la tasa de crecimiento de la economía.

6.1 Un modelo de gasto público e impuestos

Lo primero que debemos hacer al estudiar el tamaño óptimo del gobierno es plantearnos qué es lo que hace el gobierno. El gobierno puede influenciar la economía a través de muchos canales. Para empezar, decide el *tamaño de los impuestos* (puede poner impuestos elevados o impuestos reducidos) y la *forma que éstos toman* (impuestos sobre el valor añadido, sobre la renta, sobre sociedades, sobre transmisiones patrimoniales e incluso el impuesto inflacionario sobre el dinero). En segundo lugar, el gobierno también decide el tamaño y el tipo de *gasto público* (puede comprar carreteras, armamento, empresas, viajes espaciales, tecnologías, parques públicos, bodas reales, subsidios de desempleo, pensiones de jubilación, etcétera). El gobierno también puede afectar a la economía a través de la *regulación* (regulación antimonopolio, leyes de garantía de derechos de propiedad, leyes de protección de especies en peligro de extinción, leyes de libre circulación de mercancías, capitales y trabajo, y un larguísimo etcétera, que nos llevaría a escribir un gran número de páginas), el *déficit*, la *política monetaria* y muchos aspectos más.

En este capítulo nos concentraremos en el estudio del *tamaño del gasto público* y su relación con el crecimiento económico, por lo que no trataremos de la mayor parte de políticas que puede llevar a cabo el estado. Compararemos los aspectos positivos de tener un gasto público elevado con los aspectos negativos y las distorsiones que va a conllevar la financiación de dicho gasto. Para ello, deberemos operar bajo el supuesto de que el gasto público es deseable (si no, la conclusión será inmediata: lo mejor sería reducir el tamaño del gasto público a cero, ya que no genera beneficios y su financiación comporta pérdidas de bienestar). En términos de nuestros modelos de crecimiento, una manera de que el gasto público sea deseable es *introducirlo como argumento (positivo) en la función de producción* (por ejemplo, las carreteras públicas aumentan la producción y la productividad de las empresas privadas; en la misma categoría entrarían la protección policial y judicial que garantiza los derechos de propiedad de las empresas privadas, o el gasto en I+D realizado en universidades públicas). Una segunda manera sería introducir el gasto público directamente *en la función de utilidad* de los consumidores (por ejemplo, los parques nacionales o el gasto en fiestas sociales o bodas reales, que no afectan directamente a la producción, pero sí afectan a la felicidad de las personas que disfrutan directa o indirectamente de dichos parques o eventos sociales).

En este capítulo, seguiremos el modelo desarrollado por Barro (1990) según el cual el gasto público es productivo. En este contexto, la producción depende de las cantidades existentes de dos factores de producción: capital privado, K, y un factor de producción provisto por el sector público, G. La función de producción presenta rendimientos constantes de escala, pero existen rendimientos decrecientes de cada uno de los factores.

Una vez decidido que el bien proporcionado por el Estado es *productivo*, debemos decidir si dicho bien es un bien *público* en el sentido de Samuelson (1954) o no. Es decir, ¿se trata de un bien *rival y excluible* o no? Algunos bienes suministrados por el Estado tienen la propiedad de que pueden ser "utilizados" por todos los ciudadanos y todas las empresas al mismo tiempo, sin que la utilización por parte de unos impida la utilización por parte de otros y sin que se pueda evitar que alguien los utilice. Este es el caso del típico "faro" en la costa: muchos barcos pueden ver su luz simultáneamente y no hay forma de evitar que algún barco calcule su distancia de la costa utilizando el faro. También es el caso, por ejemplo, de la tecnología o los conocimientos generados por la investigación en universidades públicas. Si decidiéramos utilizar este tipo de bienes en nuestro modelo, la función de producción para la empresa j sería

$$y_j = Ak_j^{\alpha} G^{1-\alpha},$$

donde k_j es la cantidad de capital privado utilizado por la empresa j y G es el bien público *agregado*. Note el lector que la producción de la empresa j no depende solamente de la cantidad de bien público suministrado *a la empresa* j sino de la cantidad agregada de bien público suministrado.

Otros bienes suministrados por el gobierno son *privados* en el sentido de ser *rivales y excluibles*. Este sería el caso, por ejemplo, de los servicios públicos suministrados individualmente a las empresas o la comida suministrada a los estudiantes de escuelas públicas: las galletas consumidas por un alumno en Segovia no pueden ser consumidas por otro estudiante en Alicante. Si decidiéramos introducir este tipo de bienes en nuestra función de producción, deberíamos postular:

$$y_j = Ak_j^{\alpha} g_j^{1-\alpha}, \qquad [6.1]$$

donde g_j es la cantidad de bien público sumistrado por el Estado a la empresa j. La cantidad total de bien público suministrado sería la suma de todos los suministros a empresas privadas, $G = \sum_{j=1}^{M} g_j$.

Finalmente, podría tratarse de un bien público *parcialmente excluible*, es decir, un bien sujeto a fenómenos de *congestión* como es el caso de las autopistas, los aeropuertos o los tribunales de justicia. En principio no podemos evitar que alguien conduzca por la calle Balmes de Barcelona, pero si muchos conductores deciden ir por la misma calle al mismo tiempo, entonces la calle se colapsa o congestiona. De hecho, se puede argumentar que casi todos los bienes públicos entran dentro de esta última categoría. Incluso el arquetipo de bien público, la defensa nacional, es un bien sujeto a congestión (véase Thompson, 1976): cuando un ciudadano aumenta su nivel de renta también aumenta la renta del país en el que vive; de alguna manera, esto incrementa el premio que las fuerzas extranjeras ganarían si invadieran el país y, en consecuencia, reduce la protección que una determinada cantidad de G proporciona. Es decir, de alguna manera congestiona la defensa del país. Una manera de modelizar los bienes públicos sujetos a congestión es la propuesta por Barro y Sala-i-Martin (1992c), según la cual la función de producción se puede escribir como

$$y_j = Ak_j \left(\frac{G}{K}\right)^{1-\alpha},$$

donde G es el suministro agregado de bien público y K es el capital agregado. Esta función de producción nos indica que, para una cantidad dada de capital, un aumento en la cantidad de bien público suministrado genera un aumento de la producción (para un número dado de camiones, un aumento en el número de carreteras aumenta la producción). La congestión aparece porque, dado G, un aumento del capital agregado, K, genera una disminución de la producción de la empresa j (un aumento en el número de camiones de las otras empresas congestiona las carreteras y reduce mi productividad).

En este capítulo partiremos del enfoque de Barro (1990) y consideraremos que g es un bien *privado (rival y excluible)* provisto por el sector público, por lo que la función de producción será la descrita en [6.1].[1]

Finalmente, y antes de resolver el modelo, debemos decidir si el bien público es un bien de capital (en el sentido de que debe ser acumulado) o es un input de producción que debe ser suministrado nuevamente en cada momento del tiempo. Por ejemplo, las carreteras son un *bien de capital* en el sentido de que el gasto que el estado hace hoy aumenta el stock existente de carreretas disponibles (o repara las carreteras depreciadas), mientras que el gasto salarial de la policía o los jueces en el momento t afecta directamente a la producción del momento t. Nuevamente seguiremos a Barro (1990) e introduciremos los bienes públicos como flujos productivos y no como bienes de capital acumulables.

Supondremos que cada individuo representa una parte muy reducida del tamaño de la economía, de forma que toma el gasto público como dado. Imaginemos también que el Estado tiene que equilibrar su presupuesto en todos los momentos del tiempo (no se permite la existencia de déficit público, en ningún caso). Aunque en la vida real el gobierno tiene muchas fuentes de ingresos, simplificaremos nuestro análisis con el supuesto de que solamente existe un impuesto y éste será un impuesto sobre la renta o el producto con una tasa impositiva, τ, constante. Como de costumbre, los individuos maximizan la función de utilidad [3.1]:

$$U(0) = \int_0^\infty e^{-(\rho-n)t}\left(\frac{c_t^{1-\theta}-1}{1-\theta}\right). \qquad [3.1]$$

La restricción presupuestaria para la familia representativa (para la que eliminamos el subíndice j, para simplificar la notación) nos dice que la producción obtenida menos la producción pagada al gobierno en forma de impuestos se debe repartir entre consumo e inversión bruta (que, a su vez, es igual a inversión neta, $\dot{k}$, más depreciación, $(\delta+n)k$):

$$\dot{k} = (1-\tau)Ak^\alpha g^{1-\alpha} - c - (\delta+n)k. \qquad [6.2]$$

Aunque en la vida real los gobiernos pueden tener déficit o superávit fiscales, a largo plazo el presupuesto público debe estar más o menos equilibrado. Como lo que nos interesa a nosotros es el largo plazo, el supuesto de equilibrio fiscal en todo momento parece razonable. El Estado recauda $\tau Ak^\alpha g^{1-\alpha}$ unidades de renta

[1] Barro y Sala-i-Martin (1992c y 1995) analizan los casos de bienes públicos y bienes sujetos a congestión.

y las transforma en un volumen de bienes públicos g. De este modo, la restricción presupuestaria del sector público puede expresarse como[2]

$$g = \tau y = \tau A k^{\alpha} g^{1-\alpha} \qquad [6.3]$$

Los agentes individuales toman el gasto público como dado (es decir, cuando resuelven su problema de optimización no son conscientes del efecto que tienen sus decisiones de inversión, a través de la ecuación [6.3], sobre la cantidad que gasta el sector público). El problema es maximizar [3.1] sujeto a [6.2]. El hamiltoniano de nuestro problema será

$$H(\cdot) = e^{-(\rho-n)t}\frac{c^{1-\theta}-1}{1-\theta} + \nu_t\left((1-\tau)Ak^{\alpha}g^{1-\alpha} - c - (\delta+n)k\right), \qquad [6.4]$$

y las condiciones de primer orden que obtenemos son:

$$H_c = 0 \leftrightarrow e^{-(\rho-n)t}c_t^{-\theta} = \nu_t, \qquad [6.5]$$

$$H_k = -\dot{\nu} \leftrightarrow +\nu\left((1-\tau)A\alpha\left(\frac{g}{k}\right)^{1-\alpha} - (\delta+n)\right) = -\dot{\nu}, \qquad [6.6]$$

$$\lim_{t\to\infty} \nu_t k_t = 0. \qquad [6.7]$$

Si se toman logaritmos, se derivan los dos miembros de [6.5] respecto del tiempo y se substituye el resultado en [6.6], llegamos a la condición que hemos estado encontrando continuamente, según la cual el crecimiento del consumo debe ser proporcional a la diferencia que existe entre la tasa de rendimiento (o la productividad marginal neta del capital después de impuestos) y el término ρ:

$$\frac{\dot{c}}{c} \equiv \gamma_c = \frac{1}{\theta}\left((1-\tau)A\alpha\left(\frac{g}{k}\right)^{1-\alpha} - (\delta+\rho)\right). \qquad [6.8]$$

A continuación podemos operar en la restricción presupuestaria del Estado, [6.3], para expresar el tipo impositivo, τ, como una función de g/k:

$$\tau = \frac{g}{y} = \frac{g}{Ak^{\alpha}g^{1-\alpha}} = \frac{(g/k)^{\alpha}}{A}.$$

Despejando g/k, obtenemos que

[2] Si decidiéramos modelar el bien público como un bien de capital, la restricción del sector público sería $\dot{g} = \tau A k^{\alpha} g^{1-\alpha} - (\delta + n)g$. Es decir, el aumento neto del stock de capital público, g, es igual a la inversión bruta realizada por el gobierno menos la depreciación del capital público. La inversión bruta total, por su parte, sería igual a la recaudación impositiva, τy.

$$\frac{g}{k} = (\tau A)^{\frac{1}{\alpha}}. \qquad [6.9]$$

Por fin, substituyendo [6.9] en [6.8], obtendremos la tasa de crecimiento como función de los parámetros τ, ρ, δ, θ, α y A:

$$\dot{c}/c \equiv \gamma_c = \frac{1}{\theta}\left((1-\tau)\alpha A^{1/\alpha}\tau^{\frac{1-\alpha}{\alpha}} - (\delta + \rho)\right). \qquad [6.10]$$

Lo primero que debemos notar es que, al ser una función de constantes, la tasa de crecimiento del consumo es siempre constante, como nos sucedía en el modelo AK del capítulo anterior. Como ya viene siendo habitual, si se divide la restricción dinámica por k, se toman logaritmos y se derivan ambos miembros respecto del tiempo, concluiremos que, en el estado estacionario, la tasa de crecimiento del consumo es igual a la tasa de crecimiento del capital $\gamma_c^* = \gamma_k^* = \gamma^*$. Si ahora procedemos tal y como hicimos en el capítulo anterior, llegaremos a la conclusión de que el consumo es *siempre* (y no sólo en el estado estacionario) proporcional al capital, por lo que el capital crece permanentemente a una tasa constante. Debido a la restricción presupuestaria del sector público, al ser τ una constante y crecer k a una tasa constante, g debe crecer igualmente a una tasa constante. Por fin, y puesto que todos los factores crecen a la tasa dada por γ^*, la producción también debe crecer en todo momento a esa tasa. En consecuencia, y tal como sucedía en el modelo AK, el modelo de Barro (1990) no presenta ninguna forma de transición dinámica.

La razón intuitiva por la que en este modelo se produce un crecimiento endógeno es la siguiente: cuando los individuos deciden ahorrar una unidad de consumo y con ella comprar una unidad de capital, aumentan el ingreso nacional en la cantidad equivalente a la productividad marginal del capital. El impuesto sobre la renta hace que este aumento del ingreso se transforme en un aumento del erario público y éste, a su vez, permite un incremento del gasto, g. De este modo un aumento de k conlleva un aumento proporcional de g, por lo que k y g crecen al mismo ritmo. Es como si el input público fuera otro factor de producción susceptible de ser acumulado. Dado que estamos suponiendo la existencia de rendimientos constantes de k y g conjuntamente, la producción presenta rendimientos constantes de escala de los factores que pueden ser acumulados. En definitiva, la función de producción a pasado a ser AK.

6.2 La solución de mercado competitivo

La solución del modelo con familias productoras que acabamos de mostrar es equivalente a la solución de mercado competitivo. Para ver este punto será necesario recordar que las empresas maximizan beneficios netos de impuestos:

$$\pi_{neto} = (1 - \tau)Ak^{\alpha}g^{1-\alpha} - Rk,$$

donde R es el precio de alquiler del capital que, como vimos en el capítulo 3, es igual al tipo de interés real más la tasa de depreciación, $R = r + \delta$. La maximización del beneficio comporta la igualación del producto marginal neto del capital con la tasa de alquiler,

$$(1 - \tau)A\alpha k^{\alpha-1}g^{1-\alpha} = r + \delta.$$

Substituyendo esta expresión en la ecuación de optimización de los consumidores [3.14], obtenemos que la tasa de crecimiento del consumo viene dada por

$$\dot{c}/c \equiv \gamma_c = \frac{1}{\theta}\left((1 - \tau)A\alpha\left(\frac{g}{k}\right)^{1-\alpha} - (\delta + \rho)\right).$$

Vemos que esta expresión es idéntica a [6.8]. Substituyendo la restricción presupuestaria del gobierno en esta condición de la misma forma que hemos hecho en el apartado anterior, obtendremos que la tasa de crecimiento de la economía viene dada por [6.10]. La solución de mercado, pues, es idéntica a la de familias productoras que hemos desarrollado en la sección anterior.

6.3 La relación entre el tamaño del Estado y la tasa de crecimiento

La ecuación [6.10] relaciona la tasa de crecimiento de la economía con el tipo impositivo, τ. De la restricción presupuestaria del Estado se desprende que el tipo impositivo debe ser igual al peso del sector público en la economía, $\tau = g/y$. Pero, dando un paso más, nos podemos plantear cuál es la relación existente entre el tamaño del Estado y la tasa de crecimiento. Si τ es cero, la productividad marginal del capital después de impuestos también vale cero, por lo que la tasa de crecimiento de [6.10] es negativa: $\gamma^* = (1/\theta)(-\rho - \delta)$. Esto se debe a que cuando τ es cero, el Estado no puede proporcionar bienes públicos. Cuando no existen bienes públicos, el rendimiento de la inversión privada es cero (como puede observarse efectuando la derivada de la producción con respecto al capital k y tomando $g = 0$). En el otro extremo, cuando τ vale 1, el Estado proporciona una cantidad enorme de bienes públicos, que hacen que el capital privado sea muy productivo. Ahora bien, estos bienes siempre se tienen que financiar y ello conlleva distorsiones que reducen los incentivos a la inversión y el crecimiento. El problema estriba en que el rendimiento neto después de impuestos vuelve a ser, de nuevo, cero, puesto que el Estado hace suya la totalidad de la producción a través del tipo impositivo del 100 por ciento. Una vez más, por lo tanto, la tasa de crecimiento es negativa. Para valores intermedios de τ, la relación entre τ y γ tendrá forma de U invertida, tal como se puede observar en el gráfico 6.1.

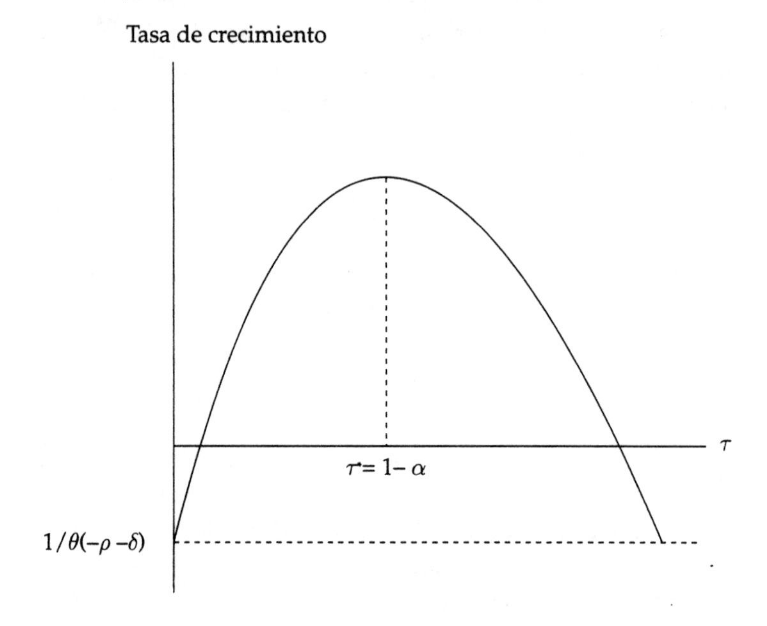

Gráfico 6.1. Relación entre τ y crecimiento económico en el modelo de gasto público.

El máximo de esta función se puede hallar igualando a cero la derivada de la tasa de crecimiento con respecto a τ. Si lo hacemos, encontramos que el tipo impositivo que maximiza la tasa de crecimiento de la economía es:

$$\tau^* = 1 - \alpha. \qquad [6.11]$$

La ecuación [6.11] indica que el Estado puede maximizar el crecimiento de la economía,[3] adoptando un tamaño igual al que resultaría del mercado en un equilibrio competitivo con factores de producción privados. Dicho de otro modo, la participación del producto proporcionado por el Estado debe ser igual a la participación que viene determinada por la tecnología, $1 - \alpha$ (obsérvese que $1 - \alpha$ es el exponente del factor de producción público en la función de producción). Para obtener la intuición que explica este resultado, empecemos por destacar que el bien físico y es idéntico al bien físico g. Es decir, el gobierno recauda unas unidades de bien físico

[3] En este contexto, en el que existe una función de producción Cobb-Douglas y las funciones de utilidad poseen una elasticidad de substitución constante, la maximización de la tasa de crecimiento es equivalente a la maximización del valor presente de la utilidad $U(0)$. Sin embargo, esta equivalencia no es cierta en general.

y las da a las empresas en forma de bien público, pero no hay un proceso de transformación de dichas unidades, por lo que, en términos físicos, se trata del mismo bien. Por lo tanto, a través de la tecnología [6.1], el gobierno transforma una determinada cantidad de bien físico (galletas), g, en otra cantidad del mismo bien físico (galletas), y. Imaginemos que el gobierno tuviera una máquina en la que introduce 3 galletas, g, y obtiene 6 galletas, y. Esto sería un negocio extraordinario, por lo que el gobierno no pararía de introducir galletas en esa máquina. Desafortunadamente, la cantidad de galletas obtenidas a medida que aumenta g iría disminuyendo, debido al supuesto de rendimientos decrecientes en g. Si, por el contrario, el gobierno introdujera 3 galletas en la máquina y solamente obtuviera 2 galletas, entonces se trataría de un mal negocio, por lo que el gobierno decidiría reducir la cantidad que mete en la máquina. Nótese que, para ser eficiente, el gobierno debería introducir galletas en esa máquina hasta que la cantidad obtenida fuera igual a la cantidad introducida. Es decir, el gobierno escogería g de manera que el producto marginal de g fuera igual a 1. Si utilizamos la función de producción [6.1] y calculamos el producto marginal de g, vemos que esta condición de eficiencia requiere $(1 - \alpha)\frac{y}{g} = 1$. Reescribiendo esta igualdad y teniendo en cuenta que $\frac{g}{y} = \tau$, obtenemos $\tau = 1 - \alpha$, que es el tipo impositivo que maximiza la tasa de crecimiento encontrada en [6.10]. Dicho de otro modo, para maximizar la tasa de crecimiento, el gobierno debe escoger su tamaño, τ, eficientemente.

La tasa de crecimiento que resultaría en caso de que el gobierno escoja $\tau = 1 - \alpha$ sería

$$\gamma^*_{\max} = \frac{1}{\theta}\left(\alpha^2 A^{\frac{1}{\alpha}}(1-\alpha)^{\frac{1-\alpha}{\alpha}} - \rho - \delta\right). \qquad [6.12]$$

6.4 La economía de planificador central y el crecimiento óptimo

La solución que adopta el planificador en el presente caso será diferente de la correspondiente al modelo AK. La razón intuitiva que explica esta diferencia es que el comportamiento del planificador irá más allá del de los agentes y tomará en consideración los efectos distorsionadores del impuesto sobre la renta. Algebraicamente, a diferencia de los agentes privados, el planificador maximiza la utilidad, sujeto solamente a una restricción de recursos que dice que la cantidad de output producida debe ser repartida entre consumo, inversión y gasto público:

$$\dot{k} = Ak^{\alpha}g^{1-\alpha} - c - (\delta + n)k - g. \qquad [6.13]$$

De modo que el planificador maximiza la función de utilidad del individuo [3.1] sujeto a la nueva restricción [6.13]. El hamiltoniano de este problema es

$$H(\cdot) = e^{-(\rho-n)t}\frac{c^{1-\theta}-1}{1-\theta} + \nu_t\left(Ak^{\alpha}g^{1-\alpha} - c - (\delta+n)k - g\right). \qquad [6.14]$$

Y sus condiciones de primer orden son:

$$H_c = 0 \leftrightarrow e^{-(\rho-n)t}c^{-\theta} = \nu, \qquad [6.15]$$

$$H_g = 0 \leftrightarrow (1-\alpha)\frac{y}{g} = 1, \qquad [6.16]$$

$$H_k = -\dot{\nu} \leftrightarrow \nu\left(\alpha A\frac{y}{k} - (\delta+n)\right) = -\dot{\nu}, \qquad [6.17]$$

$$\lim_{t\to\infty} \nu_t k_t = 0. \qquad [6.18]$$

Notemos de antemano que la condición [6.16] indica que el planificador optará por escoger el tamaño del gasto público, g/y, *eficiente*, óptimo en el sentido descrito con anterioridad: el producto marginal de g debe ser igual a 1. Si procedemos a efectuar las substituciones habituales, acabaremos por obtener que la tasa de crecimiento de una economía regida por un planificador viene dada por

$$\gamma_{PL} = \frac{1}{\theta}\left(\alpha A^{\frac{1}{\alpha}}(1-\alpha)^{\frac{1-\alpha}{\alpha}} - \rho - \delta\right). \qquad [6.19]$$

Si comparamos esta tasa de crecimiento con la que se obtiene en el equilibrio competitivo cuando el gobierno escoge el tipo impositivo que maximiza la tasa de crecimiento, [6.12], vemos que la diferencia estriba en que en [6.12] aparecía el parámetro α multiplicando la tasa de rendimiento. Dado que $\alpha < 1$, es evidente que la solución competitiva proporciona una tasa de crecimiento de la economía inferior, para todo τ. La razón intuitiva por la que sucede esto ya fue indicada anteriormente: al tomar decisiones de inversión, los agentes privados consideran el *rendimiento neto después de impuestos*. Como el rendimiento neto se ve reducido por el hecho de que existe un impuesto sobre la renta (recuérdese que $\tau^* = 1-\alpha$, por lo que $1-\tau^* = \alpha$), los agentes privados escogen invertir menos de lo que es óptimo (es decir, menos que el planificador). La necesidad de financiar el gasto público (¡deseable y productivo!) con impuestos distorsionadores hace que la economía alcance un equilibrio subóptimo.

Un aspecto que debe destacarse de los resultados obtenidos en el presente capítulo es que el suministro de bienes públicos afecta los *incentivos* a ahorrar e invertir, dado que los impuestos necesarios para financiarlos introducen distorsiones en la tasa de rentabilidad de la inversión. Este resultado es distinto al obtenido en el modelo de gasto público presentado en el apartado 3 del capítulo 2, donde, recordémoslo, el gasto público g también afectaba a la tasa de crecimiento. En aquel modelo introductorio las familias *ahorraban una fracción constante* de la renta disponible. Al intentar recaudar impuestos, el gobierno reducía la renta disponible de las familias y, con ella, el ahorro y la inversión. Obsérvese que el impacto que el gobierno tenía en la economía no provenía de los efectos sobre los *incentivos* a invertir, dado que la tasa de inversión se suponía constante. Para ver este punto, podriamos substituir el impuesto sobre la renta por un impuesto de suma fija. En el modelo del capítulo 2, la cantidad ahorrada sería la misma porque la renta disponible no cambiaría y las familias ahorrarían la misma fracción de la misma renta disponible, por lo que la inversión nacional no variaría. En el presente capítulo el producto marginal del capital después de impuestos sería superior con impuestos de suma fija que con impuestos sobre la renta. La inversión y, por lo tanto, el crecimiento serían superiores con impuestos de suma fija. La razón es que los impuestos de suma fija no reducen la rentabilidad marginal de la inversión y, en consecuencia, no afectan a la inversión.

6.5 Bienes públicos en la función de utilidad

En el modelo descrito en este capítulo hemos introducido el bien público en la función de producción y esto ha dado lugar a un "trade off" en la tasa de crecimiento: más gasto público favorece el crecimiento porque el gasto es productivo, pero reduce el crecimiento porque los impuestos necesarios para financiarlo reducen la rentabilidad neta.

Si introdujéramos bienes públicos en la función de utilidad en lugar de hacerlo en la función de producción, encontraríamos que una mayor provisión de dichos bienes reduce la tasa de crecimiento de manera no ambigua. La razón es simple: el beneficio de un mayor gasto público no es un aumento de la productividad de las empresas sino un aumento de la "felicidad" de las familias. Sin embargo, el efecto perjudicial de los impuestos seguiría existiendo, por lo que un mayor gasto público afectaría negativamente a la tasa de crecimiento económico. Note el lector que esto no querría decir que el gasto público fuera malo: se debería comparar las pérdidas de utilidad derivadas de un menor crecimiento con las ganancias en términos de utilidad derivadas de una mayor provisión de un bien público deseable.

7. El aprendizaje por la práctica y el desbordamiento del conocimiento

En el seminal artículo que dio inicio a la literatura del crecimiento endógeno, Romer (1986) eliminó la tendencia de los rendimientos decrecientes del capital mediante el supuesto de que el conocimiento era obtenido como un subproducto de la inversión en capital físico. Este fenómeno, conocido como aprendizaje por la práctica ("learning by doing") fue tomado de Arrow (1962) y Sheshinski (1967).

7.1 Dos supuestos fundamentales: aprendizaje por la práctica y desbordamiento del conocimiento

Nuestro análisis comienza con la función de producción de la empresa j. Vamos a considerar una función de producción que depende de tres factores: el capital, K, el trabajo, L, y la tecnología, A. Además, consideraremos que la tecnología es potenciadora del trabajo, a través del factor A_{jt}:[1]

$$Y_{jt} = F(K_{jt}, A_{jt}L_{jt}), \qquad [7.1]$$

donde K_{jt}, L_{jt}, y A_{jt} son el capital, el trabajo y la tecnología empleados por la empresa j en el momento t. La función $F(\cdot)$ satisface las propiedades neoclásicas descritas en

[1] Véase el capítulo 4 para una descripción de diferentes tipos de tecnología y de lo que significa que sea "potenciadora del trabajo". Baste con recordar que cuando una tecnología es de este tipo, entonces el parámetro tecnológico, A_{jt}, aparece multiplicando al factor trabajo.

los capítulos 1 y 3. Por razones que se entenderán más adelante, supondremos en este capítulo que el factor trabajo, L, es constante.

A diferencia de lo que expusimos allí, sin embargo, no suponemos que A_{jt} crece a un ritmo exógeno x. En un importante artículo, Arrow (1962) argumentó que la *adquisición de conocimientos* por parte de las empresas (el aprendizaje) estaba vinculada a la *experiencia* y citaba ejemplos de la industria aeronáutica, para la cual existen pruebas concluyentes de la existencia de una estrecha interacción entre la experiencia acumulada y los aumentos de productividad.[2] Este fenómeno pasó a ser conocido como *"aprendizaje por la práctica"*. Arrow también defendía que una buena medida del aumento de la experiencia era la inversión, debido a que *"cada máquina nueva que es producida y puesta en funcionamiento es capaz de modificar el entorno en el que tiene lugar la producción, por lo que el aprendizaje recibe continuamente nuevos estímulos"* (pág. 157). Siguiendo la idea de Arrow, imaginaremos que la tecnología crece de forma paralela a la inversión.[3] Esto implica que un índice de experiencia es la inversión acumulada o, lo que es lo mismo, el stock de capital.

Si el primer supuesto fundamental del modelo es el del "aprendizaje por la práctica", el segundo supuesto es que el conocimiento o nivel tecnológico es un bien público que, una vez "inventado", se esparce por toda la economía sin que la empresa inventora pueda evitarlo. Es decir, una vez que una empresa ha aumentado sus conocimientos, todas las empresas tienen acceso a éstos, por lo que, en todo momento, $A_{jt} = A_t$, donde A_t es el nivel de *conocimiento agregado de la economía*. Este fenómeno es conocido como el *desbordamiento del conocimiento* (del inglés "knowledge spillovers"). Si juntamos los dos supuestos básicos de este modelo, el stock de conocimientos de la economía crecerá de forma paralela a la cantidad total de inversión, de modo que $\dot{A}_t = \dot{\kappa}_t$, siendo κ_t el *capital agregado*. Si integramos la inversión y el incremento experimentado por el conocimiento desde el principio de los tiempos hasta el presente, podemos concluir que

$$A_t = \int_{-\infty}^{t} I(s)ds = \kappa_t.$$

Esto significa que, en el momento t, el estado del conocimiento es proporcional al stock de capital. Si se parte de una función de producción Cobb-Douglas, la producción de la empresa j se puede escribir de la siguiente forma:

[2] La evidencia se basa en Wright (1936), Searle (1946), Asher (1956) y Rapping (1965). En términos generales, esta idea se confirma también en el trabajo de Schmookler (1966), que demuestra cómo la cantidad de patentes que obtiene una empresa (la cantidad de patentes es una medida de la tecnología de la empresa) está altamente correlacionada con la inversión en capital físico llevada a cabo por la propia empresa.

[3] Más que *"aprendizaje por la práctica"*, quizá deberíamos llamarlo *"aprendizaje por la inversión"*.

$$Y_{jt} = F(K_{jt}, \kappa_t L_{jt}) = K_{jt}^{\alpha}(\kappa_t L_{jt})^{1-\alpha}. \quad [7.2]$$

Esta función de producción presenta rendimientos constantes de escala cuando κ permanece constante. Sin embargo, si cada productor aumenta K_j, entonces κ aumenta en la misma medida, dado que κ es la suma de todas las K_j individuales. En otras palabras, existen rendimientos constantes de capital a nivel agregado, lo cual, como ya hemos indicado en varias ocasiones, es lo que permite generar crecimiento endógeno. Es decir, el *"aprendizaje por la práctica"* junto con el *"efecto desbordamiento"* ha permitido transformar un modelo que en principio parecía neoclásico en un modelo AK de crecimiento endógeno.

7.2 Solución del modelo de economía de mercado

Supongamos ahora que el número de empresas de la economía es un número constante y muy elevado, M. Puesto que M es grande, cada empresa toma el stock agregado de capital como dado, a pesar de que, en realidad, κ es la suma de todos los capitales individuales, $\kappa = \sum_{j=1}^{M} K_j$. Si sumamos la producción de todas las empresas, la función de producción agregada adopta la siguiente forma:

$$Y = K^{\alpha} L^{1-\alpha} \kappa^{1-\alpha}, \quad [7.3]$$

donde K es el capital agregado ($K = \sum_{j=1}^{M} K_j$) y L es el trabajo agregado ($L = \sum_{j=1}^{M} L_j$), que se supone constante.

Debido a la conveniencia de trabajar en términos per cápita, dividimos los dos miembros de [7.3] por L, y llegamos a la expresión

$$y = k^{\alpha} \kappa^{1-\alpha}, \quad [7.4]$$

donde $k = K/Y$ e $y = Y/L$. Al maximizar beneficios, las empresas toman κ como dado, por lo que las condiciones de primer orden de las empresas van a requerir

$$r + \delta = \alpha k^{\alpha-1} \kappa^{1-\alpha}. \quad [7.5]$$

El resto del modelo de mercado va a incluir unos consumidores idénticos a los descritos en el capítulo 3. Sin necesidad de volverlo a derivar, sus condiciones de optimalidad van a requerir

$$\dot{c}/c \equiv \gamma_c = \frac{1}{\theta}(r - \rho). \quad [7.6]$$

Como siempre, el tipo de interés de equilibrio de las empresas y de los consumidores debe ser idéntico, por lo que podemos substituir la r de [7.5] en [7.6] para obtener:

$$\gamma_c = \frac{1}{\theta}(\alpha k^{\alpha-1}\kappa^{1-\alpha} - \rho - \delta). \quad [7.7]$$

Para finalizar, debemos tener en cuenta una condición de consistencia en la agregración: aunque las empresas no lo tengan en cuenta, el stock de capital agregado, K, es igual a la suma de los stocks de capital individuales, κ. Dado que k es el capital per cápita, $k \equiv K/L$, el capital total será igual al producto de k por la cantidad de individuos L, de modo que $\kappa = Lk$. Substituyendo esta condición en [7.7], se obtiene la tasa de crecimiento del consumo

$$\gamma_c = \frac{1}{\theta}(\alpha L^{1-\alpha} - \rho - \delta). \quad [7.8]$$

Dado que L es una constante, esta tasa de crecimiento es constante, por lo que este modelo es bastante similar al modelo AK descrito en el capítulo 5. Utilizando la misma metodología desarrollada en el capítulo 5, se puede demostrar que el stock de capital también crecerá a la misma tasa que el consumo. Puesto que la producción agregada es proporcional al valor del capital agregado, las tasas de crecimiento de k e y son iguales. La producción crecerá también a esa misma tasa. Esto quiere decir que el modelo no presenta transición dinámica de ningún tipo, es decir, $\gamma_k = \gamma_y = \gamma_c = \gamma^*$ para todo t.

7.3 Efectos de escala

Una característica relevante de [7.8] es que la tasa de crecimiento depende del stock de población de la economía. Este hecho se conoce como un efecto de escala e implica que los países con una población mayor crecerán más deprisa. Es decir, el modelo predice que la India (o España) crecerá más que Suiza, simplemente porque su población es mayor. Esta predicción no parece estar respaldada por los datos, puesto que para el período posterior a la Segunda Guerra Mundial los datos de un número bastante elevado de países indican que las tasas de crecimiento per cápita no están correlacionadas ni positiva ni negativamente con el tamaño de la población del país (véase Bakus, Kehoe y Kehoe (1992), que efectúan un estudio sobre la existencia de estos efectos de escala). Una posible explicación del aparente fracaso empírico de la hipótesis de los efectos de escala es que la unidad relevante no es un país. Pensemos. La razón es que las fronteras de los países se han definido históricamente a través de luchas políticas o militares o a través de enlaces matrimoniales entre personajes de sangre azul. De acuerdo con el modelo, sin embargo, la *unidad de escala relevante sería el área en la cual un determinado tipo de conocimiento se desborda.* Es decir, cuando algún tipo de conocimiento se expande en una región de la China, no tiene por qué expandirse por toda la geografía china y solamente por la geografía china. Podría expandirse solamente por algunas regiones colindantes al lugar de origen de la idea. De la misma manera, el conocimiento desarrollado en Mónaco no sólo se expande a través de Mónaco sino que puede llegar a Francia, Italia o a toda la Unión Europea. En otras palabras, la unidad política tiene poco que ver con la unidad económica relevante, y esto podría explicar por qué, en los datos, hay poca relación entre la población de las determinadas unidades políticas (los países) y las tasas de crecimiento.

Otra consecuencia importante del efecto de escala consiste en que, si la población L crece a lo largo del tiempo, también lo hará la tasa de crecimiento del producto per cápita. En otras palabras, no habrá un estado estacionario, dado que la tasa de crecimiento de la economía no será constante sino creciente. Ésta es, posiblemente, la razón por la que el supuesto de ausencia de crecimiento de la población se introduce a menudo en este tipo de modelos. No hace falta decir que la tasa de crecimiento de las economías del siglo XX no ha ido aumentando a lo largo del tiempo, a pesar de que la población ha sido cada vez mayor.

Técnicamente, la razón que está detrás de los efectos de escala es el supuesto de que la externalidad depende del volumen agregado de capital. Una forma de desprenderse de estos efectos de escala es suponer que el volumen de conocimientos depende, en alguna medida, del stock medio de capital κ/L. Obsérvese que si se sustituye κ/L por A en [7.1] llegaremos a la conclusión de que la productividad marginal del capital, y por tanto la tasa de crecimiento, son independientes de L.

En un curioso y original estudio empírico, Kremer (1993) analiza de nuevo la existencia de efectos de escala utilizando un horizonte temporal mucho mayor (de hecho, utiliza el horizonte temporal más largo jamás utilizado en un estudio empírico): un millón de años. Kremer argumenta que el supuesto de desbordamiento *instantáneo* del conocimiento es quizá poco riguroso: si bien es cierto que, a la larga, los conocimientos se esparcen por toda la geografía, eso no es cierto en períodos cortos. Es necesario analizar la evidencia en horizontes temporales mucho más largos. El problema es que la contabilidad nacional de las naciones es un fenómeno moderno, por lo que nos es imposible saber el PIB o el consumo agregado con anterioridad a mediados del siglo XIX. Sin embargo, argumenta Kremer, es posible aproximar el PIB per cápita de una economía si hacemos el supuesto de que, antes de la revolución industrial, la mayor parte de civilizaciones estaban a niveles de subsistencia: el stock de población que sobrevivía en un momento dado dependia del PIB generado y cuando el PIB bajaba, la población se reducía. Si esto es cierto, el PIB era más o menos proporcional a la población: $Y = \Psi L$. Eso quiere decir que la tasa de crecimiento de la población era idéntica a la tasa de crecimiento del PIB $\gamma_Y = \gamma_L$. Otro supuesto que hace Kremer es que, a la larga, todos los inventos del mundo se transmiten a todas partes del mundo (la agricultura se inventa en un continente, pero en unos centenares de años este conocimiento está al alcance de todo el mundo; lo mismo pasa con la rueda, la navegación, el armamento bélico o los descubrimientos médicos). Bajo estos dos supuestos, una manera de ver si hay efectos de escala es mirar si la tasa de crecimiento de la población mundial estimada cada uno o dos siglos está correlacionada con el stock de población mundial. La relación encontrada por Kremer es sorprendentemente positiva: durante la mayor parte de la historia, la tasa de crecimiento de la población fue extraordinariamente pequeña. De hecho, la tasa media anual entre el año un millón antes de Cristo y el año 1000 después de Cristo fue de $0,0007$ por ciento.[4] Entre el año 1000 y el año 1700, la tasa anual de crecimiento de la población mundial fue de $0,075$ por ciento.[5] La tasa de crecimiento empezó a aumentar a partir de ese momento y, en la segunda mitad del siglo XX, llegó a superar el 2% anual. Esta aceleración de la tasa de crecimiento está lógicamente correlacionada con el aumento del número de habitantes de nuestro planeta. Por lo tanto, si dejamos de fijarnos solamente en el siglo XX y analizamos la larga historia de la humanidad, vemos que la evidencia no está tan en contra de la existencia de efectos de escala.

Otro aspecto interesante del trabajo de Kremer es que analiza el grado de desarrollo de las cuatro grandes zonas del mundo en el momento en que estas entran en contacto, 1492. Antes de 1492, el continente más grande del mundo era el euroasiático-africano (y, al estar interconectado, las ideas podían fluir por todo el continente a lo largo de los siglos). El segundo continente de mayor tamaño era el americano. El tercer continente era Australia. Finalmente, las zonas de tierra más pequeñas eran las islas del Pacífico. En el momento en que los diferentes continentes entraron en contacto (más o menos en 1492), se observó que el de civilización más avanzada era el de mayor tamaño (Europa-Asia-África), seguido por América, Australia y, al final, las islas del Pacífico. Kremer tomó este ejemplo como evidencia en favor de los efectos de escala.

7.4 La solución de las familias productoras

Comparemos la solución de mercado obtenida en la sección 2 de este capítulo con la que obtendríamos en un marco sin precios de mercado donde las familias son a la vez productoras y consumidoras. Como no existe crecimiento de la población,

[4] Véase Kremer (1993).

[5] Aunque estas tasas sean diminutas, la población mundial se multipicó por mil durante este periodo, pero esto se debe a que el periodo es muy largo.

las familias maximizan una función de utilidad que tiene la misma forma que [3.1] (pero donde $n = 0$),

$$U(0) = \int_0^\infty e^{-\rho t} \left(\frac{c_t^{1-\theta} - 1}{1 - \theta} \right) dt \,,$$

sujeta a una restricción de recursos que dice que la producción debe repartirse entre consumo e inversión bruta y donde la inversión bruta es igual a la inversión neta, $\dot{k}$, más la depreciación:

$$\dot{k} = k^\alpha \kappa^{1-\alpha} - c - \delta k. \qquad [7.9]$$

A la hora de tomar decisiones, cada una de las familias productoras toma el capital agregado, κ, como dado. Para resolver este problema plantearemos un hamiltoniano, que, a estas alturas, nos resulta ya familiar:

$$H(\cdot) = e^{-\rho t} \frac{c^{1-\theta} - 1}{1 - \theta} + \nu_t (k^\alpha \kappa^{1-\alpha} - c - \delta k). \qquad [7.10]$$

Las condiciones de primer orden son en este caso:

$$H_c = 0 \leftrightarrow e^{-\rho t} c^{-\theta} = \nu \,, \qquad [7.11]$$

$$H_k = -\dot{\nu} \leftrightarrow \nu(\alpha k^{\alpha-1} \kappa^{1-\alpha} - \delta) = -\dot{\nu} \,, \qquad [7.12]$$

$$\lim_{t \to \infty} \nu_t k_t = 0. \qquad [7.13]$$

Tomando logaritmos y derivadas de [7.11] y substituyendo [7.12] obtenemos $\gamma_c = \frac{1}{\theta}(\alpha k^{\alpha-1} \kappa^{1-\alpha} - \rho - \delta)$. Utilizando la condición de consistencia agregada, $\kappa = kL$, en esta tasa de crecimiento, obtenemos que la tasa de crecimiento de equilibrio es exactamente igual a la obtenida en [7.8]. Concluimos que la solución de familias productoras es idéntica a la solución de equilibrio de mercado competitivo.

7.5 La solución del planificador y sus implicaciones de política económica

Para analizar la optimalidad de la solución de mercado competitivo es preciso derivar cuál sería el comportamiento de un hipotético planificador que solamente tuviera una restricción de recursos y que, además, tuviera en cuenta todos los efectos (internos y externos) que se encuentran en nuestra economía. En particular, el planificador central confrontado con una función de producción de la forma [7.2] tendrá en cuenta el hecho de que, cuando una empresa invierte, aumenta la cantidad de conocimientos a disposición de todas las demás empresas de la economía. Es decir, el planificador tendrá en cuenta la condición de consistencia agregada que las empresas privadas ignoraban. Por este motivo, al calcular las condiciones de primer orden de su problema, el planificador efectuará la derivada respecto de la totalidad del capital (incluyendo la parte que no utiliza la empresa). En otras palabras, el planificador maximizará la misma función de utilidad [3.1], sujeto a la restricción de recursos

$$\dot{k} = k^{\alpha}\kappa^{1-\alpha} - c - \delta k \,, \qquad [7.14]$$

y sujeto a la condición de consistencia agregada

$$\kappa = kL. \qquad [7.15]$$

Substituyendo [7.15] en [7.14], finalmente obtendremos que la restricción efectiva a la que se enfrenta el planificador es

$$\dot{k} = k^{\alpha}(kL)^{1-\alpha} - c - \delta k = kL^{1-\alpha} - c - \delta k. \qquad [7.16]$$

El planificador, por lo tanto, maximiza la función de utilidad de las familias, sujeto a [7.16]. La solución de este problema pasa por construir el hamiltoniano:

$$H(\cdot) = e^{-\rho t}\frac{c^{1-\theta} - 1}{1 - \theta} + \nu_t(kL^{1-\alpha} - c - \delta k).$$

Las condiciones de primer orden son en este caso:

$$H_c = 0 \;\leftrightarrow\; e^{-\rho t}c_t^{-\theta} = \nu_t \,, \qquad [7.17]$$

$$H_k = -\dot{\nu} \;\leftrightarrow\; \nu(L^{1-\alpha} - \delta) = -\dot{\nu} \,, \qquad [7.18]$$

$$\lim_{t\to\infty} \nu_t k_t = 0. \qquad [7.19]$$

Tomando logaritmos y derivadas de [7.17] y substituyendo en [7.18] obtenemos que la tasa de crecimiento conseguida por el planificador viene dada por

$$\gamma_{PL} = \frac{1}{\theta}(L^{1-\alpha} - \rho - \delta). \qquad [7.20]$$

La única diferencia entre la tasa de crecimiento competitivo [7.8] y la del planificador [7.20] es que en la primera el parámetro α está multiplicando a $L^{1-\alpha}$. Dado que $\alpha < 1$, el planificador alcanza una tasa de crecimiento superior a la del mercado. La tasa de crecimiento que el mercado alcanza cuando se le deja en libertad es subóptima. Esto se debe a que el planificador internaliza la externalidad, es decir, toma en consideración el hecho de que cuando una persona invierte una unidad adicional de capital, aumenta el volumen agregado de conocimientos, lo que hace aumentar la productividad del resto de los agentes de la economía. Las empresas, por el contrario, no internalizan esta externalidad, por lo que perciben una rentabilidad inferior. Al realizar sus inversiones en función de la tasa de rentabilidad percibida, deciden invertir menos de lo óptimo y es por ello que la tasa de crecimiento de la economía de mercado es inferior a la óptima.

En términos de política económica, la solución a la que llega el planificador social puede ser alcanzada en una economía descentralizada mediante la introducción de una desgravación a la inversión, con un tipo $1 - \alpha$ y financiada con un impuesto de suma fija. Una forma alternativa de situarse en el punto óptimo consiste en la imposición de un subsidio a la producción, con un tipo $\frac{1-\alpha}{\alpha}$. En este caso, también, el subsidio debería ser financiado con un impuesto de suma fija.

Una extensión interesante del modelo de Romer para una economía abierta lo proporcionó Young (1991). En su planteamiento, el mundo se divide en dos países, uno desarrollado (el norte) y otro en vías de desarrollo (el sur). También existen dos bienes, uno de alta tecnología y otro de baja tecnología. Cuando se abre el comercio entre los dos países, el norte se especializa (siguiendo el modelo ricardiano de la ventaja comparativa) en los productos de alta tecnología y el sur en los de tecnología inferior. Dado que se supone que los productos de alta tecnología conducen a un mayor aprendizaje por la práctica, el libre comercio genera un aumento del crecimiento del norte y, potencialmente, en una disminución del crecimiento del sur.

7.6 La relevancia empírica de los fenómenos de aprendizaje por la práctica y el desbordamiento del conocimiento

Hemos dejado para el final de este capítulo la cuestión de la importancia empírica de los fenómenos de aprendizaje por la práctica y de desbordamiento del conocimiento. Arrow (1962) cita evidencia empírica procedentes de la industria aeronáutica para demostrar que la productividad en la producción de aviones se incrementa al aumentar el número de unidades producidas por la empresa. Searle (1945) y Rapping (1965) aportan nuevas pruebas utilizando datos de la producción de buques de carga, específicamente, de los astilleros Liberty Shipyards durante la Segunda Guerra Mundial. Desde 1941 hasta 1944, estos astilleros produjeron un total de 2.458 buques, todos con el mismo diseño. Los autores representaron en un gráfico la cantidad de horas necesaria para producir un barco en relación con el número de barcos construidos hasta aquel momento. Los resultados fueron asombrosos: la reducción de las horas de trabajo necesarias por buque oscilaba entre el 12 y el 24 por ciento cada vez que se doblaba la producción.

Respecto a la importancia de los fenómenos de desbordamiento del conocimiento, Caballero y Lyons (1992) han mostrado que, para la industria manufacturera de Estados Unidos y de Europa, el valor de las externalidades de conocimiento es significativamente positivo, pero su valor quizá no sea lo suficientemente grande como para generar crecimiento endógeno en el modelo de Romer (en la especificación Cobb-Douglas, el exponente del capital agregado debería estar alrededor del 70 por ciento). Caballero y Jaffe (1993) llegaron a conclusiones similares.

8. La acumulación de capital humano

Según la prensa y las creencias populares, uno de los factores que ayudan a promocionar el crecimiento de una nación es la educación de sus ciudadanos. En los años cincuenta, los economistas de la escuela de Chicago introdujeron el concepto de *capital humano* para describir el hecho de que el cuerpo humano podía aumentar su capacidad productiva a base de realizar inversiones. Para niveles bajos de renta, la mejor inversión que se puede hacer para mejorar la productividad de los cuerpos humanos es la inversión en salud y alimentación. A medida que la renta per cápita crece, la inversion más importante es la educación. En cualquier caso, en este capítulo queremos incidir en esta posibilidad incorporando explícitamente la creación y acumulación de *capital humano* en nuestros modelos de crecimiento económico, diferenciando explícitamente el capital humano del capital físico.

8.1 El modelo de dos sectores de Uzawa y Lucas.

En el capítulo 5 apuntamos la idea de que considerar el trabajo como capital humano (y, en consecuencia, convertir el trabajo en un factor susceptible de ser acumulado) constituía una forma de introducir la tecnología AK. Sin embargo, uno de los supuestos implícitos en nuestro argumento se apoyaba en el hecho de que el capital físico y el humano eran bienes similares, en el sentido de que ambos podían ser acumulados a partir de las unidades de producción detraídas del consumo o, lo que es lo mismo, ambos eran producidos con la misma tecnología. Veremos a continuación que este supuesto constituye un problema importante para el modelo.

Recordemos que una condición básica del modelo de la sección 7 del capítulo 5 era que, en todo momento, se daba la condición [5.23], que reescribimos aqui:

$$\frac{K}{H} = \frac{\alpha}{1-\alpha}. \quad [5.23]$$

Para ver el problema que esta condición significa, imaginemos por un momento que, por alguna desgracia natural que no necesitamos explicar dentro del modelo (como podría ser una guerra o un terremoto), desaparece una cantidad de capital de nuestra economía, por lo que la relación K/H se reduce de forma temporal. El modelo dice que, en todo momento, la relación K/H debe ser igual a $\frac{\alpha}{1-\alpha}$ ¿Cómo se consigue en el modelo que la relación sea [5.23] cuando K se destruye? Pues bien, inmediatamente después de la destrucción de K, una parte de H se transforma en K: en ese modelo, K y H son el mismo bien,[1] por lo que la transformación instantánea de uno en el otro es perfectamente factible.

Aunque esa sea la solución desde un punto de vista matemático, tal solución presenta un problema de interpretación económica grave, como sabrá ver todo aquel estudiante que haya intentado transformarse en una aspiradora: ¡es imposible! La imposibilidad real de transformar personas en capital físico y viceversa nos muestra la falta de realismo del modelo de dos bienes de capital descrito en el capítulo 5.[2] La solución de ese problema puede pasar por considerar que el capital físico y el humano son bienes distintos producidos con tecnologías distintas.

Uzawa (1965) y Lucas (1988) explotaron esta idea para construir un modelo de dos sectores con crecimiento endógeno. En uno de los sectores, la producción final se obtiene mediante la combinación de capital físico y humano. Este producto final puede ser consumido o transformado en capital físico. Así,

$$\dot{K} = AK_Y^{\alpha}H_Y^{1-\alpha} - C - \delta_K K, \quad [8.1]$$

donde K_Y y H_Y son las cantidades de capital físico y humano utilizadas en la producción del bien final, Y. En el otro sector, la producción y acumulación de capital humano se hace exprofeso a partir de capital físico y humano. Se considera, además, que la tecnología para la obtención de capital humano es diferente de la que se emplea para la obtención de la producción final:

[1] Según se observa en la restricción [5.21], los dos tipos de capital provienen de la producción que no se come, por lo que se trata del mismo producto físico.

[2] Una posible solución es la introducción de *restricciones de irreversibilidad*: a la hora de decidir la inversión, un padre puede decidir si invertir en un hijo o en una máquina. Una vez decide comprarse el hijo, no puede cambiar de opinión y transformar el hijo en una aspiradora, por lo que la decisión de inversión es irreversible. Matemáticamente, estas restricciones de irreversibilidad equivalen a imponer que la inversión bruta sea no negativa: $I_K = \dot{K} + \delta_k K \geq 0$ y $I_H = \dot{H} + \delta_h H \geq 0$. La introducción de estas restricciones soluciona parte del problema. Sin embargo el modelo con estas restricciones hace la predicción (también incorrecta) de que cuando una economía tiene poco K/H entonces la inversión bruta en H se hace *cero* y todos los recursos de la economía se dedican a la acumulación de K. Esta predicción también es poco realista, dado que nunca observamos un país invirtiendo solamente en uno de los dos tipos de capital.

$$\dot{H} = BK_H^{\eta} H_H^{1-\eta} - \delta_H H, \qquad [8.2]$$

donde K_H y H_H son los stocks de capital físico y humano utilizados en la producción de capital humano.[3]

A diferencia de la tecnología, que puede ser utilizada en más de un sitio al mismo tiempo, el capital humano es un bien rival, por lo que no puede ser utilizado simultáneamente en el sector de bienes finales y en el sector de educación. Dicho de otro modo, los factores H_Y y H_H son distintos. Dado que el capital humano solamente se utiliza en estos dos sectores, se debe dar el caso que la suma de los dos debe ser igual al capital humano agregado, $H = H_Y + H_H$. A efectos algebraicos, será útil definir la variable u como la *fracción de capital humano utilizada en la producción de bienes finales* ($H_Y = uH$), mientras que $1 - u$ es la fracción de capital humano utilizada en el proceso educativo ($H_H = (1 - u)H$).

En la literatura del mercado laboral se destaca el hecho de que el proceso de educación requiere relativamente más capital humano que la producción de capital físico. En otras palabras, la educación es más intensiva en capital humano (el principal input en la producción de capital humano es el tiempo empleado por los estudiantes). En términos de las funciones de producción utilizadas en [8.1] y [8.2], este supuesto equivale a decir que $\alpha > \eta$. De hecho, Uzawa y Lucas llevan esta condición a un extremo y suponen que el proceso educativo no solamente es más intensivo en capital humano sino que únicamente utiliza capital humano como input. Es decir, $\alpha > \eta = 0$.[4] Dado que todo el capital físico se utiliza en la producción de bienes finales, debe ser cierto que $K = K_Y$ (y que $K_H = 0$) . Utilizando todas estas igualdades podemos reescribir [8.1] y [8.2] como:

$$\dot{K} = AK^{\alpha}(uH)^{1-\alpha} - C - \delta_K K \quad \text{y} \qquad [8.1']$$

$$\dot{H} = B(1 - u)H - \delta_H H. \qquad [8.2']$$

[3] Dado que pretendemos introducir esta función de acumulación de capital humano en un modelo de horizonte infinito, vale la pena destacar que la tasa de depreciación del capital humano debe interpretarse de una manera un poco especial. A diferencia del capital físico (que se queda en la Tierra cuando uno se muere), el capital humano abandona el mundo terrenal cuando el cuerpo humano se muere. Por lo tanto, los padres no pueden dejarlo a sus hijos en forma de herencia. Sin embargo, parte del capital humano quizá se transmita de padres a hijos durante la interacción que tienen mientras viven los dos a la vez. En este sentido, la tasa de depreciación del capital humano debe interpretarse como la imposibilidad de que los padres transmitan totalmente su capital humano a sus hijos cuando los primeros mueren. Otro componente de la depreciación del capital humano es, simplemente, el olvido (este fenómeno resultará muy familiar a los estudiantes que ya no recuerdan nada de lo que estudiaron el año —o incluso el trimestre— pasado).

[4] Véase Mulligan y Sala-i-Martin (1993), para un tratamiento más general de este tipo de modelos donde no se hace el supuesto restrictivo $\eta = 0$.

Finalmente, podemos escribir estas ecuaciones de acumulación en términos per cápita. Primero dividimos [8.1′] y [8.2′] por L. Después definimos el stock de capital humano per cápita, $h \equiv H/L$. Sacamos derivadas con respecto al tiempo y obtenemos que $\dot{h} = \frac{\dot{H}L - \dot{L}H}{L^2} = \frac{\dot{H}}{L} - nh$. Finalmente, utilizando la definición de capital físico, podemos hacer algo similar con éste: $\dot{k} = \frac{\dot{K}L - \dot{L}K}{L^2} = \frac{\dot{K}}{L} - nk$. Utilizando estas dos condiciones, además de [8.1′] y [8.2′], obtenemos las ecuaciones de acumulación del capital físico y capital humano per cápita:

$$\dot{k} = Ak^{\alpha}(uh)^{1-\alpha} - c - (\delta_K + n)k \,, \tag{8.3}$$

$$\dot{h} = B(1 - u)h - (\delta_H + n)h \,, \tag{8.4}$$

donde k es el stock de capital físico por persona y h es el stock de capital humano por persona.

Como es habitual, la tasa efectiva de depreciación de las variables en términos per cápita incluye el término n, que recoge el hecho de que los aumentos de la población reducen la cantidad de capital físico y humano disponible por persona.

Una vez descritas las funciones de acumulación de los dos tipos de capital, el resto del modelo es idéntico a los modelos descritos hasta ahora, en el sentido de que la función de utilidad es la misma que hemos utilizado a lo largo del libro.

En resumen, los individuos eligen la trayectoria temporal del consumo, c, y la fracción de su tiempo que dedican a cada uno de los sectores, u y $(1 - u)$, con el objetivo de maximizar la función de utilidad intertemporal [3.1]

$$U(0) = \int_o^{\infty} e^{-(\rho-n)t} \left(\frac{c_t^{1-\theta} - 1}{1-\theta} \right) dt \,,$$

sujeto a las dos restricciones [8.3] y [8.4]. Al hacer esto, los individuos toman como dados los valores de los stocks de capital iniciales k_0 y h_0, que se suponen positivos.

8.2 El comportamiento de la economía en el estado estacionario

Desde un punto matemático, la diferencia fundamental entre este análisis y los que hemos realizado hasta este punto reside en el hecho de que ahora contamos con dos restricciones dinámicas y dos variables de control (c y u) en lugar de una. Por este motivo, al construir el hamiltoniano deberemos *incluir dos precios implícitos*:

$$\begin{aligned} H(\cdot) = {} & e^{-(\rho-n)t} \frac{c^{1-\theta} - 1}{1-\theta} + \nu_t \left(Ak^{\alpha}(uh)^{1-\alpha} - c - (\delta_k + n)k \right) + \\ & + \lambda_t \left(B(1 - u)h - (\delta_h + n)h \right) \,, \end{aligned} \tag{8.5}$$

siendo ν y λ, precisamente, los precios implícitos o precios sombra de la inversión en capital físico y en capital humano, respectivamente.

Antes de derivar las cinco condiciones de primer orden, debemos recalcar que las *variables de control* son el consumo, c, y la fracción de capital humano utilizada en la producción de output final, u, mientras que las dos *variables de estado* son el stock de capital físico, k, y el stock de capital humano, h (recordemos que es importante saber qué variables son de control y qué variables de estado, ya que las condiciones de primer orden para las primeras requieren que la derivada del hamiltoniano sea igual a cero, mientras que las segundas requieren que la derivada del hamiltoniano sea igual a menos la derivada de su propio precio implícito con respecto al tiempo). Las condiciones de primer orden de este problema son:

$$H_c = 0 \quad \leftrightarrow \quad e^{-(\rho-n)t}c^{-\theta} = \nu \,, \tag{8.6}$$

$$H_u = 0 \quad \leftrightarrow \quad \nu A k^{\alpha}(1-\alpha)u^{-\alpha}h^{1-\alpha} = \lambda B h \,, \tag{8.7}$$

$$H_k = -\dot{\nu} \quad \leftrightarrow \quad \nu\left(A\alpha k^{\alpha-1}(uh)^{1-\alpha} - (\delta_K + n)\right) = -\dot{\nu} \,, \tag{8.8}$$

$$H_h = -\dot{\lambda} \quad \leftrightarrow \quad \nu\left(Ak^{\alpha}u^{1-\alpha}(1-\alpha)h^{-\alpha}\right) + \lambda\left(B(1-u) - (\delta_H + n)\right) = -\dot{\lambda} \,, \tag{8.9}$$

$$\lim_{t\to\infty} \nu_t k_t = 0 \quad \text{y} \quad \lim_{t\to\infty} \lambda_t h_t = 0. \tag{8.10}$$

Las dos primeras ecuaciones son las condiciones de primer orden respecto a las dos variables de control, c y u. A continuación, las ecuaciones [8.8] y [8.9] incluyen las condiciones de primer orden con respecto a las variables de estado, k y h. La ecuación [8.10] recoge las dos condiciones de transversalidad.

Con el propósito de simplificar el álgebra, vamos a suponer que las tasas de depreciación de los dos tipos de capital son idénticas, $\delta_K = \delta_H \equiv \delta$. Como ya es habitual, podemos obtener la ecuación dinámica del consumo tomando logaritmos y derivadas de [8.6], de modo que

$$\frac{\dot{c}}{c} \equiv \gamma_c = \frac{1}{\theta}\left(\frac{-\dot{\nu}}{\nu} - (\rho - n)\right). \tag{8.11}$$

Utilizando [8.8], obtenemos la tasa de crecimiento del consumo como función de las variables del modelo:

$$\frac{\dot{c}}{c} \equiv \gamma_c = \frac{1}{\theta}\left(A\alpha k^{\alpha-1}(uh)^{1-\alpha} - (\delta + \rho)\right). \tag{8.12}$$

Este resultado es parecido al obtenido en capítulos anteriores: la tasa de crecimiento del consumo depende del producto marginal del capital físico. A diferencia de los modelos anteriores, sin embargo, este producto marginal del capital físico no depende solamente del stock de capital físico sino que depende también del capital humano y de la fracción de éste que se utiliza en el sector final, cosa que complica ligeramente la solución del modelo. Dada la complicación algebraica de esta solución, seguiremos a Lucas (1988) y solucionaremos solamente el modelo en el estado estacionario. Recordemos que en ese estado, *todas las variables crecen a un ritmo constante.* La tasa de crecimiento de estado estacionario de c, k y h nos es, de momento, desconocida. Sin embargo, sabemos que la tasa de crecimiento de u debe ser cero, ya que u es una *fracción* que debe permanecer acotada entre cero y uno, por lo que, en el estado estacionario, debe ser constante (que denotamos con u^*). Si ponemos todas las constantes de la ecuación [8.12] en el lado izquierdo de la ecuación, obtenemos

$$\frac{\theta\gamma_c^* + \delta + \rho}{A\alpha(u^*)^{1-\alpha}} = k^{\alpha-1}h^{1-\alpha}. \qquad [8.13]$$

Tomando logaritmos de los dos lados y derivando con respecto al tiempo, obtenemos $0=(\alpha-1)\gamma_k^* + (1-\alpha)\gamma_h^*$. Obsérvese que eso implica que las tasas de cecimiento del capital físico y del humano son idénticas:

$$\gamma_k^* = \gamma_h^*. \qquad [8.14]$$

Dado que, en el estado estacionario, los dos stocks de capital crecen a la misma tasa, la proporción $(h/k)^*$ es constante. Si dividimos la restricción dinámica de la acumulación del capital físico [8.3] por k, obtenemos la ecuación dinámica del capital

$$\frac{\dot{k}}{k} = \gamma_k = Ak^{\alpha-1}(uh)^{1-\alpha} - \frac{c}{k} - (\delta + n). \qquad [8.15]$$

Podemos poner todos los términos que, en el estado estacionario, son constantes en el lado derecho de la ecuación y los demás términos en el lado izquierdo, para obtener

$$\frac{c}{k} = A(u^*)^{1-\alpha}[(h/k)^*]^{1-\alpha} - (\delta + n) - \gamma_k^*. \qquad [8.16]$$

Vemos, pues, que en el estado estacionario la proporción c/k debe ser constante, por lo que las tasas de crecimiento de c y k deben ser iguales (y, como ya hemos visto en [8.14], ambas deben ser iguales a la tasa de crecimiento del capital humano):

$$\gamma_k^* = \gamma_h^* = \gamma_c^*. \qquad [8.14']$$

Si tomamos logaritmos de la producción de output final, y, obtenemos que $\log(y) = \alpha\log(k) + (1-\alpha)\log(u) + (1-\alpha)\log(h)$. Derivando con respecto al tiempo obtenemos que la tasa de crecimiento del output final viene dada por $\gamma_y = \alpha\gamma_k + (1-\alpha)\gamma_u + (1-\alpha)\gamma_h$. Como en el estado estacionario, $\gamma_u^* = 0$ y $\gamma_k^* = \gamma_h^*$, obtenemos que la producción también crece al mismo ritmo que el capital humano, $\gamma_y^* = \gamma_h^*$, por lo que la igualdad [8.14′] puede reescribirse como

$$\gamma_k^* = \gamma_h^* = \gamma_c^* = \gamma_y^*. \qquad [8.14'']$$

En resumen, en adelante nos bastará con hallar *una sola* tasa de crecimiento (la del consumo, la del capital físico o humano, o la del output final) para solucionar el modelo, dado que dicha tasa de crecimiento será la misma para todos los factores de la economía. Para ello, multipliquemos los dos lados de [8.7] por u y reescribamos:

$$\nu A k^{\alpha}(1-\alpha)u^{1-\alpha}h^{-\alpha} = \lambda B u. \qquad [8.17]$$

Como, en el estado estacionario, los valores de u^* y $(k/h)^*$ son constantes, todos los términos de la ecuación [8.17] son constantes a excepción de los dos precios implícitos, ν y λ. Tomando logaritmos y derivadas obtenemos, por lo tanto, que los dos precios deben crecer al mismo ritmo:

$$\gamma_\nu^* = \gamma_\lambda^*. \qquad [8.18]$$

Finalmente, podemos observar que el término de la izquierda de [8.17] es idéntico al primer término de [8.9]. Substituyendo [8.17] en [8.9] obtenemos

$$\lambda B u^* + \lambda\left(B(1-u^*) - (\delta + n)\right) = -\dot{\lambda}. \qquad [8.19]$$

Podemos cancelar los términos similares de esta ecuación y reescribir la tasa de crecimiento del precio implícito λ en el estado estacionario:

$$\left(\frac{-\dot{\lambda}}{\lambda}\right)^* \equiv -\gamma_\lambda^* = B - \delta - n. \qquad [8.20]$$

Como, según [8.18], los dos precios implícitos crecen al mismo ritmo y, según [8.11], la tasa de crecimiento depende de la tasa $\frac{\dot{\nu}}{\nu}$, obtenemos que la tasa de crecimiento estacionario del consumo (y la de k, h e y) viene dada por

$$\gamma_c^* = \gamma_y^* = \gamma_k^* = \gamma_h^* = \frac{1}{\theta}(B - \delta - \rho). \qquad [8.21]$$

Es decir, la tasa de crecimiento a largo plazo es parecida a la obtenida por los modelos lineales AK, pero, en lugar de ser el nivel de productividad en el sector del output final, el parámetro de productividad que afecta al crecimiento económico a largo plazo es el del sector educativo, B. La razón es que, al suponer que el sector educativo no utiliza capital físico ($\eta = 0$), hemos hecho, automáticamente, el supuesto de que la función de producción de educación es *lineal en capital humano*. Es decir, hemos introducido el supuesto AK (aunque, para ser más precisos, hemos introducido el supuesto BH y no AK) en la función de producción de $\dot{h}$, por lo que no nos debería sorprender que el resultado final sea el que hemos encontrado. Este resultado, por lo tanto, no es general y se apoya de una manera crucial en el supuesto de que el sector educativo no utiliza capital físico, por lo que *no deberíamos precipitarnos a sugerir* que se subsidie o financie la tecnología educativa (el parámetro B) y se olvide de la tecnología de producción final (representada por A en el presente modelo). En un modelo más general en el que ambos sectores utilizan ambos tipos de capital, las productividades de los dos sectores afectan la tasa de crecimiento estacionaria. La importancia de los dos parámetros de productividad depende del tamaño relativo de las participaciones de los dos tipos de capital, α y η, en la producción. Véase Mulligan y Sala-i-Martin (1993) para una discusión más amplia de esta cuestión.

Si se quiere saber la fracción de capital humano utilizada en el sector final, dividimos la restricción [8.4] por h y despejamos u^*; se obtiene como resultado:

$$u^* = 1 - \frac{\gamma_c^* + (\delta + n)}{B}. \quad [8.22]$$

Si se imponen a los parámetros las restricciones habituales de $0 < u^* < 1$ y $\gamma_c^* > 0$, nos enfrentamos a un problema que ya conocemos: la utilidad puede llegar a ser infinita. Así pues, es necesario acotar el valor de la utilidad, lo cual exige que

$$\rho - n > (1 - \theta)\gamma_c^* , \quad [8.23]$$

donde los parámetros que determinan γ_c^* son los descritos en [8.21].

8.3 La dinámica de la transición

A diferencia del modelo AK en el que la economía se encontraba en el estado estacionario en todo momento, en este modelo hay un periodo de transición. Sin embargo, esta dinámica de transición es tan complicada que el propio Lucas la dejó sin investigar en su artículo original. A principios de los años noventa, varios investigadores consiguieron estudiar el comportamiento cuantitativo y cualitativo del modelo de Uzawa-Lucas durante la transición. Así, a título de ejemplo, Caballé y Santos (1993) demostraron que, en ausencia de externalidades, el modelo presenta una trayectoria estable hacia el punto de silla. No obstante, debido a la complejidad de los argumentos matemáticos que empleaban, el comportamiento cualitativo de las diferentes variables siguió sin ser explicado. Faig (1991), por un lado, y Barro y Sala-i-Martin (1995, capítulo 5) por otro, emplean argumentos gráficos para analizar la transición.

Sin embargo, su análisis sólo es válido cuando η es igual a cero. Mulligan y Sala-i-Martin (1993) utilizan un método numérico llamado el "método de eliminación del tiempo" para calcular el comportamiento exacto de las diferentes variables a lo largo de la transición. Este método tiene la ventaja de que puede aplicarse al modelo de Uzawa-Lucas con o sin externalidades y con valores de η positivos o cero. La desventaja de los métodos numéricos es que sólo es posible obtener un único resultado para cada conjunto de parámetros estudiados.

Hemos demostrado que, en el estado estacionario, las tasas de crecimiento del capital físico y el humano en el estado estacionario coinciden, por lo que la relación de los dos tipos de capital, $(k/h)^*$, es constante. La dinámica de la transición surge si los stocks de capital iniciales de k y h son tales que su relación k_0/h_0 es diferente de $(k/h)^*$. Dicho de otro modo, en este modelo, la transición surge debido a la existencia de una descompensación entre los dos sectores, no debido a que el valor absoluto de la renta sea diferente al de estado estacionario. Al margen de este hecho, uno de los descubrimientos más interesantes es la aparición de un comportamiento asimétrico entre h y k: la tasa de crecimiento de una economía con una relación k_0/h_0 baja estará por encima de la del estado estacionario. La de una economía con una relación k_0/h_0 alta estará por debajo de la del estado estacionario (véase Mulligan y Sala-i-Martin (1993)). Por esta razón, una economía que perdiese una gran cantidad de población en relación con su dotación de capital físico (motivada, por ejemplo, por una guerra de neutrinos en la que muriera una gran cantidad de gente, pero que afectara relativamente poco al stock de capital) tendería a crecer más lentamente. Por el contrario, si una economía pierde una gran cantidad de capital físico en relación con su capital humano, la tasa de crecimiento durante la reconstrucción será alta. Podemos pensar en los casos de Alemania y Japón después de la Segunda Guerra Mundial como situaciones de este tipo.

8.4 La economía de planificador central

Dado que el modelo resuelto no entraña externalidades, competencia imperfecta ni nada de ese estilo, el objetivo del planificador es el mismo que el descrito en la sección anterior y las restricciones a las que se enfrenta también. El problema del planificador es *idéntico* al que ya hemos solucionado, por lo que el hamiltoniano es [8.5], las condiciones de primer orden son [8.6]-[8.10], y la tasa de crecimiento y la cantidad u^* escogidas por el planificador central, por lo tanto, son las mismas que hemos encontrado en [8.21] y [8.22] respectivamente. En resumen, la ausencia de fracasos de mercado hace que la solución obtenida en las secciones anteriores sea óptima de Pareto.

9. LA ECONOMÍA DE LAS IDEAS: PROGRESO TECNOLÓGICO ENDÓGENO Y CRECIMIENTO

9.1 Introducción: la economía de las ideas

En los modelos de crecimiento endógeno descritos hasta el momento se señala como principal motor del crecimiento la ausencia de rendimientos decrecientes del capital (ya sea siempre ya sea asintóticamente). En el capítulo 3 señalamos, por otra parte, que el modelo neoclásico de Ramsey era consistente con la existencia de una tasa de crecimiento positiva a largo plazo, únicamente si la tecnología de la economía crecía. También mostramos que, en un entorno neoclásico, la tecnología debía crecer exógenamente, dado que si la función de producción exhibe rendimientos constantes a escala y los mercados son competitivos, entonces el *pago de los factores capital y trabajo es igual a la producción total, y no quedan recursos para financiar el desarrollo tecnológico*. Esta conclusión representaba un problema grave para la teoría del crecimiento neoclásico. En el modelo de Romer (1986) el progreso tecnológico estaba concebido como un *subproducto* de la inversión, a través del aprendizaje por la práctica. Por esta razón, en este modelo, aunque la tasa de avance técnico se modifique en respuesta al comportamiento de los agentes, la innovación tecnológica no es el resultado de una actividad que busca su creación, como sería la investigación. Una parte importante de la literatura del crecimiento endógeno se ocupa de los determinantes de la tasa de progreso técnico. El elemento común de todos esos modelos es la existencia de empresas dedicadas a la investigación y el desarrollo (I+D).

Antes de hablar de cómo funciona el progreso técnico y de qué se puede hacer para incentivarlo, hay que tener en cuenta que la tecnología es un bien muy distinto a los bienes materiales. Por tecnología entendemos la "fórmula" o "conocimiento" que permite a las empresas "mezclar" capital y trabajo para producir un producto atractivo para los consumidores. Para producir galletas es necesario tener capital (hornos, harina, huevos y otros materiales producidos previamente) y trabajo (los cocineros). También es necesario *saber cómo* mezclar los distintos ingredientes para llegar al producto final. Sin el conocimiento de la fórmula, es imposible producir galletas por más hornos, harina y cocineros que tengamos. Esa fórmula es lo que llamamos tecnología.

Una característica física importante que tiene la tecnología o la fórmula es que se trata de un bien "no rival" en el sentido de que *puede ser utilizada por mucha gente al mismo tiempo*: la receta de las galletas Oreo puede ser utilizada al mismo tiempo por una señora de Mallorca, un cocinero de la China y doscientos mil cocineros más situados en cualquier parte del mundo. El hecho de que yo esté utilizando el conjunto de fórmulas informáticas que conforman el programa WordPerfect para escribir este libro, no implica que alguien más no lo pueda utilizar al mismo tiempo. La fórmula para la solución de ecuaciones cuadráticas que nos enseñan en la escuela primaria ($x_{1,2} = \frac{-b\pm\sqrt{b^2-4ac}}{2a}$) puede ser utilizada al mismo tiempo por centenares de estudiantes de todas las escuelas en Olot y en Pekín. Los tres ejemplos de"conocimiento", "tecnología" o "idea" que he puesto tienen la misma característica que los hace diferentes de los bienes normales: pueden ser utilizados simultáneamente en diferentes puntos del planeta por diferentes personas al mismo tiempo. Nótese que no se puede decir lo mismo de los bienes materiales que normalmente consideramos en la economía: las galletas que yo me comeré esta noche NO podrán ser consumidas al mismo tiempo por otra persona en otra parte del mundo. Lo mismo es cierto del barril de petróleo, de la maquinaria o del trabajador que trabaja en una empresa. Y ésta es una característica muy importante que distingue la tecnología de los demás bienes: se trata de un bien no rival.

El concepto de "rivalidad" no debe ser confundido con el concepto de *capacidad de exclusión*. Este segundo concepto se refiere a si podemos *evitar* que alguien utilice un determinado producto. Si se puede evitar, entonces se dice que el bien es *excluible* y si no, se dice que el bien es *no excluible*. Para facilitar conceptos, es útil comparar los productos propuestos en el cuadro 9.1. Los diferentes productos se clasifican por su grado de *exclusión* y de *rivalidad*. Los bienes con los que tratamos normalmente son, a la vez, excluibles y rivales: el tendero puede evitar que yo coma sus galletas (y lo hará mientras yo no pague el precio que él ha dispuesto), por lo que las galletas son un bien *excluible* y, como ya hemos indicado, el hecho de que yo consuma estas galletas ahora elimina la posibilidad de que alguien se coma *las mismas galletas* en otra parte. Patatas fritas, coches y todos los productos "normales" son a la vez *rivales y excluibles*.

Hay algunos productos que son *rivales* pero *poco excluibles*. Son los situados en la parte baja de la primera columna: animales del bosque o peces en el mar. En principio, si yo pesco un pez en el mar y me lo quiero comer, nadie más en el mundo se lo puede comer al mismo tiempo, por lo que el pez es un producto *rival*. Es muy difícil,

Cuadro 9.1. Ejemplos de productos según sus características económicas

	RIVAL	**NO RIVAL**
Muy excluible	Galletas, patatas fritas, coche	Imágenes de televisión por cable
Capacidad de exclusión intermedia	Apuntes de crecimiento económico	Programa Microsoft Word
Poco excluible	Animales del bosque, peces en el mar	Defensa nacional, mirar la Luna $x = \frac{-b \pm \sqrt{b^2 - 4ac}}{2a}$

sin embargo, evitar que alguien vaya al mar a pescar o vaya al bosque a cazar, por lo que esos animales *no son excluibles.* Los bienes que son rivales y no excluibles son muy interesantes y dan lugar al famoso problema de la "tragedia de los comunes", según la cual este tipo de bienes tienden a ser "sobreexplotados". Ejemplos de este tipo los tenemos en las tierras comunes (de ahí viene el nombre) que los pueblos medievales tenían para el pasto de las ovejas: como las ovejas de cualquier ciudadano podían pastar en aquellas tierras (no excluibles), pero la hierba que comía mi oveja no podía ser comida por las demás ovejas (rival), lo que pasaba era que la gente tendía a poner demasiadas ovejas a pastar y se sobreexplotaba la tierra. El mismo problema aparece con el marfil de los elefantes o la piel de las focas polares.

En la columna de bienes no rivales también tenemos diferentes grados de *capacidad de exclusión.* En la primera fila tenemos, por ejemplo, las imágenes transmitidas por cable o por satélite: el hecho de que yo las vea no deja de permitir que millones de personas las vean al mismo tiempo, por lo que son claramente no rivales. Ahora bien, la compañía de televisión puede evitar que yo las mire a través de la codificación de las imágenes (¡y lo hará si yo no pago la factura a final de mes!), por lo que dichas imágenes son bienes *excluibles.* En el otro extremo tenemos el ejemplo de las fórmulas matemáticas (como la de la solución de las ecuaciones cuadráticas, o la solución de problemas dinámicos por medio del hamiltoniano... que tanto hemos utilizado en este libro) o la defensa nacional: la *misma* fórmula puede ser utilizada por mucha gente, por lo que no es rival, y es prácticamente imposible evitar que alguien la utilice (¡aunque le aten a uno y le pongan en una celda oscura sin nada alrededor, uno puede seguir pensando que 2 + 2 es igual a cuatro!).

Hay bienes tecnológicos o ideas que son *no rivales*, pero cuyo grado de *exclusión* es intermedio. Es decir, a diferencia de la rivalidad, el concepto de *capacidad de exclusión* permite situaciones intermedias: este es el caso de los programas informáticos. En principio, la ley prohíbe que se copie el programa WordPerfect en más de un ordenador sin una licencia múltiple, por lo que podría pensarse que se trata de un bien *excluible.* Sin embargo, aunque ninguno de nosotros lo haya hecho nunca, todos conocemos a alguien que ha copiado programas comprados por amigos o familiares. Es muy difícil que la empresa productora de dichos programas pueda evitar que la gente los copie sin permiso, por lo que éstos son sólo *parcialmente excluibles*. Esto me lleva a pensar que un problema parecido existe con los libros llamados "*Apuntes de crecimiento económico*". Cada uno de los libros es claramente rival, ya que el mismo libro no puede ser leído, simultánemente, por mucha gente. En principio, también se trata de un bien excluible, dado que la editorial Antoni Bosch, editor no dará el libro a ningún estudiante que no haya pagado los derechos al autor. Sin embargo, y aunque ninguno de los estudiantes que están leyendo estas páginas jamás lo haya hecho, todos conocemos a *otros* niños malos que han **fotocopiado** el libro (lo que constituye una ilegalidad). El libro, por lo tanto, es un bien *parcialmente excluible*.

En resumen, a diferencia de los bienes tradicionales, las ideas son bienes *no rivales* y tienen *diferentes grados de exclusión*.

Una implicación importante de los bienes rivales es que deben producirse cada vez: cada vez que alguien come una salchicha, la salchicha debe ser producida. Por el contrario, la fórmula de la raíz cuadrada debe inventarse una sola vez: una vez inventada, todo el mundo puede utilizar *la misma* fórmula sin necesidad de que ésta deba ser inventada más de una vez. La creación del programa WordPerfect 8.1 costó muchas horas de esfuerzo a los programadores de la empresa Novell. Sin embargo, una vez creado el programa, éste puede ser reproducido millones de veces de manera casi gratuita y distribuido a millones de sitios distintos a través de Internet.

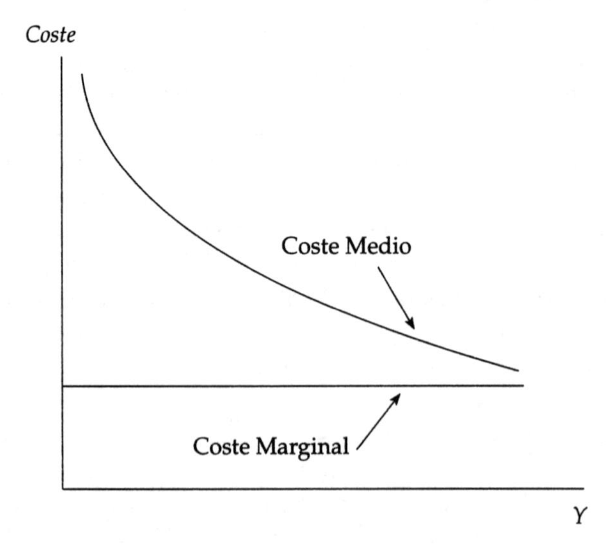

Gráfico 9.1

Por lo tanto, a diferencia de los bienes materiales, la producción de ideas requiere un elevado *coste fijo inicial*, el coste de I+D, que es muy superior al coste marginal de producir unidades adicionales. La implicación de este concepto es muy importante, dado que, como sabemos, cuando existen costes fijos, los costes medios son siempre superiores a los costes marginales (véase el gráfico 9.1). El problema inmediato que se plantea en esta situación es que, en competencia perfecta, el precio será igual al coste marginal, por lo que cualquier empresa competitiva sufrirá pérdidas al intentar "producir" tecnología. Es decir, una implicación directa de este razonamiento es que los bienes tecnológicos tenderán a ser producidos únicamente por empresas con poder de mercado. Es más, una de las lecciones principales de la teoría del crecimiento endógeno será que el gobierno debe desempeñar un papel muy importante, ya que deberá garantizar al inventor de una nueva idea la capacidad "legal" de poner un precio superior al coste marginal (aunque eso represente darle un poder monopolístico) para permitir que pueda recuperar los costes iniciales de inventar la idea.

De hecho, algunos historiadores[1] argumentan que la revolución industrial no se lleva a cabo hasta mediados del siglo XVIII y en Inglaterra, precisamente porque no es hasta entonces, y en ese país, cuando existe un gobierno capaz de garantizar los derechos de propiedad intelectual[2] necesarios para que los investigadores decidan dedicar recursos a inventar: si cualquier empresa puede copiar lo que yo invento y lo produce a menor precio sin tener que pagar el coste inicial de inventarlo, ¿para qué voy yo a inventar nada? Antes del siglo XVIII, todos los avances tecnológicos los realizan pensadores "locos", financiados por millonarios mecenas a los que no les importa gastar dinero en generar ideas potencialmente buenas para la humanidad. No es hasta el siglo XVIII en Inglaterra cuando los inventores potenciales ven la posibilidad de ganar grandes sumas de dinero con sus inventos, y es en ese momento cuando la tecnología empieza un progreso nunca visto en la historia de la humanidad. La revolución industrial empieza cuando la sociedad es capaz de garantizar fortunas a las empresas capaces de inventar productos extraordinariamente atractivos para los consumidores. Las empresas que innovan y crean nuevas tecnologías no lo hacen por altruismo hacia la especie humana, sino que lo hacen porque creen que las ventas de los productos inventados les reportarán beneficios.

9.2 Un modelo simple de crecimiento e I+D

En la literatura del crecimiento endógeno, para transformar la endogeneización de la tecnología en un problema tratable, se han utilizado dos enfoques fundamentales.

[1] Véase, por ejemplo, el ganador del Premio Nobel en 1993, Douglas C. North (1981).

[2] Note el lector que el introducir un sistema de derechos de propiedad intelectual no es más que influenciar con las leyes el grado de *exclusión* de las ideas.

Un primer tipo de modelización considera que el progreso técnico toma la forma de un aumento en el número de productos o bienes de capital disponibles como factores de producción. La diferencia entre Estados Unidos y Zimbabwe, se argumentaría desde este enfoque, no es que Estados Unidos utilice más picos y palas para producir el mismo producto agrícola, sino que utiliza picos, palas, tractores, fertilizantes, mangueras, canales, etc. Es decir, utiliza una mayor variedad de inputs. Otra diferencia fundamental es que el número de productos para el consumo en los países desarrollados es mayor. Es decir, no es que en Estados Unidos se consuma mucho más cereal que en Ghana. Lo que sí es cierto es que se consume cereales, carne, televisores, videojuegos, coches, tocadores de la Señorita Pepis, discos compactos, etcétera. Hay toda una gama de modelos de crecimiento en los que el progreso tecnológico se cristaliza en un aumento del número de productos. Estos modelos, al ser formalmente parecidos a los modelos en los que aumenta el número de inputs, no serán expuestos en este texto. El supuesto fundamental de este tipo de modelos es que no existen rendimientos decrecientes en el número de bienes de capital, por lo que el modelo es capaz de generar un crecimiento económico sostenido, ya que las empresas de I+D siempre desean descubrir nuevos productos. Se pueden hallar ejemplos de este tipo de modelos en Romer (1987, 1990), Grossman y Helpman (1991, capítulo 4), y Barro y Sala-i-Martin (1995, capítulo 6).

El segundo enfoque consiste en pensar que el progreso técnico se cristaliza en la mejora de la calidad de un número limitado de productos. Es decir, el progreso tecnológico experimentado por las economías modernas del siglo XX se ha visto en gran medida reflejado en una superación paulatina de la calidad de los diferentes productos. Por ejemplo, en el mundo de la reproducción del sonido, se pasó sucesivamente del gramófono al tocadiscos, al audiocasete y al disco compacto. Lo mismo se puede decir de los mundos del transporte, de la informática, de las finanzas, de la ingeniería genética, etcétera. Un aspecto fundamental de los llamados modelos de "escaleras de calidad" ("quality ladders") es lo que Schumpeter denominó la *destrucción creativa*: cuando una empresa supera la calidad de un cierto producto (*crea*) hace que el producto que se ha visto superado sea obsoleto (*destruye*) y, por lo tanto, se apropia del mercado. De hecho, el único objetivo de las empresas que invierten en I+D es el de apropiarse de los mercados de las empresas que ya están instaladas. Éstas, a su vez, invierten en I+D para mantener su liderazgo tecnológico, así como su propio mercado. Se entabla pues una guerra tecnológica entre líderes y seguidores, que es la base del progreso tecnológico.

Para modelos de crecimiento con *creación destructiva*, véase por ejemplo Aghion y Howitt (1992, 1998), Grossman y Helpman (1991, capítulo 4) y Barro y Sala-i-Martin (1994, capítulo 7). La dificultad matemática que envuelve este tipo de modelos es elevada, por lo que no los formalizaremos en este libro.

En este capítulo describiremos una versión simplificada de uno de los modelos de aumento del número de *inputs*, concretamente el de Romer (1990). En esta clase de economías existen tres tipos de agentes. En primer lugar los productores de bienes finales, que utilizan en su actividad una tecnología que emplea trabajo y una serie de bienes intermedios que deben alquilar a las empresas que los han desarrollado o inventado.

En segundo lugar se encuentran los propios inventores de los bienes de capital. Éstos invierten una cierta cantidad de recursos (I+D) para crear nuevos productos y, una vez los han desarrollado, poseen una patente que les da un *monopolio perpetuo* para su producción y alquiler.

Por último, nos encontramos con los consumidores, que eligen la cantidad que desean consumir y ahorrar para maximizar la función de utilidad habitual, sujeta a una restricción intertemporal.

A continuación vamos a describir con mayor detalle el comportamiento de estos tres conjuntos de agentes.

9.3 Los productores de bienes finales

Los productores de bienes finales se enfrentan a una función de producción que presenta la siguiente forma:

$$Y_t = AK_t^{\alpha} L_t^{1-\alpha} , \qquad [9.1]$$

donde A es un parámetro que mide la eficiencia de la empresa, L_t es el trabajo y K_t es un compuesto de bienes intermedios agregados de la siguiente forma:

$$K_t = \left(\sum_{j=1}^{N_t} x_{jt}^{\alpha} \right)^{1/\alpha} , \qquad [9.2]$$

donde N_t es el número de bienes inventados hasta el momento t y x_{jt} es la cantidad del bien intermedio j que las empresas demandan y compran en el momento t. Si substituimos K_t en la función de producción [9.1] obtenemos

$$Y_t = AL_t^{1-\alpha} \sum_{j=1}^{N_t} x_{jt}^{\alpha}. \qquad [9.3]$$

Es decir, la producción de productos finales depende del parámetro A, de la cantidad de trabajo, L_t , y de la cantidad utilizada, x_{jt}, de cada uno de los bienes intermedios inventados hasta el momento t, N_t. Spence (1976) y Dixit y Stiglitz (1977) plantearon modelos estáticos en los que la utilidad dependía del número de bienes de consumo de la economía, en una formulación similar a [9.3]. Ethier (1982) reinterpretó la función de utilidad en términos de la producción de un único bien de consumo que se obtenía a partir de varios factores de producción. Éste es, por lo tanto, el enfoque que hemos escogido en nuestro modelo dinámico.

El progreso tecnológico se presenta bajo la forma de un aumento constante del número de inputs intermedios, N_t. El hecho de que la función [9.3] sea aditivamente separable comporta que los nuevos bienes de capital son diferentes de los anteriores, aunque no sean ni mejores ni peores que éstos. En particular, los bienes antiguos nunca se quedan obsoletos. Un aspecto importante de [9.3] es que presenta rendimientos decrecientes respecto a cada bien de capital x_{jt}, aunque presenta rendimientos constantes del capital respecto a la cantidad total de estos bienes. Esto se puede apreciar suponiendo que, en cada momento del tiempo, la cantidad de dichos bienes sea la misma, $x_j = x$, para todo j (como veremos, esto es lo que ocurrirá en el equilibrio). En este caso la producción puede escribirse como

$$Y_t = AL_t^{1-\alpha}(N_t x_t)^{\alpha} N_t^{1-\alpha}. \qquad [9.4]$$

Para un valor determinado de N, la ecuación [9.4] implica que la producción presenta rendimientos constantes respecto a L y Nx (donde Nx es el número total de bienes intermedios comprados). Para un determinado valor de L y Nx, la ecuación [9.4] indica que la producción aumenta al aumentar el número de bienes intermedios. Por último, tomando L como dado, la producción presenta rendimientos decrecientes respecto a Nx si el aumento de Nx procede de un aumento de x, pero esto no es así en el caso de que provenga de un aumento de N. Es precisamente esta constancia de los rendimientos de N lo que permite a la economía generar tasas de crecimiento positivas para siempre (en este sentido, este modelo no es más que un modelo AK, en el cual el bien que se acumula es el número de bienes de capital N).

Las empresas contratan el trabajo en un mercado competitivo y compran cada uno de los bienes intermedios al precio p_{jt}. Combinando estos factores de producción con trabajo de acuerdo con la tecnología [9.3], obtienen el producto Y_t, que venden a un precio que, por normalización, supondremos igual a uno. Así pues, su comportamiento se reduce a escoger la cantidad de cada uno de los bienes intermedios, $x_j t$, y de trabajo, L_t, con el objeto de maximizar el valor presente de todos los flujos de caja que percibirán en el futuro:

$$\int_0^{\infty} e^{-rt} \left(AL_t^{1-\alpha} \sum_{j=1}^{N_t} x_{jt}^{\alpha} - w_t L_t - \sum_{j=1}^{N_t} p_{jt} x_{jt} \right) dt. \qquad [9.5]$$

Dado que este problema no incorpora elementos de tipo intertemporal (no existen costes de ajuste ni ningún bien acumulable), la maximización de [9.5] es equivalente a la maximización de los beneficios corrientes en cada momento del tiempo,

$$Y_t - w_t L_t - \sum_{j=1}^{N_t} p_{jt} x_{jt}.$$

Las condiciones de primer orden imponen la igualdad entre el producto marginal del trabajo y el salario,

$$w_t = A\left(\sum_{j=1}^{N_t} x_{jt}^{\alpha}\right)(1-\alpha)L_t^{-\alpha},$$

y entre el producto marginal de x_{jt} y su precio,

$$p_{jt} = A\alpha x_{jt}^{\alpha-1} L^{1-\alpha}.$$

Esta última condición puede ser reescrita para expresar la demanda del bien x_{jt} como función de su propio precio, así como también de los parámetros A, L y α:

$$x_{jt}^{d} = A^{\frac{1}{1-\alpha}} \alpha^{\frac{1}{1-\alpha}} L_t p_{jt}^{-\frac{1}{1-\alpha}}. \quad [9.6]$$

Según esta condición, la demanda del bien x_{jt} está negativamente relacionada con el precio p_{jt} y la elasticidad de la demanda viene dada por $-\frac{1}{1-\alpha}$. Por razones que se verán más adelante, en este modelo se va a seguir el supuesto de que la cantidad total de trabajadores es constante, por lo que $L_t = L$.

9.4 Las empresas de I+D y la creación de nuevos bienes

Para crear nuevos bienes, los inventores deben invertir recursos en Investigación y Desarrollo (I+D). Una vez inventado el nuevo producto, estas empresas tendrán el derecho a producir cuantas unidades quieran (estas unidades tendrán un coste marginal pequeño) al precio p_{jt} para siempre. Supondremos, pues, que existe un sistema legal que garantiza a perpetuidad los derechos de propiedad de la invención y que dichos derechos de propiedad permiten al inventor obtener el monopolio en la producción de dicho producto. Dicho de otro modo, la empresa que se inventa un nuevo producto obtiene una patente a perpetuidad que le permitirá ser el productor monopolista del producto inventado.

Obviamente estos supuestos son un poco exagerados, dado que en el mundo real los derechos de propiedad prescriben por diversas razones. La primera razón es que, en algunos sectores, las leyes solamente garantizan derechos monopolistas durante unos años. Por ejemplo, en la industria farmacéutica de los Estados Unidos, los inventores de nuevos medicamentos obtienen el derecho a ser los únicos productores de dichos productos durante ocho años. Esto les permite poder poner precios superiores a los costes marginales durante ocho años. Transcurrido ese periodo, la patente caduca y todas las empresas farmacéuticas pueden producir el mismo medicamento. La competencia entre productores hace que, a partir de ese momento, el precio pase a ser bastante similar al coste marginal, por lo que el inventor tiene ocho años para recuperar los costes de desarrollo del medicamento.

La segunda razón por la que los beneficios derivados de una invención pueden prescribir es que otra empresa de I+D invente un producto substitutivo que sea superior (mejor tecnología) o más barato, lo cual hace que la empresa original deje de ser competitiva y pierda el mercado. Esta segunda posibilidad es motivo de estudio en algunos modelos de crecimiento I+D que discutiremos más adelante. El modelo que consideramos ahora, sin embargo, no contempla esta posibilidad, dado que la invención de un nuevo producto no substituye de ninguna manera productos ya existentes. El supuesto de la existencia de monopolio perpetuo es una manera de simplificar el análisis.

El inventor se enfrenta a dos decisiones importantes. La primera decisión que debe tomar es si debe o no participar en el juego del I+D. Para ello, deberá comparar los costes de I+D con los beneficios que obtendrá, una vez el producto esté inventado. La segunda decisión es, una vez inventado el producto, cuál es el precio de venta del producto. Para poder tomar la primera decisión, el inventor debe saber el precio al cual podrá vender el producto una vez inventado, por lo que no puede tomar la primera decisión sin "haber predicho" el precio que deberá poner. Por este motivo, solucionaremos primero el segundo paso.

9.4.a. Segundo paso: una vez inventado el nuevo producto, ¿cuál será el precio al que podré vender?

Una vez el producto ya esté inventado, podremos venderlo al precio que queramos desde ahora hasta el infinito, teniendo en cuenta que cada unidad producida nos va a costar una determinada cantidad, que denotaremos por MC (coste marginal). La única restricción que deberemos tener en cuenta es que si ponemos un precio demasiado elevado, los demandantes (es decir, los productores de producto final, de los que hemos tratado en el apartado anterior) no nos comprarán demasiadas unidades. Es decir, una vez inventado el producto, el inventor debe decidir el precio p_{jt}, con el objetivo de maximizar el valor presente descontado de todos los beneficios futuros, donde los beneficios son iguales a la cantidad producida multiplicada por el precio de venta, menos la cantidad producida multiplicada por el coste marginal de cada unidad, y donde la demanda a la que nos vamos a enfrentar viene dada por [9.6]. Por lo tanto, el programa de maximización de los inventores para decidir el precio de un producto inventado en el momento s es:

$$\max_{p_{jt}} \int_s^{\infty} e^{-r(t-s)} \pi_{jt} dt = \max_{p_{jt}} \int_s^{\infty} e^{-r(t-s)} \left((p_{jt} - MC) A^{\frac{1}{1-\alpha}} \alpha^{\frac{1}{1-\alpha}} L p_{jt}^{-\frac{1}{1-\alpha}} \right) dt, \qquad [9.7]$$

donde ya se ha substituido x_{jt}^d en virtud de [9.6].[3] Para simplificar notación, normalicemos $MC = 1$. Dado que no hay restricciones dinámicas en este problema, las condiciones de primer orden requieren que la derivada del término de dentro de la integral con respecto al precio sea igual a cero (el lector puede construir el hamiltoniano y tomar las condiciones de primer orden con respecto a p_{jt}. Dado que p_{jt} es una variable de control, la condición requiere la igualación a cero de la derivada del hamiltoniano con respecto a p_{jt}):

$$A^{\frac{1}{1-\alpha}} \alpha^{\frac{1}{1-\alpha}} L p_{jt}^{-\frac{1}{1-\alpha}} + (p_{jt} - 1) A^{\frac{1}{1-\alpha}} \alpha^{\frac{1}{1-\alpha}} L \left(\frac{-1}{1-\alpha} \right) p_{jt}^{-\frac{1}{1-\alpha}-1} = 0. \qquad [9.8]$$

Nótese que en esta expresión hay muchos términos comunes, por lo que se pueden cancelar. Tras reescribir esta condición de optimalidad, obtenemos que el precio de monopolio que maximiza beneficios viene dado por

$$p_{jt} = \frac{1}{\alpha} > 1 \qquad \forall j, \forall t. \qquad [9.9]$$

Como es sabido, dado que la demanda a la que se enfrenta tiene una elasticidad constante, el precio de monopolio es un "markup" constante sobre el producto marginal (que hemos normalizado a uno). Nótese que el precio es superior al producto marginal (dado que $\alpha < 1$) y que dicho precio será siempre el mismo para todos los productos y durante todos los periodos. Dicho de otro modo, todos los productos inventados tendrán siempre el mismo precio y este precio será superior al coste marginal, por lo que los inventores tendrán la posibilidad de recuperar los costes de I+D.

Si substituimos el precio [9.9] en la función de demanda [9.6], veremos que la cantidad efectivamente vendida de cada producto intermedio viene dada por

$$x_{jt} = x = A^{\frac{1}{1-\alpha}} \alpha^{\frac{1}{1-\alpha}} L \left(\frac{1}{\alpha} \right)^{-\frac{1}{1-\alpha}} = A^{\frac{1}{1-\alpha}} L \alpha^{\frac{2}{1-\alpha}}. \qquad [9.10]$$

La ecuación [9.10] dice que la cantidad producida de cada uno de los productos intermedios es la misma. Substituyendo el valor de x_{jt} hallado en [9.10] en la función de producción, obtenemos que la producción de bienes finales de la economía es

$$Y_t = A^{\frac{1}{1-\alpha}} \alpha^{\frac{2\alpha}{1-\alpha}} L_t N_t \qquad [9.11]$$

[3] Obsérvese que el trabajo total, L, se ha escrito sin subíndice, ya que, como se ha dicho con anterioridad, L se supone constante.

Obsérvese que la producción agregada de la economía es proporcional a N por lo que el crecimiento de N se traduce en crecimiento de Y.

Substituyendo las ventas de x_{jt} de [9.10] en la ecuación de beneficio [9.7] obtenemos el beneficio instantáneo:

$$\pi_{jt} = \pi = \left(\frac{1}{\alpha} - 1\right) A^{\frac{1}{1-\alpha}} \alpha^{\frac{2}{1-\alpha}} L \qquad \forall j \,, \forall t. \qquad [9.12]$$

Vemos, por tanto, que los beneficios obtenidos por todos los inventores van a ser *idénticos* y van a ser *constantes* en el tiempo. Dado que los beneficios son constantes en el tiempo, el valor presente descontado de dichos beneficios (es decir, todos los ingresos netos que el inventor va a conseguir durante el tiempo que dure su monopolio, que es una eternidad) es fácilmente integrable. El resultado de dicha integración es[4]

$$\int_s^\infty e^{-r(t-s)} \pi_{jt} dt = \int_s^\infty e^{-r(t-s)} \pi dt = \frac{\pi}{r}. \qquad [9.13]$$

En resumen, una vez inventado un nuevo producto, el inventor sabe que la patente que va a obtener va a generar, en valor presente, la cantidad de π/r.

9.4.b. Primer paso: ¿deberíamos pagar el coste de I+D e inventar un nuevo producto?

El inventor sabe que, una vez inventado el producto, el sistema legal le va a garantizar permanentemente unos ingresos que, en valor presente, van a sumar la cantidad π/r. Sabiendo esto, el inventor debe decidir si quiere proceder a gastar el coste fijo de I+D. Naturalmente, el inventor decidirá proceder con la inversión en I+D si lo que espera ganar (π/r) es superior a lo que le cuesta la invención. El proceso de invención es inherentemente incierto. Es decir, a menudo una empresa dedica muchos recursos y esfuerzos a inventar algo y nunca lo consigue. Otras veces espera tener que gastar mucho dinero en la invención y lo consigue a un coste inferior. La introducción de incertidumbre en nuestro modelo aumentaría innecesariamente la complicación matemática, por lo que, para simplificar, supondremos que para obtener una nueva idea, el inventor debe pagar una cantidad de recursos que denotaremos por Φ. Si paga Φ, el inventor adquiere el derecho a vender el nuevo producto a perpetuidad y a obtener los beneficios correspondientes.

Si suponemos que hay competencia perfecta en el negocio de ser inventor, la *condición de libre entrada* en el mercado de las invenciones igualará los ingresos netos esperados, π/r, con el coste de I+D, expresado en términos reales. Como denotamos dicho coste con la letra Φ, entonces la condicion de libre entrada requerirá que

[4] Para obtener este resultado, es necesario que el tipo de interés sea constante, lo cual es cierto en el equilibrio del presente modelo, como veremos a continuación.

$$\Phi = \frac{\pi}{r}. \quad [9.14]$$

La pregunta que nos queda por responder es: ¿qué es Φ y cómo cambia este coste cuando aumenta el número de productos ya inventados? Diferentes economistas han dado distintas respuestas a esta pregunta. Hay quien piensa que el coste de inventar un nuevo producto, Φ, decrece con el número de invenciones realizadas en el pasado. Cuando le preguntaron a Isaac Newton cómo había conseguido tener tantas ideas a lo largo de su vida, el respondió con modestia: *"la única razón por la que he podido ver más allá que otros, es que yo estaba en los hombros de los gigantes"*. Naturalmente, Newton se refería a los científicos del pasado, que, con sus inventos y adelantos, habían facilitado su labor. Sin los conocimientos desarrollados por sus antecesores, Newton nunca hubiera podido inventar lo que inventó. Newton, pues, creía que los inventos del pasado habían *reducido el coste* de inventar en el presente. De alguna manera, pues, Newton creía que el coste de I+D depende de lo que ya está inventado, $\Phi = \Phi(N)$, y que, además, este coste se reduce a medida que N se hace mayor, por lo que $\Phi' < 0$.

Otros economistas creen exactamente lo contrario, ya que opinan que hay un número fijo de ideas en el universo y que primero se han inventado las más sencillas. Las ideas que quedan por descubrir serán necesariamente las más complicadas. Este efecto (que resultará muy familiar a los estudiantes que tienen que escribir un artículo y cuya impresión es que ¡"todo lo sencillo ya ha sido inventado"!) indica que el coste de una invención aumenta con el número de productos ya inventados, por lo cual $\Phi' > 0$.

Como los dos razonamientos descritos tienen cierta validez, aquí sencillamente supondremos que el coste de I+D no es ni creciente, ni decreciente sino todo lo contrario: es constante. La condición de libre entrada en el mercado de I+D, pues, requerirá que [9.14] se cumpla y que Φ sea constante, por lo que r será también constante.[5]

9.5 Los consumidores

Para cerrar el modelo es preciso especificar el comportamiento temporal de los consumidores. Éstos, en primer lugar, tienen acceso a un mercado de activos que genera

[5] Dado que Φ es constante, π es constante y r es constante, el lector se podría preguntar cómo se consigue que las tres constantes sean iguales. La respuesta es que el tipo de interés se ajustará para conseguir esta igualdad. Por ejemplo, si el coste de inventar, Φ, es inferior al beneficio, π/r, un gran número de investigadores potenciales van a pedir prestado para poder pagar Φ y conseguir de esta manera un flujo infinito que acabará siendo igual a π/r. Esta gran cantidad de préstamos hará subir los tipos de interés hasta que $\Phi = \pi/r$.

un tipo de interés r. Los consumidores perciben unos ingresos iguales a la suma de los ingresos finacieros (iguales a rb, donde, recuérdese, b son los activos financieros en manos de los consumidores) más las rentas procedentes del trabajo (iguales a wL, donde w es el salario) y deben elegir entre consumir y ahorrar para maximizar una función de utilidad que tiene la forma habitual, enfrentándose, asimismo, a la restricción usual:

$$\dot{b} = rb + w - c. \qquad [9.15]$$

Dado que este problema ha sido resuelto en capítulos anteriores, no lo reproduciremos aquí. Sólo recordaremos que la ecuación de Euler resultante (derivada en el capítulo 3 como ecuación [3.14]) es

$$\frac{\dot{c}}{c} = \frac{1}{\theta}(r - \rho). \qquad [9.16]$$

9.6 Equilibrio y tasa de crecimiento de la economía

Si se sustituye r por π/Φ según [9.14] en [9.16] y utilizamos la expresión [9.12] para π, hallamos la tasa de crecimiento del consumo:

$$\gamma_c = \frac{1}{\theta}\left(\frac{1}{\Phi}\frac{1-\alpha}{\alpha}A^{\frac{1}{1-\alpha}}\alpha^{\frac{2}{1-\alpha}}L - \rho\right). \qquad [9.17]$$

Antes que nada, obsérvese que la tasa de crecimiento del consumo es constante, dado que depende únicamente de parámetros constantes. El crecimiento del consumo está inversamente relacionado con el coste de las actividades de I+D, Φ. También es de destacar que la tasa de crecimiento depende de forma positiva del tamaño de la población de la economía, L. Es decir, este modelo, como el de Romer (1986) que se describió en el capítulo 7, presenta un efecto de escala. El motivo es que, como hemos indicado al principio de este capítulo, la tecnología es un bien *no rival*: el coste de desarrollar un nuevo producto es independiente del número de personas que lo utilice. De este modo, como la proporción de los recursos destinados a la investigación permanece constante, todo incremento de la población conlleva un aumento del ritmo de avance tecnológico. La tasa de crecimiento también depende del margen "precio menos coste marginal" (el término $\frac{1-\alpha}{\alpha}$ corresponde precisamente a $p - MC$ cuando $p = 1/\alpha$ y $MC = 1$) y de la cantidad de bien intermedio que las empresas de producto final deciden demandar (recordemos que esta cantidad es igual a $x = A^{\frac{1}{1-\alpha}}\alpha^{\frac{2}{1-\alpha}}L$). Dado que dicha cantidad depende negativamente del precio, p, cuanto mayor es el precio menor es dicha cantidad y, por lo tanto, menor es la tasa de crecimiento. Finalmente, la tasa de crecimiento depende de los parámetros que afectan a la tasa de ahorro a través de su efecto sobre la impaciencia y el deseo de alisar el consumo en el tiempo, ρ y θ.

Para finalizar, demostramos que en el equilibrio general, las tasas de crecimiento del PIB y de la tecnología son iguales a la tasa de crecimiento del consumo. La condición de equilibrio en el mercado financiero requiere, como siempre, que los activos totales que tienen los consumidores, b, tengan el mismo valor que el único activo que, en este modelo, tiene una oferta neta positiva (como en capítulos anteriores, el hecho de estar en una economía cerrada implica que la suma de todas las deudas es igual a la suma de todos los créditos). Los activos que tienen valor positivo en este modelo son las empresas inventoras. Según [9.14], cada una de ellas tiene un valor igual a Φ. Como en el momento t hay N_t empresas que han inventado un producto, tenemos que el valor total de los activos de la economía es ΦN_t, por lo que la condición de equilibrio en el mercado financiero requiere $b = \Phi N_t$. Si recordamos que el salario viene dado por $w = (1 - \alpha)\frac{Y}{L}$, podemos substituir estos valores en la restricción de los consumidores [9.15] para obtener[6]

$$\Phi\dot{N} = r\Phi N + (1 - \alpha)\frac{Y}{L}L - c.$$

Utilizamos ahora el valor de r encontrado en [9.14] para obtener

$$\begin{aligned}
\Phi\dot{N} &= \pi N + (1 - \alpha)Y - c = \\
&= \left(\frac{1}{\alpha} - 1\right) Nx + Y - \alpha Y - c = \\
&= (Y - Nx) + \left(\frac{Nx}{\alpha} - \alpha Y\right) - c = \\
&= (Y - Nx) + \left(A^{\frac{1}{1-\alpha}} LN\alpha^{\frac{1+\alpha}{1-\alpha}} - A^{\frac{1}{1-\alpha}} LN\alpha^{\frac{1+\alpha}{1-\alpha}}\right) - c = \\
&= (Y - Nx) - c.
\end{aligned}$$

Es decir, la restricción agregada de la economía se puede escribir como:

$$\Phi\dot{N} = Y - Nx - c. \qquad [9.18]$$

Expresándolo en palabras, tenemos que la producción total, Y, tiene tres destinos o usos: (1) el consumo, c, (2), la producción de una cantidad x de cada uno de los productos intermedios inventados, N, lo cual suma Nx, y (3) los recursos que se van a utilizar en el proceso de investigación durante el presente instante, en el que

[6] Recuérdese que las variables, c, Y y N dependen del tiempo, t, pero que omitimos los subíndices para simplificar la notación.

se van a descubrir $\dot{N}$ productos.[7] Como el coste de invención de cada producto es de Φ unidades, el coste total de las unidades inventadas en el instante t es de $\phi \dot{N}$. Recordemos que, según la ecuación [9.11], el producto final es proporcional a N, por lo que si dividimos los dos lados de [9.18] por N obtenemos que, en el estado estacionario (cuando la tasa de crecimiento de N, γ_N^*, es constante), todos los términos de la ecuación son constantes a excepción de c/N, por lo que éste también debe ser constante. Se sigue que $\gamma_N^* = \gamma_c^*$. Como la producción es proporcional a N, la tasa de crecimiento del producto es también igual a la del consumo, $\gamma_Y^* = \gamma_N^* = \gamma_c^*$. En resumen, todas las variables relevantes de la economía crecen según la tasa [9.17].[8]

9.7 La solución del planificador

Para ver si la solución alcanzada por el mercado competitivo descrito hasta ahora es "buena", debemos preguntarnos qué es lo que haría el hipotético "planificador" que maximiza la misma función de utilidad que los individuos y se enfrenta solamente a una restricción de recursos. Es decir, el planificador maximiza la función de utilidad del consumidor sujeto a la restricción de recursos de toda la economía, que requiere que la producción total, Y, sea igual a la utilización total de bienes finales. Los bienes finales se deben repartir entre consumo, c, la producción de los bienes intermedios ya inventados (como se producen x unidades de cada uno de los N_t bienes inventados hasta el momento t y cada uno de ellos cuesta un coste marginal igual a 1, el montante total por esta partida es igual a $N_t x$) y el coste de I+D. Durante el instante t se van a inventar $\dot{N}$ nuevos bienes y cada uno de ellos va a costar Φ unidades. El coste total de I+D para el planificador durante el instante t es, pues, igual a $\Phi \dot{N}_t$. Sumando todos los términos, tenemos que la restricción del planificador es

$$Y_t = A N_t x^{\alpha} L^{1-\alpha} = c_t + x N_t + \Phi \dot{N}_t. \qquad [9.19]$$

Obsérvese que esta restricción es idéntica a la encontrada en la economía de mercado, [9.18]. En resumen, el programa del planificador es:[9]

[7] Aunque N es un número discreto, hacemos aquí una aproximación al tiempo continuo imaginando que en cada instante N puede aumentar de manera continua, por lo que el aumento de N en este instante es $\dot{N}$. En realidad se puede utilizar un modelo en el que N sea una magnitud continua si substituimos el sumatorio de la función de producción [9.3] por una integral que va desde cero a $N(t)$. El tratamiento matemático de este modelo alternativo es parecido, aunque un poco más complicado y las lecciones adicionales que genera son nulas, por lo que hemos preferido mantener la simplicidad.

[8] De hecho, dado que nos encontramos ante un modelo muy parecido al AK, la tasa de crecimiento de todas las variables es idéntica no solamente en el estado estacionario sino también a lo largo de la transición. Para demostrar este punto habrá que utilizar el mismo método que utilizamos en el capítulo 5.

[9] Valga decir que, al escribir este programa, ya hemos utilizado el hecho de que el planificador querrá producir la misma cantidad de todos los productos intermedios, x_j, lo cual también era cierto en el equilibrio de mercado.

$$\textbf{Max} \int_0^\infty e^{-\rho t} \left(\frac{c_t^{1-\theta} - 1}{1 - \theta} \right) dt$$

sujeto a [9.20]

$$\dot{N}_t = \frac{1}{\Phi} \left(A N_t x^\alpha L^{1-\alpha} - c_t - x N_t \right).$$

Escribimos el hamiltoniano de la forma habitual

$$H(\cdot) = e^{-\rho t} \frac{c^{1-\theta} - 1}{1 - \theta} + \lambda_t \frac{1}{\Phi} \left(A N x^\alpha L^{1-\alpha} - c - x N \right), \quad [9.21]$$

donde las variables de control son c y x, y la variable de estado es N. Calculamos las condiciones de primer orden:

$$H_c = 0 \leftrightarrow e^{-\rho t} c^{-\theta} - \frac{\lambda}{\Phi} = 0, \quad [9.22]$$

$$H_x = 0 \leftrightarrow \frac{\lambda}{\Phi} \left(A L^{1-\alpha} N \alpha x^{\alpha - 1} - N \right) = 0, \quad [9.23]$$

$$H_N = -\dot{\lambda} \leftrightarrow -\dot{\lambda} = \frac{\lambda}{\Phi} \left(A L^{1-\alpha} x^\alpha - x \right), \quad [9.24]$$

más una condición de transversalidad, $\lim_{t \to \infty} \lambda_t N_t = 0$. Si despejamos x de la condición [9.23] obtenemos la cantidad de x producida por el planificador:

$$x^{PL} = A^{\frac{1}{1-\alpha}} L \alpha^{\frac{1}{1-\alpha}}. \quad [9.25]$$

Comparando [9.25] con la cantidad producida por la economía de mercado competitivo [9.10], vemos que los dos primeros términos son idénticos, mientras que el tercero es $\alpha^{\frac{1}{1-\alpha}}$ para el planificador y $\alpha^{\frac{2}{1-\alpha}}$ para la economía de mercado. Como $\alpha < 1$, el resultado es que la cantidad producida por el mercado es *inferior* a la óptima. La razón es bien simple: la economía de mercado pone un precio superior al coste marginal, por lo que la cantidad demandada es inferior a la que se demandaría si el precio fuera igual al coste marginal (nótese que si pusiéramos $p = 1$, que es el coste marginal, en la función de demanda de mercado [9.6], obtendríamos que la cantidad efectivamente demandada por el mercado es idéntica a la del planificador). El planificador, por lo tanto, decide producir la cantidad que correspondería al mercado si el precio fuera exactamente igual al coste marginal.

Si tomamos logaritmos y derivadas de la condición [9.22] obtenemos $\frac{\dot{c}}{c} = \frac{1}{\theta} (-\frac{\dot{\lambda}}{\lambda} - \rho)$. Podemos substituir el término $-\frac{\dot{\lambda}}{\lambda}$ mediante [9.24] y eliminar las x utilizando [9.25] para obtener que la tasa de crecimiento del planificador viene dada por

$$\gamma_{PL} = \frac{1}{\theta}\left(\frac{1}{\Phi}\,\frac{1-\alpha}{\alpha}A^{\frac{1}{1-\alpha}}\alpha^{\frac{1}{1-\alpha}}L - \rho\right). \qquad [9.26]$$

Comparando esta tasa de crecimiento con la obtenida por el mercado, vemos que todos los términos son idénticos a excepción de uno: lo que en el planificador es $\alpha^{\frac{1}{1-\alpha}}$, en la tasa del mercado corresponde a $\alpha^{\frac{2}{1-\alpha}}$. Dado que $\alpha < 1$, obtenemos el resultado $\gamma_M < \gamma_{PL}$: el mercado obtiene una tasa de crecimiento inferior a la óptima. La explicación es bastante simple. La única distorsión existente en el modelo de mercado descrito en esta sección, es que el precio de venta de los productos intermedios es un precio monopolístico y, por tanto, superior al coste marginal. Al enfrentarse a un precio superior al coste marginal, la cantidad de bien intermedio demandada por los productores de bienes finales es inferior a la óptima (este hecho se ha discutido al analizar la ecuación [9.25]). Es decir, el mercado vende menos cantidad de x de lo que sería óptimo. Por esta razón, la tasa de retorno del mercado es inferior a la óptima, la inversión realizada es inferior a la óptima y la tasa de crecimiento es inferior a la óptima.

9.8 Políticas a seguir

Un tipo de política que parece bastante natural en este modelo, pero que en la práctica no funciona, consiste en dar un subsidio a la investigación. En efecto, observamos que la tasa de rendimiento privado depende del coste de las actividades de I+D a través del término Φ. Es posible aumentar la tasa privada de rendimiento a través de la concesión de subsidios a las actividades de I+D. Es decir, si los investigadores pagaran $\Phi\alpha^{\frac{1}{1-\alpha}}$ en lugar de Φ y la diferencia fuera un subsidio por parte del gobierno (financiado con impuestos de suma fija), entonces la tasa de crecimiento conseguida por la economía competitiva sería idéntica a la conseguida por el planificador, por lo que podría pensarse que se alcanza el óptimo.

El problema de esta política es que no logra corregir la distorsión respecto a la cantidad de x que compran los productores de producto final y, por ello, la elección de x seguiría sin ser óptima. Es decir, en este modelo existe una distorsión estática (el precio monopolístico conlleva una compra "demasiado" reducida de bienes intermedios), que se transforma en una inferior tasa de rendimiento (el valor presente descontado de las ventas de x es inferior al que se conseguiría si se vendiese la cantidad óptima, que es superior). La introducción de un subsidio de investigación corrige la tasa de crecimiento pero no el nivel de x, por lo que la cantidad de output producido en la economía sigue sin ser la óptima. En el gráfico 9.2 vemos un ejemplo de lo que está pasando. La economía de mercado alcanza un nivel de producto y una tasa de crecimiento inferiores a los del planificador. En el gráfico (donde se exprésa el logaritmo de y en función del tiempo) vemos que la línea que representa la evolución de y para la economía de mercado tiene un nivel y una pendiente inferiores a la del planificador. La introducción de un subsidio de I+D corrige la pendiente. La línea que describe el mercado con subsidio de I+D es ahora paralela a la del planificador, pero el nivel sigue sin ser el mismo que el del planificador. Esta política, pues, sigue sin conseguir el óptimo.

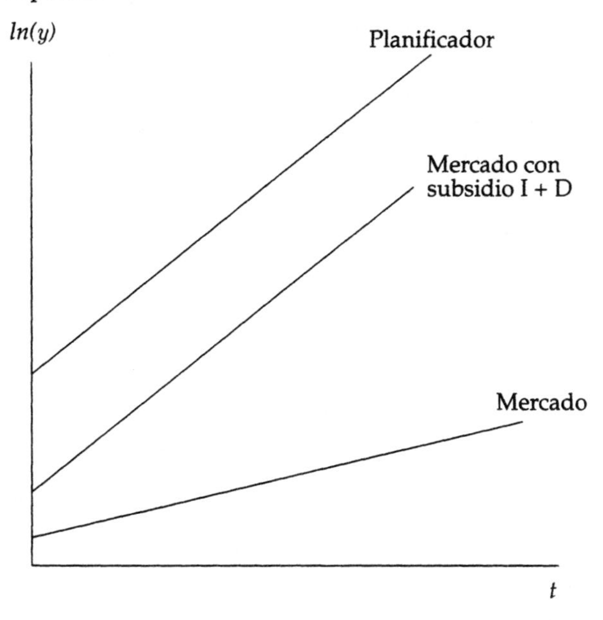

Gráfico 9.2

Una política que llevaría la economía al óptimo consiste en subsidiar las compras de productos intermedios por parte de las empresas de bienes finales, de manera que éstas se enfrenten a un precio competitivo. Este subsidio corregiría la cantidad demandada de los productos intermedios al enfrentarse los demandantes de inputs a un precio competitivo. Es decir, el gobierno podría introducir un subsidio para las compras de x, por el cual los inventores obtienen un monopolio perpetuo en las ventas de x y deciden vender al precio $p = 1/\alpha$. Ahora bien, los compradores de estos bienes solamente pagan $\hat{p} = 1$ y la diferencia entre el precio que pagan y el precio que recibe el inventor lo financia el gobierno (y el gobierno, a su vez, obtiene la recaudación con un impuesto de suma fija). Esto hace que la cantidad que deciden demandar los productores finales sea exactamente la cantidad demandada por el planificador (el lector puede comprobar que esto es cierto substituyendo $p = 1$ en la curba de demanda de x [9.6] y comparando con la x obtenida por el planificador en [9.25]). Ello, a su vez, hace que el rendimiento privado de la inversión en I+D sea igual al rendimiento social y, por lo tanto, la inversión privada sea óptima.

9.9 El modelo de Romer (1990)

En el artículo que originó la literatura moderna sobre I+D y crecimiento, Paul Romer (1990) presentó un modelo bastante similar al descrito en esta sección. Una diferencia importante es que él supuso que la tecnología de investigación utiliza únicamente trabajo o capital humano.

Imaginemos por un momento que, a diferencia de lo que hemos hecho nosotros, en el modelo descrito hasta ahora añadimos el supuesto de que el coste de I+D, Φ, no es una cantidad fija de bienes reales sino una cantidad fija de tiempo. Denotemos esta cantidad de tiempo por la constante Ψ. Para introducir este coste en el mismo modelo que hemos descrito, deberíamos expresarlo en términos reales para utilizar luego la condición de libre entrada en el mercado de I+D y sustituir el tipo de interés en la tasa de crecimiento, tal como hemos hecho en [9.14]. Para transformar la cantidad de tiempo, Ψ, en cantidad de producto real, habría que multiplicar por el salario, por lo que el coste en términos de bienes reales sería Ψw. Podríamos suponer que esto es todo y que la tasa de crecimiento en este modelo sería simplemente la que aparece al substituir Φ por Ψw en la ecuación de crecimiento [9.17]:

$$\gamma_{Mercado} = \frac{1}{\theta}\left(\frac{1}{\Psi w}\ \frac{1-\alpha}{\alpha} A^{\frac{1}{1-\alpha}} \alpha^{\frac{2}{1-\alpha}} L - \rho\right).$$

El problema con este razonamiento es que, como hemos visto en la sección 3, el salario es igual a $w = ANx^{\alpha}(1-\alpha)L^{-\alpha}$. Dado que, en equilibrio, si hay crecimiento endógeno, el número de inventos N crece a un ritmo constante, vemos que si hubiera crecimiento endógeno, el coste real de I+D crecería de forma constante, por lo que el denominador de la tasa de crecimiento crecería hasta que la tasa de retorno se igualara a ρ y el crecimiento se pararía... lo cual constituye una contradicción: si hubiera crecimiento endógeno, no habría crecimiento endógeno.

En resumen, si no se introducen supuestos adicionales, la economía dejará de crecer ahogada por unos costes de investigación cada vez mayores como consecuencia de los aumentos salariales constantes que hay que pagar a los investigadores y unas tasas de rendimiento de I+D cada vez menores. El truco introducido por Romer consiste en suponer que hay una *externalidad en la tecnología de I+D*. Para un nivel determinado de salarios, se supone que los costes de I+D disminuyen, a medida que aumenta el número de bienes ya inventados (recuérdese el efecto que mencionaba Newton sobre estar subido a los hombros de los gigantes). Este efecto hace que a medida que la economía crece, los costes de investigación se reducen, lo cual tiende a contrarrestar el aumento de salarios. En el caso particular de que las dos fuerzas opuestas sean del mismo tamaño, tendremos que los costes de I+D son constantes tal y como ocurre con nuestro modelo, lo que permite generar crecimiento a largo plazo. Es decir, Romer está "obligado" a hacer el supuesto de que los costes de I+D son de Ψ/Nhoras. Al transformar este coste, en términos de horas, a coste en términos reales obtenemos $\Psi w/N$ = *constante* N/N = *constante*, es decir, volvemos al mismo modelo que hemos discutido en este capítulo. Barro y Sala-i-Martin (1995, capítulo 6) describen la relación entre dos tipo de modelos, según que los costes de investigación dependan únicamente del trabajo o bien de la totalidad del producto. La introducción de la N como factor reductor del coste de I+D origina una distorsión que no teníamos en el modelo original: cuando un investigador aumenta el stock de ideas (aumenta N), no sólo recibe una patente para cobrar π para el resto de sus días, sino que reduce el coste de I+D para futuros investigadores, lo cual él no tendrá en cuenta. Naturalmente, esta distorsión adicional hace que la rentabilidad social de los investigadores (que es igual a la rentabilidad privada percibida por el investigador más la reducción de costes de la que se beneficiarán todos los futuros investigadores) sea mayor que la rentabilidad privada, por lo que la economía de mercado tenderá a crecer menos de lo óptimo (nótese que esta distorsión debe sumarse a la de precios monopolistas, que ya hemos discutido con anterioridad). La manera de corregir esta nueva distorsión sí que es el subsidio de la investigación.

9.10 Competencia en calidad y el crecimiento a través de la creación destructiva

Tal como se indicó al principio de este capítulo, el progreso técnico se puede modelizar a través de una mejora de la calidad de los productos existentes, en lugar de hacerlo como un aumento en el número de éstos. El modelo de incrementos de la calidad nos da luz sobre nuevas cuestiones que no aparecían en el modelo basado en aumentos en la cantidad de productos que acabamos de ver (véase Barro y Sala-i-Martin (1995), capítulo 7) para un tratamiento sencillo de este problema, de por sí altamente complicado). Hay una lección que aparece en los modelos de escaleras de calidad: dado que los bienes de alta calidad tienden a dejar obsoletos los bienes más antiguos, los agentes privados tienen un incentivo a sobreinvertir.

El motivo está en que, cuando una empresa desarrolla un nuevo producto, se adueña del mercado de su predecesor y, por consiguiente, no internaliza las pérdidas de éste. El planificador, por otra parte, sí lo hace. Lo que ocurre es que los investigadores consideran sus invenciones como temporales, mientras que el planificador las toma como permanentes (el conocimiento aportado por la creación de un bien mejor se mantiene para siempre). Se puede demostrar, no obstante, que el primer efecto siempre domina el segundo. En consecuencia, y dejando aparte el efecto del precio de monopolio, el modelo predice la existencia de un exceso de inversión y de un crecimiento excesivo. La implicación en términos de medidas de política económica es que las empresas que realizan innovaciones deberían compensar a los productores anteriores por las pérdidas en que éstos incurren cuando las primeras se apropian del mercado. Barro y Sala-i-Martin (1995, capítulo 7) demuestran que si el líder tecnológico se enfrenta a unos costes de investigación suficientemente inferiores a los de los seguidores (quizá debido a que la propia experiencia sirve para reducir costes de I+D), entonces será el propio líder el que se dedique a investigar y superar sus propios productos. Al "robarse" su propio negocio, el líder tendrá en cuenta no sólo las ganancias de la creación sino las pérdidas de la destrucción de mercados. En este caso, no es cierto que la inversión en I+D sea excesiva, tal como predicen los modelos de Aghion y Howitt (1992) y Grossman y Helpman (1991).

9.11 Lecciones de la economía de las ideas

En este capítulo hemos endogeneizado el progreso tecnológico. La innovación ocurre no porque las empresas sean altruistas sino porque buscan el beneficio. En seguida nos hemos encontrado con un problema grave, un problema que los economistas todavía no sabemos solucionar: ¿cuál es el precio *que deberían tener los frutos de la innovación tecnológica*? Una vez inventado el producto, es óptimo que el precio sea igual al producto marginal, como es bien sabido. El problema es que si los innovadores potenciales saben que, una vez inventado el producto, el precio será igual al coste marginal, no saldrá a cuenta pagar el coste fijo de investigación y desarrollo, por lo que nada se inventará. Por lo tanto, *antes de que se realice la invención lo óptimo es garantizar un precio de monopolio que permita al inventor recuperar al menos la inversión en I+D realizada*. Nos enfrontamos al problema de no saber cual debería ser el precio, pues el precio *ex ante* (antes de la invención) debería ser distinto al precio *ex post* (después de la invención).

Lo que sí está claro es que, a diferencia del mundo de los bienes materiales, en el mundo de las ideas la competencia perfecta que iguala los precios a los costes marginales no es buena. El gobierno no debe, por lo tanto, fomentar la competencia de precios sino la competencia de innovación. Si el gobierno quiere promover el crecimiento económico, deberá crear el marco legal que permita la compencia innovadora, aunque esto quiera decir que se admiten precios de monopolio a corto plazo. La manera de eliminar el monopolio es que un empresa innove y mejore el producto que tiene el monopolio existente. Esta "guerra" entre empresas innovadoras va a generar crecimiento a largo plazo.

Un tipo de política que parece obvio, pero que a menudo no funciona es la de los subsidios a la investigación. En el modelo presentado en este capítulo, el subsidio a la investigación no funciona porque no corrige la distorsión estática que proviene de los elevados precios de monopolio. Otro aspecto que puede llevar al fracaso de los subsidios públicos a la investigación es que, a menudo, el gobierno no tiene ni idea del tipo de investigación que será útil a las empresas o al mercado. Cuando el gobierno se mete en el negocio de la investigación, a menudo acaba subsidiando investigaciones tan inútiles como la historia de la vida privada de Enrique VIII o la econometría de series temporales.

Una política más prometedora es la que subsidia la compra de los productos que se han inventado. Es decir, en lugar de dedicarse a buscar la píldora o la medicina que curará el SIDA, el gobierno podría comprometerse a subsidiar la pastilla una vez inventada. De esta manera los enfermos comprarán la pastilla al coste marginal, la empresa inventora cobrará el precio de monopolio y la diferencia será lo que subsidia el gobierno.

Cuarta parte:

LA EVIDENCIA EMPÍRICA

— Entonces, señor Holmes, ¿cuál es su teoría sobre la desaparición de Mrs. Frances?
— Mi querido Watson, ¿cómo quiere que tenga una teoría si todavía no dispongo de toda la evidencia?

Sherlock Holmes en *La desaparición de Lady Frances Carfax.*

10. LA LITERATURA EMPÍRICA

Las experiencias económicas de los distintos países y regiones del mundo han sido extremadamente variadas. Entre los años 1960 y 1985, la mayor tasa de crecimiento anual del PIB per cápita en el mundo se registró en Singapur (7, 4 por ciento), seguido de Hong Kong (6, 6 por ciento) y Japón (5, 8 por ciento). En el otro extremo, Chad, Ghana y Mozambique, con tasas negativas del $-2,8$, $-1,7$ y $-1,7$, respectivamente, fueron los países que sufrieron los peores resultados económicos durante el mismo periodo de 25 años. Los determinantes de estas tasas de crecimiento son una combinación de factores específicos a cada país y factores más universales. Es decir, algunos de los "países milagro" han tenido suerte, otros han tenido buenas políticas económicas e instituciones sociales. Por su parte, algunos de los "países desastre" han sufrido guerras, han visto cómo el precio de sus materias primas caía en picado o cómo sus gobiernos eran incapaces de controlar el crimen o la corrupción. En este capítulo intentaremos averiguar, desde el punto de vista empírico, si hay algunos rasgos comunes entre los países que han triunfado o fracasado. Es decir, intentaremos sacar lecciones prácticas de las experiencias de las distintas economías del mundo durante periodos más o menos largos de tiempo, dando una visión panorámica de lo que ha sido la literatura empírica sobre el crecimiento en los últimos años. De manera muy resumida, podríamos decir que esta literatura ha tratado dos grandes temas: la convergencia económica y los determinantes últimos de la tasa de crecimiento a largo plazo. En este capítulo discutiremos ambos temas por este orden.

10.1 Conceptos de convergencia

Uno de los temas centrales de la literatura empírica es el de la convergencia económica. La razón es bien simple: la existencia de convergencia se propuso, ya desde un principio, como el test fundamental que tenía que distinguir entre los nuevos modelos de crecimiento endógeno y los modelos neoclásicos tradicionales de crecimiento exógeno. A mediados de los años ochenta, los nuevos teóricos del crecimiento endógeno argumentaron que el supuesto de rendimientos decrecientes del capital llevaba al modelo neoclásico a predecir la convergencia entre naciones. Por el contrario, los rendimientos constantes del capital subyacentes en todos los modelos de crecimiento endógeno comportan la predicción de no convergencia. El estudio empírico de la hipótesis de convergencia se presentaba, pues, como una manera sencilla de decir cuál de los dos paradigmas representaba una mejor descripción de la realidad.

En seguida se propusieron diferentes definiciones de convergencia. En este libro utilizaremos dos conceptos, a los que llamaremos σ-convergencia y β-convergencia.[1] Diremos que existe β-convergencia si las economías pobres crecen más que las ricas. En otras palabras, diremos que hay β-convergencia entre un conjunto de economías si existe una relación inversa entre la tasa de crecimiento de la renta y el nivel inicial de dicha renta. Este concepto de convergencia se confunde a menudo con otro concepto, según el cual la dispersión de la renta real per cápita entre grupos de economías tiende a reducirse en el tiempo. Esto es lo que llamamos σ-convergencia.

10.2 La relación entre β-convergencia y σ-convergencia

Aunque son diferentes, los dos conceptos de convergencia están relacionados. Supongamos que en un grupo de regiones $i = 1, \ldots, N$ se da β-convergencia. La tasa de crecimiento de la renta per cápita de la economía i entre el año $t-1$ y el año t viene dada por la diferencia $\gamma_{i,t} = \log(y_{i,t}) - \log(y_{i,t-1})$. La hipótesis de β-convergencia sugiere que esta tasa de crecimiento es una función negativa del nivel de renta en $t-1$. Por ejemplo, la tasa de crecimiento se podría escribir como

$$\log(y_{i,t}) - \log(y_{i,t-1}) = a - \beta \log(y_{i,t-1}) + u_{it}, \qquad [10.1]$$

donde u_{it} es un término de perturbación y β es una constante positiva tal que $0 < \beta < 1$. Un mayor coeficiente β corresponde a una mayor tendencia hacia la

[1] Esta terminología fue utilizada por primera vez por Sala-i-Martin (1990).

convergencia.[2] En los capítulos 2 y 3 vimos cómo el modelo neoclásico de crecimiento predice exactamente una relación entre crecimiento y nivel de renta como [10.1] con $\beta > 0$.[3] El modelo de crecimiento simple AK, por el contrario, predice $\beta = 0$. El término u_{it} en [10.1] recoge las perturbaciones transitorias que se dan en la función de producción, la tasa de ahorro, etcétera. Suponemos que u_{it} tiene media cero, la misma varianza para todas las economías, σ_u^2, y es independiente en el tiempo y entre economías.

Si sumamos $\log(y_{i,t-1})$ a ambos lados de [10.1], encontraremos que la renta real per cápita de la economía i puede aproximarse mediante la ecuación

$$\log(y_{i,t}) = a + (1 - \beta)\log(y_{i,t-1}) + u_{it}. \qquad [10.2]$$

Como medida de la dispersión de la renta en la sección cruzada de regiones, vamos a tomar la varianza muestral del logaritmo[4] de la renta

$$\sigma_t^2 = (1/N)\sum_{i=1}^{N}[\log(y_{i,t}) - \mu_t]^2, \qquad [10.3]$$

donde μ_t es la media muestral de $\log(y_{i,t})$. Si el número de observaciones, N, es grande, entonces la varianza muestral se aproxima a la varianza poblacional, y pode-

[2] La condición $\beta < 1$ elimina la posibilidad de "adelantamientos sistemáticos", en el sentido de que las economías que empiezan siendo pobres acaban sistemáticamente siendo más ricas que las que empiezan siendo ricas. Algunos economistas apuntan el hecho de que, en el muy largo plazo, dichos adelantamientos existen. La supuesta evidencia es que las hegemonías mundiales tienden a desaparecer. Por ejemplo, el imperio económico español se vio con el tiempo superado por el holandés, el cual se vio superado por el británico. Éste, a su vez, terminó su dominio cuando los Estados Unidos empezaron su liderazgo a mediados del siglo XX.

Hay que señalar que, aunque estos adelantamientos existan, no son evidencia de adelantamiento sistemático. Una ecuación como la [10.1] con $\beta < 1$ es consistente con el hecho de que, de vez en cuando, se cambie de líder, dado que el término estocástico u_{it} puede favorecer al segundo país. Cuando los dos primeros países están muy cerca el uno del otro, una secuencia favorable de shocks puede hacer que el seguidor acabe superando al líder y se convierta en el país más rico del mundo. En este caso habría adelantamientos, pero no serían sistemáticos, en el sentido de que sólo se deberían a la buena racha del seguidor. En el mundo real, nadie piensa que TODOS los países africanos acabarán siendo más ricos que los Estados Unidos por el simple hecho de que, en la actualidad, sean mucho más pobres. Es decir, nadie piensa que habrá adelantamientos sistemáticos. Por este motivo (y porque ninguno de los modelos de crecimiento que hemos estudiado predice adelantamientos sistemáticos), en este capítulo seguiremos suponiendo $\beta < 1$.

[3] Véase por ejemplo la ecuación [3.37].

[4] La varianza muestral del logaritmo es invariante con el nivel de renta media de las economías estudiadas. En este sentido, es una medida empíricamente cercana al coeficiente de desviación, por el que se divide la varianza de una variable (no del logaritmo de la variable) por el cuadrado de la media de dicha variable.

mos utilizar [10.2] para derivar la evolución de σ_t^2 en el tiempo:

$$\sigma_t^2 \cong (1-\beta)^2 \cdot \sigma_{t-1}^2 + \sigma_u^2. \quad [10.4]$$

Ésta es una ecuación en diferencias de primer orden, que es estable si $0 < \beta < 1$.[5] Si no existe β-convergencia, de modo que $\beta \leq 0$, no puede haber σ-convergencia. Dicho de otro modo, β-convergencia es una *condición necesaria* para la existencia de σ-convergencia. En palabras, esto quiere decir que para que las economías se acerquen, es necesario que las pobres crezcan más que las ricas. Para ver si también es una condición suficiente, podemos resolver la ecuación en diferencias y expresar σ_t^2 como función del tiempo:

$$\sigma_t^2 = (\sigma^2)^* + \left[\sigma_o^2 - (\sigma^2)^*\right] \cdot (1-\beta)^{2t}, \quad [10.5]$$

donde $(\sigma^2)^*$ es el valor de estado estacionario de σ_t^2 (es decir, el valor de σ^2 cuando $\sigma_t^2 = \sigma_{t-1}^2$ para todo t) y viene dado por

$$(\sigma^2)^* = \sigma_u^2/[1-(1-\beta)^2].$$

La dispersión de estado estacionario disminuye cuando β aumenta, pero aumenta con la varianza de la perturbación, σ_u^2. Nótese que esta dispersión es positiva incluso si $\beta < 0$.

La ecuación [10.5] dice que si, como estamos suponiendo, $0 < \beta < 1$, entonces σ_t^2 se aproxima monótonamente a su valor de estado estacionario $(\sigma^2)^*$, dado que se trata de una función exponencial del tiempo donde la base de la exponencial es menor que uno. Notamos, sin embargo, que el término que multiplica a esta exponencial puede ser positivo o negativo, por lo que, a lo largo de la trayectoria hacia $(\sigma^2)^*$, el valor de σ_t^2 puede aumentar o disminuir dependiendo de si el valor inicial de σ está por encima o por debajo de $(\sigma^2)^*$. Es decir, si la varianza inicial es superior a la final, entonces σ_t^2 se reduce a lo largo de la transición hacia el estado estacionario (hay σ-convergencia). Si, por el contrario, la varianza inicial es inferior a la final, entonces σ_t^2 aumenta a lo largo del tiempo. En particular, nótese que σ_t^2 podría aumentar durante la transición incluso si $\beta > 0$. En otras palabras, puede haber β-convergencia y σ-divergencia, por lo que β-convergencia *no es una condición suficiente* para la existencia de σ-convergencia.

En resumen, los conceptos de β-convergencia y σ-convergencia son distintos aunque están relacionados. La existencia de β-convergencia es una condición necesaria aunque no suficiente para la existencia de σ-convergencia. En las secciones

[5]Recordemos que para que sea estable, el coeficiente de una ecuación en diferencias lineal como [10.4] debe ser menor que uno. La condición $(1-\beta)^2 < 1$ implica, a su vez, $0 < \beta < 2$. Este rango de valores de β se satisface para nuestro ejemplo, dado que estamos suponiendo $0 < \beta < 1$.

siguientes analizaremos separadamente la evidencia empírica sobre ambos tipos de convergencia.

10.3 La necesidad de estudiar los dos tipos de convergencia

Algunos autores han sostenido que el concepto de β-convergencia es irrelevante porque el único elemento de interés es si las economías se mueven más cerca unas de otras a medida que el tiempo transcurre (Quah, 1993a, sostiene con fuerza esta posición en el contexto de la falacia de Galton; véase también Friedman, 1992). Nosotros tenemos tendencia a discrepar de dicha posición, ya que creemos que ambos conceptos de convergencia son interesantes. Permítasenos ilustrar por qué la β-convergencia es interesante mediante un ejemplo donde —por construcción— se elimina la σ-convergencia. Consideremos las clasificaciones ordinales de los equipos de la Asociación Norteamericana de Baloncesto (NBA) en el tiempo. La dispersión de clasificaciones es constante por definición. Los analistas deportivos y los propietarios de la NBA están interesados en cuestiones como ¿cuán rápidamente los grandes equipos pasan a la mediocridad?, ¿cuánto tiempo duran las dinastías en baloncesto? Por ejemplo, ¿cuánto tiempo fue necesario para que los extraordinarios Boston Celtics de las décadas de los cincuenta y de los sesenta y Los Angeles Lakers de la década de los ochenta se convirtiesen en equipos de calidad media? ¿Cuánto tiempo pasará hasta que los Chicago Bulls vuelvan a la mediocridad, ahora que el extraordinario Michael Jordan se ha retirado?

La pregunta inversa también es interesante: ¿con qué rapidez un equipo mediocre se convierte en un equipo importante? Por ejemplo, ¿cuánto tiempo fue necesario para crear los Celtics de los años cincuenta, los Lakers de los ochenta o los Bulls de los noventa? Uno podría estar interesado incluso en el tipo de políticas que la NBA pudiera introducir para transformar malos equipos en grandes equipos en un tiempo tan corto como fuese posible. Por ejemplo, podríamos preguntarnos si la introducción del *draft* (gracias al cual, los equipos que quedan últimos tienen preferencia a la hora de fichar nuevos jugadores) contribuye a la eliminación de las dinastías deportivas.

Por poner un ejemplo más cercano, podríamos también preguntarnos qué mecanismos de la Liga Española de Fútbol permiten que dos equipos (Barcelona y Real Madrid) ganen la mayor parte de los títulos. Una vez identificados tales mecanismos, podríamos pensar en medidas que aumentasen el interés de la Liga en su conjunto. Por ejemplo, a diferencia de lo que sucede en la Liga Americana, en España el equipo más rico (y no el que quedó peor clasificado en la temporada anterior) es el que tiene la capacidad de comprar a los mejores jugadores. Uno podría estar interesado en preguntarse si la introducción en España de un sistema de fichajes tipo *draft* ayudaría a aumentar la cantidad de equipos capaces de ganar la Liga frecuentemente. Creemos que todas estas cuestiones son interesantes. Pero téngase en cuenta que todas ellas se refieren al concepto de β-convergencia, no al de σ-convergencia. De hecho, reducir la varianza en una sección cruzada de equipos que forman parte de una liga deportiva probablemente no tendría sentido (considérese qué interés tendría una liga deportiva en la que todos los equipos empatasen a puntos cada año).

Pueden plantearse cuestiones similares para las economías. Por ejemplo, es interesante conocer si es predecible que los países pobres crecerán más que los países ricos. También es interesante saber con qué rapidez el país pobre promedio se convierte en un país rico y con qué rapidez el país rico promedio se convierte en pobre, con independencia de si la varianza agregada para la sección cruzada de países está reduciéndose o aumentando. Por ejemplo, si supiéramos que los países pobres se convierten en países ricos en pocos años, entonces no nos preocuparíamos incluso de si la varianza es grande o pequeña, ya que sabríamos que los países pobres saldrían de la pobreza en poco tiempo. De manera similar (y desgraciadamente) el análisis que se resume más adelante sugiere que las economías pobres seguirán siéndolo durante mucho tiempo. Dada esta circunstancia, es de importancia secundaria conocer si la dispersión global en el mundo se reduce o no. Por tanto, si nos obligasen a decir cuál de los dos conceptos de convergencia encontramos más interesante, probablemente escogeríamos la β-convergencia (aunque queremos dejar claro que ambos conceptos de convergencia proporcionan información útil y, como tal, deben ser estudiados).

10.4 La evidencia internacional: primeros resultados

En los años ochenta, Alan Heston y Robert Summers publicaron un monumental conjunto de datos que documentaba el nivel del producto nacional de más de 130 países de todo el mundo. Los datos, que eran anuales y que empezaban en 1960 para casi todos los países, ajustaban el nivel del PIB para cada país a las diferencias de precios y de niveles de vida. De esta manera, se dispuso por primera vez de un conjunto de datos que permitía comparar niveles de actividad reales entre diferentes países, sin necesidad de preocuparse por los precios o tipos de cambio.

El gráfico 10.1 presenta la relación entre la tasa de crecimiento anual per cápita entre 1960 y 1985 para 114 países[6] de los cinco continentes y el logaritmo del nivel de renta per cápita en 1960. Es decir, se expresa gráficamente una relación como la descrita algebraicamente por la ecuación [10.1]. Si existiera β-convergencia, entonces tendríamos que encontrar una relación inversa entre las dos variables. Vemos en el gráfico que dicha relación no existe. De hecho, el coeficiente de correlación entre las

[6] De la muestra original de Summers y Heston se han excluido las economías que, en su día, fueron llamadas socialistas. La razón es que los datos reportados por los regímenes de estos países eran, como los números complejos, mitad reales y mitad imaginarios.

dos variables es positivo, aunque no significativo. Es decir, no parece que los países del mundo converjan en el sentido β.

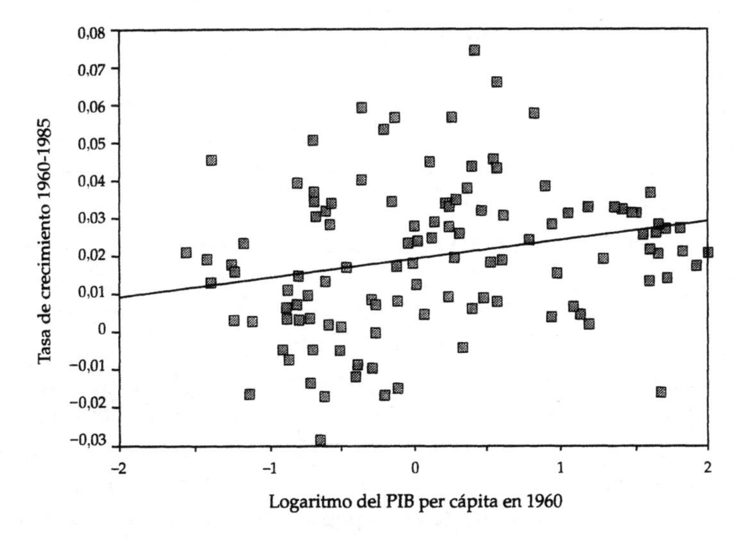

Gráfico 10.1. Convergencia del PIB per cápita entre 114 países.

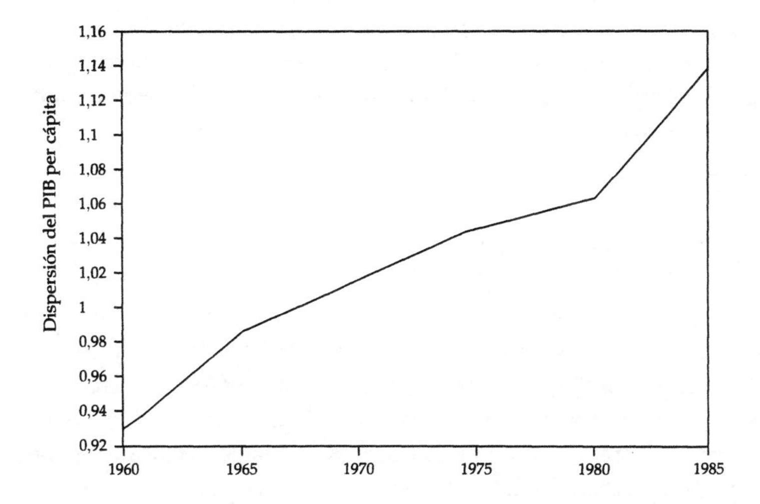

Gráfico 10.2. Dispersión del PIB pdr cápita entre 114 países.

El gráfico 10.2 muestra la evolución temporal de la dispersión de la renta per cápita entre el mismo conjunto de países. De acuerdo con la ecuación [10.3], la medida de dispersión utilizada es la desviación estándar del logaritmo de la renta per cápita. Se ha calculado esta dispersión cada cinco años empezando en 1960. El resultado, que se puede visualizar en el gráfico 10.2, es simple: la dispersión aumenta a medida que transcurre el tiempo. Los países del mundo, por lo tanto, tampoco convergen en el sentido σ.

La conclusión a la que se llegó después de analizar los datos de Summers y Heston, era que los países del mundo no convergen ni en el sentido β ni en el sentido σ. Esto se tomó como evidencia en favor de los modelos de crecimiento endógeno, en detrimento de los modelos neoclásicos de rendimientos decrecientes del capital. El aparente fracaso empírico de los modelos neoclásicos fue una de las causas determinantes del extraordinario éxito que los modelos endógenos cosecharon durante las décadas de los ochenta y noventa.

Incluso la poca evidencia que existía en favor de la hipótesis de convergencia entre países ricos (presentada por Baumol, 1986) se desestimó con el argumento de que, al tratarse de países que habían acabado siendo ricos, era lógico que hubieran convergido entre ellos. Es decir, al trabajar con una muestra de países que eran ricos en 1979, las economías que no habían convergido se habían excluido de la muestra. La existencia de convergencia entre los países estudiados, por lo tanto, estaba poco menos que garantizada. En este sentido, DeLong (1988) aumentó la muestra de países estudiados por Baumol con países que parecían ricos a principios de siglo, fueran o no ricos en 1979. Muchos de estos países, entre los que se incluían España, Argentina, Brasil o Irlanda, no se habían industrializado todo lo que uno hubiera esperado a principios de siglo. Sus niveles de renta per cápita fueron divergiendo de los de los países que eran ricos en 1979. Con ello, la evidencia en favor de la convergencia económica desapareció de la literatura. Ello representó una nueva victoria para los modelos de crecimiento endógeno y una derrota para el modelo neoclásico tradicional.

10.5 Convergencia condicional

A principios de los años noventa, los economistas neoclásicos hicieron su propia contrarrevolución. Sala-i-Martin (1990), Barro y Sala-i-Martin (1991, 1992a, 1992b) y Mankiw, Romer y Weil (1992) negaron el hecho de que el modelo neoclásico hiciera la predicción de convergencia y negaron, por lo tanto, que la evidencia presentada hasta entonces pudiera ser utilizada en contra del modelo neoclásico. El argumento utilizado fue el siguiente. En los capítulos 2 y 3 hemos visto que si los parámetros tecnológicos de preferencias e institucionales de dos economías neoclásicas son distintos, entonces las dos economías se acercarán a dos estados estacionarios distintos. El modelo neoclásico predice que la tasa de crecimiento de una economía está inversamente relacionada con la distancia que la separa de su propio estado estacionario. Solamente en el caso de que todas las economías se acerquen al mismo estado estacionario esta predicción es equivalente a la de que las pobres crecerán más que las ricas. Por ejemplo, vimos cómo el modelo de Solow y Swan desarrollado en el capítulo

1 dice que el nivel de capital y renta en el estado estacionario está positivamente relacionado con la tasa de ahorro y el nivel de la tecnología y negativamente relacionado con las tasas de depreciación y de crecimiento de la población. En este caso, solamente si todos los países tienen las mismas tasas de ahorro, tecnología, depreciación y crecimiento de la población, encontraremos convergencia absoluta, en el sentido de que las economías más pobres crecerán más que las ricas.

Los autores arriba mencionados desarrollaron el concepto de *convergencia condicional* o *relativa* para contraponerlo al concepto de *convergencia absoluta* utilizado hasta entonces. Como la evidencia empírica disponible hasta aquel momento demostraba la falta de convergencia absoluta, no podía decirse que los datos entraban en contradicción con el modelo neoclásico. Sí que podía argumentarse que entraban en contradicción con el modelo neoclásico si además se suponía que todos los países eran iguales, en el sentido de que disponían de las mismas preferencias, tecnologías e instituciones. Pero esto no era más que un supuesto hecho por el investigador, supuesto que, por su parte, no tiene ninguna base empírica. Para hacer un test del modelo neoclásico, había que ir más allá de la convergencia absoluta y se tenía que medir de alguna manera la distancia entre el nivel de renta de un país y su nivel de renta en el estado estacionario. Es decir, había que encontrar una correlación parcial negativa entre crecimiento y nivel de renta, condicional al estado estacionario.

Empíricamente, hay por lo menos dos maneras de "condicionar" los datos. La primera es limitar el estudio a conjuntos de economías "parecidas", en el sentido de que están pobladas por individuos con preferencias similares, con instituciones y sistemas impositivos y legales parecidos, y empresas que se enfrentan a funciones de producción parecidas. Si se dan todos estos factores, entonces uno debería encontrar convergencia absoluta entre este grupo de economías, dado que todas ellas tenderán a acercarse al mismo estado estacionario y, por lo tanto, tenderán a acercarse entre ellas. Un ejemplo de este tipo de economías podrían ser las regiones dentro de un mismo país, como son por ejemplo los estados de los Estados Unidos, las prefecturas japonesas o las Comunidades Autónomas españolas. Una posible crítica al método de utilizar economías regionales es que éstas son economías abiertas, en el sentido de que el capital fluye libremente entre las distintas regiones. Sin embargo, en el capítulo 1 vimos que el modelo neoclásico con movilidad de capital es muy parecido al modelo de economía cerrada si la fracción de capital que se puede utilizar como aval en transacciones internacionales no está muy cerca de uno (véase la sección de economía abierta del capítulo 1, en la que se desarrolla una versión sencilla del modelo de Barro, Mankiw y Sala-i-Martin (1994)).

Una segunda manera de condicionar los datos es la utilización de regresiones múltiples. Diremos que un conjunto de economías presenta β-convergencia condicional si la correlación parcial entre crecimiento y renta inicial es negativa. En otras palabras, si efectuamos una regresión con datos de sección cruzada del crecimiento sobre la renta inicial, manteniendo constante un cierto número de variables adicionales (que actúan de proxi del estado estacionario), y encontramos que el coeficiente de la renta inicial es negativo, entonces decimos que las economías en nuestro conjunto de datos presentan β-convergencia condicional.

En las siguientes secciones estudiaremos los resultados que se encuentran cuando se utilizan los dos tipos de "condicionamiento". Primero veremos los resultados de la convergencia regional y después analizaremos qué es lo que sucede cuando rehacemos el análisis de países, utilizando el concepto de convergencia condicional.

10.6 Convergencia interregional

A continuación utilizamos los datos regionales de los diferentes países para analizar la convergencia regional de las rentas per cápita. En lugar de estimar una regresión lineal como la descrita en [10.1], estimaremos una relación no lineal como la siguiente:

$$\gamma_{i,t_0,t_0+T} = a - [(1 - e^{-\beta T})/T] \cdot \log(y_{i,t_0,t_0+T}) + u_{i,t_0,t_0+T} \qquad [10.6]$$

donde γ_{i,t_0,t_0+T} es la tasa de crecimiento anual de la economía i entre los periodos t_0 y $t_0 + T$ y viene dada por $(1/T)\log[y_{i,t_0+T}/y_{i,t_0}]$, y donde $u_{it_0,\, t_0+T}$ representa el promedio de los términos de error, u_{it}, entre los momentos t_0 y $t_0 + T$. La razón por la que preferimos estimar esta ecuación no lineal es triple. Primero, el parámetro β nos da directamente la velocidad de convergencia de la economía. Segundo, vemos que el coeficiente del logaritmo del nivel de renta $b \equiv [(1 - e^{-\beta T})/T]$ es una función decreciente de la duración del periodo de estimación. Es decir, si estimamos una ecuación de convergencia entre 1880 y 1990 (T = 110 años) con una función lineal, el parámetro que multiplica la renta inicial será menor que si la estimamos entre 1880 y 1900 (T = 20 años), por el simple hecho de que la duración del periodo es superior. Para evitar este problema, podemos estimar el parámetro β directamente. Vemos que β es independiente de la duración del periodo de estimación T. La tercera razón por la que preferimos estimar [10.6] en lugar de una versión lineal como [10.1] es que ésta es precisamente la ecuación que predice el modelo neoclásico. Si miramos la ecuación [3.37] del capítulo 3, vemos que la linearización del modelo neoclásico alrededor del estado estacionario da precisamente una ecuación igual a [10.6].

El cuadro 1 muestra estimaciones de la ecuación [10.6] por mínimos cuadrados no lineales para 48 estados norteamericanos en el periodo que abarca desde 1880 hasta 1990. Cada entrada contiene cuatro cifras. La primera es la estimación de β. Debajo de ella (entre paréntesis) se presenta su error estándar. A su derecha mostramos el R^2 ajustado de la regresión y debajo de éste, se presenta el error estándar de la regresión (todas las ecuaciones se han estimado con términos constantes, que no se muestran en el cuadro 1).

La primera columna presenta la estimación de β para una única muestra con una dimensión temporal muy larga (1880 – 1990). La estimación puntual es 0, 0174 (error estándar = 0, 0026).[7] El elevado valor del R^2 también puede apreciarse visualmente en el gráfico 10.3, donde se presenta el crecimiento medio de la renta per cápita entre 1880 y 1990 frente al logaritmo de la renta per cápita en 1880.

La tercera columna muestra los resultados obtenidos de una regresión que utiliza un panel formado con datos de cada 10 años (de cada 20 años en los periodos 1880-1900 y 1900-1920). Restringimos la estimación de β en el tiempo, pero permitimos la presencia de efectos fijos temporales. También mantenemos constantes las proporciones que las rentas procedentes de la agricultura y de la industria suponen sobre la renta total para aproximar las perturbaciones sectoriales que afectan al crecimiento en el corto plazo. Estas variables no afectan a las estimaciones de β en el largo plazo. La estimación puntual restringida de β es 0, 022 (error estándar = 0, 002), que implica una velocidad de convergencia del 2% anual.

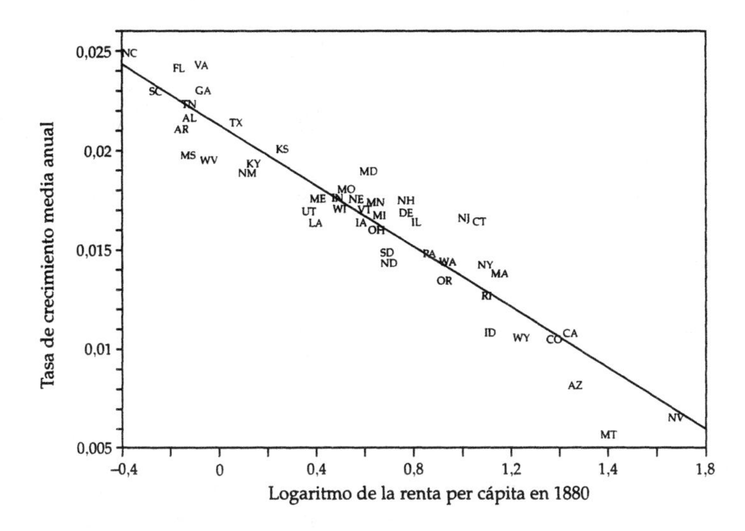

Gráfico 10.3. Convergencia de la renta per cápita entre los Estados Unidos.

El gráfico 10.4 muestra la desviación típica de sección cruzada del logaritmo de la renta personal per cápita neta de transferencias para 48 Estados norteamericanos desde 1880 a 1992. Observamos que la dispersión se redujo desde 0, 54 en 1880 a 0, 33 en 1920, pero luego aumentó a 0, 40 en 1930. Este aumento refleja la perturbación que afectó negativamente a la agricultura durante la década de 1920: los estados agrícolas eran relativamente pobres en 1920 y sufrieron una reducción adicional en sus rentas como consecuencia de la caída de los precios agrícolas. Después de 1930, la dispersión disminuyó a 0, 35 en 1940, 0, 24 en 1950, 0, 21 en 1960, 0, 17 en 1970,

[7] Esta regresión incluye 47 Estados o territorios. No se dispone de los datos del territorio de Oklahoma para 1880.

Cuadro 10.1 **Convergencia regional**

	Regresión con una muestra de largo plazo		Estimaciones de panel
Países	β (e.e.)	R^2 [e.e. Reg.]	β (e.e.)
EE UU	0,017	0,89	0,022
(48 Estados)	(0,002)	[0,0015]	(0,002)
(1880-1990)			
Japón	0,019	0,59	0,031
(47 prefect.)	(0,004)	[0,0027]	(0,004)
(1955-1990)			
Total Europa	0,015	—	0,018
(90 regiones)	(0,002)	—	(0,003)
(1950-1990)			
Alemania	0,014	0,55	0,016
(11 reg.)	(0,005)	[0,0027]	(0,006)
Reino Unido	0,030	0,61	0,029
(11 reg.)	(0,007)	[0,0021]	(0,009)
Francia	0,016	0,55	0,015
(21 reg.)	(0,004)	[0,0022]	(0,003)
Italia	0,010	0,46	0,016
(20 reg.)	(0,003)	[0,0031]	(0,003)
España	0,023	0,63	0,016
(17 reg.)	(0,007)	[0,004]	(0,005)
(1955-1987)			
Canadá	0,024	0,29	—
(10 prov.)	(0,008)	[0,0025]	—

Notas:

Las regresiones utilizan mínimos cuadrados no lineales para estimar ecuaciones de la forma:

$$(1/T)\log(y_{it}/y_{i,t-T}) = a - [\ln(y_{i,t-T})](1 - e^{-\beta T})(1/T) + \text{ otras variables},$$

donde $y_{i,t-T}$ es la renta per cápita en la región i al comienzo del intervalo dividida por el índice de precios al consumo (IPC) global; T es la duración del intervalo; "otras variables" se refiere a *dummies* regionales y variables sectoriales que mantienen constantes las perturbaciones transitorias que pudieran afectar al comportamiento económico de la región, de manera que estuviese correlacionado con el nivel de renta inicial (recuérdese que cuando el término de error está correlacionado con la variable explicativa, entonces la estimación de β por mínimos cuadrados ordinarios está sesgada).

La primera columna es la estimación de β. Debajo de ella (entre paréntesis) se presenta su error estándar. A su derecha se muestra el R^2 ajustado de la regresión y debajo del R^2 se presenta el error estándar de la ecuación. De esta manera, las *dummies* regionales y/o las variables estructurales constantes no se presentan en el cuadro.

Los coeficientes para Total Europa incluyen una *dummy* para cada uno de los ocho países.

La columna 1 presenta el valor de β estimado con una sección cruzada única utilizando el horizonte temporal más amplio posible. Por ejemplo, para Estados Unidos, el coeficiente β estimado regresando la tasa de crecimiento medio entre 1880 y 1990 es $\beta = 0,017$ (error estándar = 0,002).

La columna 3 presenta la estimación de panel cuando se supone que todos los subperiodos tienen el mismo coeficiente β. Esta estimación permite la existencia de efectos temporales. Para la mayoría de los países, la restricción de que β sea constante en todos los subperiodos no puede rechazarse (véase Barro y Sala-i-Martin (1994, capítulo 11)).

y alcanzó su punto más bajo (0, 14) en 1976. Este descenso de largo plazo se paró mediada la década de los setenta después de la crisis del petróleo y σ_t aumentó a 0, 15 en 1980 y a 0, 19 en 1988. El aumento en la dispersión dejó paso de nuevo a un descenso a partir de los dos últimos años de la década de los ochenta y así la dispersión continuó cayendo hasta 1992. Un aspecto interesante del gráfico 10.4 es que el comportamiento de la dispersión de la renta personal neta de transferencias es muy similar a la relativa a la renta personal bruta de transferencias. En particular, la dispersión de ambos conceptos de renta cayó después de 1930, aumentó entre 1977 y 1988 y cayó entre 1988 y 1992. Esto es cierto aunque el nivel de la dispersión es menor para la renta neta de transferencias. De hecho, parece como si la existencia de transferencias ayudase a reducir la dispersión entre estados de la renta per cápita. Sin embargo, las transferencias interestatales no son responsables de la caída a largo plazo en la dispersión de la renta.

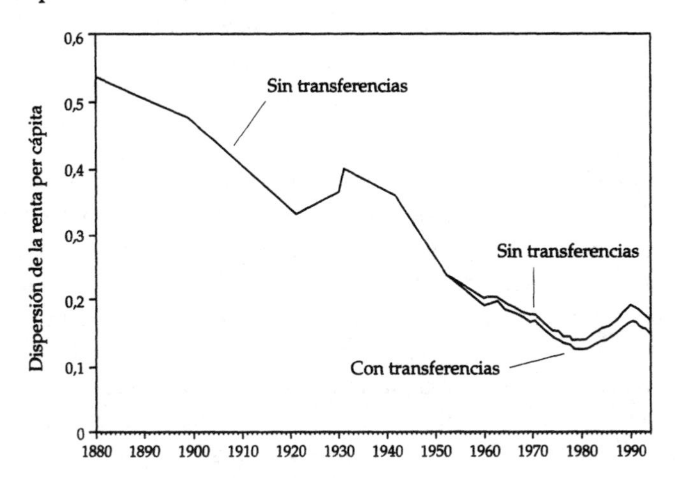

Gráfico 10.4. Dispersión de la renta per cápita entre los Estados de EE UU, 1880-1992.

La segunda fila del cuadro 1 presenta estimaciones similares para 47 prefecturas japonesas en el periodo 1955-1987. La primera columna corresponde a una única regresión para el periodo 1955-1987. El coeficiente β estimado de la regresión es 0, 019. El cuadro 1 utiliza datos a partir de 1955 porque los datos de renta por sectores no están disponibles para fechas anteriores a 1955. No obstante, existen datos de renta desde 1930. Si utilizamos los datos de 1930, la velocidad de convergencia estimada sería 0, 027 (error estándar = 0, 003). Este buen ajuste puede también apreciarse en el gráfico 10.5. La fuerte y evidente correlación negativa entre la tasa de crecimiento habida entre 1930 y 1987 y el logaritmo de la renta per cápita en 1930 confirma la existencia de β-convergencia entre las prefecturas japonesas (véase Shioji, 1994, para un estudio detallado de la convergencia entre prefecturas japonesas).

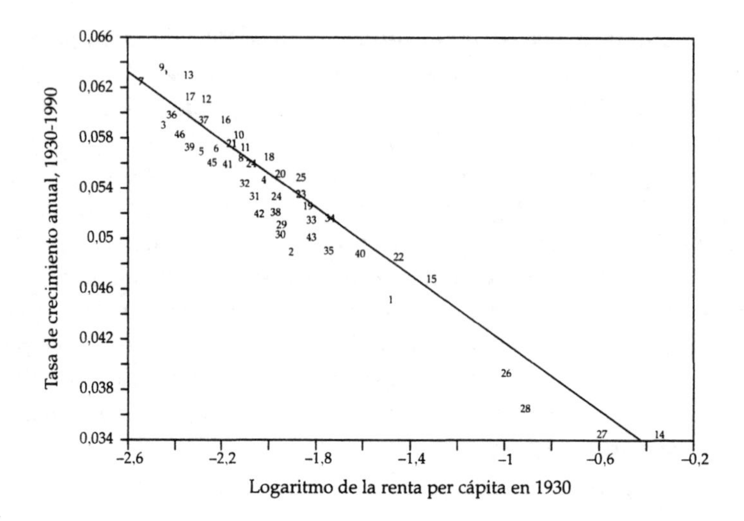

Gráfico 10.5. Convergencia de la renta per cápita entre prefecturas japonesas, 1930-1990.

Para ver en qué medida ha existido σ-convergencia entre las prefecturas de Japón, calculamos la desviación típica de sección cruzada no ponderada del logaritmo de la renta per cápita, σ_t, para las 47 prefecturas desde 1930 a 1990. El gráfico 10.6 muestra que la dispersión de la renta personal se elevó desde $0,47$ en 1930 hasta $0,63$ en 1940. Una explicación de este fenómeno reside en la explosión acaecida en el gasto militar durante el periodo. La tasa de crecimiento media de los distritos 1 (Hokkaido-Tohoku) y 7 (Kyushu) —que eran predominantemente agrícolas— fue del $-2,4\%$ y $-1,7\%$ anual, respectivamente. Por otra parte, las regiones industriales de Tokio, Osaka y Aichi crecieron al $+3,7\%$, $+3,1\%$ y $+1,7\%$ anual, respectivamente.

La dispersión entre prefecturas se redujo mucho a partir de 1940: cayó a $0,29$ en 1950, a $0,25$ en 1960, a $0,23$ en 1970 y alcanzó un mínimo de $0,125$ en 1978. Desde entonces ha experimentado un ligero aumento: σ_t creció a $0,13$ en 1980, $0,14$ en 1985 y $0,15$ en 1987. A partir de esta última fecha la dispersión se ha mantenido relativamente constante.

Una explicación popular del incremento en la dispersión durante los años ochenta es el despegue de la región de Tokio respecto del resto de Japón. Como Tokio era relativamente más rica a finales de los setenta (la renta per cápita media en términos reales de Tokio era de 2 millones de yens y la media para el resto de Japón era de $1,751$ millones de yens) y creció más rápidamente durante los años ochenta ($2,95\%$ anual frente a $2,16\%$ anual), esto podría explicar esta aparente divergencia. Para comprobar este punto, Barro y Sala-i-Martin (1992b) calcularon la desviación típica de sección cruzada del logaritmo de la renta per cápita para los siete distritos japoneses y para esos mismos distritos pero excluyendo el distrito de Kanto-Koshin (que incluye Tokio). La exclusión de la región de Tokio reduce la varianza en todos los periodos, pero no cambia el comportamiento general de σ_t en el tiempo. El aumento en la dispersión durante los años ochenta es mayor si se incluye la región de Tokio, pero es aún creciente si se excluye. Así pues, aunque Tokio contribuyó al aumento general en la dispersión durante los años ochenta, su despegue no lo llega a explicar totalmente.

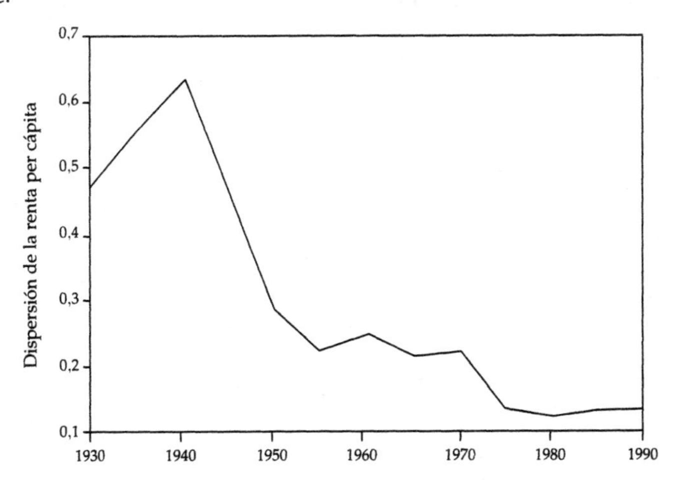

Gráfico 10.6. Dispersión de la renta per cápita entre prefecturas japonesas, 1930-1990.

Las filas 3 a 8 del cuadro 1 se refieren a la β-convergencia entre 90 regiones europeas pertenecientes a ocho países (Alemania, Francia, Reino Unido, Italia, Holanda, Bélgica, Dinamarca y España). La fila número 3 se refiere a la estimación de β para una muestra de 40 años, desde 1950 hasta 1990, cuando restringimos la velocidad de convergencia a ser la misma para las 90 regiones. Sin embargo, esta estimación permite la presencia de efectos fijos para cada país concreto. La velocidad de convergencia estimada es $0,015$ (error estándar = $0,002$). La estimación de β cuando permitimos que cada una de las cuatro décadas tenga un efecto fijo temporal es $0,018$ (error estándar = $0,003$).

El gráfico 10.7 muestra la relación de la tasa de crecimiento del PIB per cápita (renta per cápita para España) desde 1950 a 1990 (1955 a 1987 para España) con el PIB per cápita en 1950 para las 90 regiones consideradas. Los valores que se indican están medidos con relación a las medias de los países respectivos. El gráfico muestra el tipo de relación negativa que nos es familiar tras haber visto el caso de los estados norteamericanos y de las prefecturas japonesas. La correlación entre la tasa de crecimiento y el logaritmo del PIB inicial per cápita en el gráfico 10.7 es $-0,72$. Como las cifras están expresadas con relación a las medias de cada país, la relación que se observa en el gráfico 10.7 se refiere a la β-convergencia dentro de los países en vez de entre países y se corresponde con las estimaciones de la columna 1 del cuadro 1.

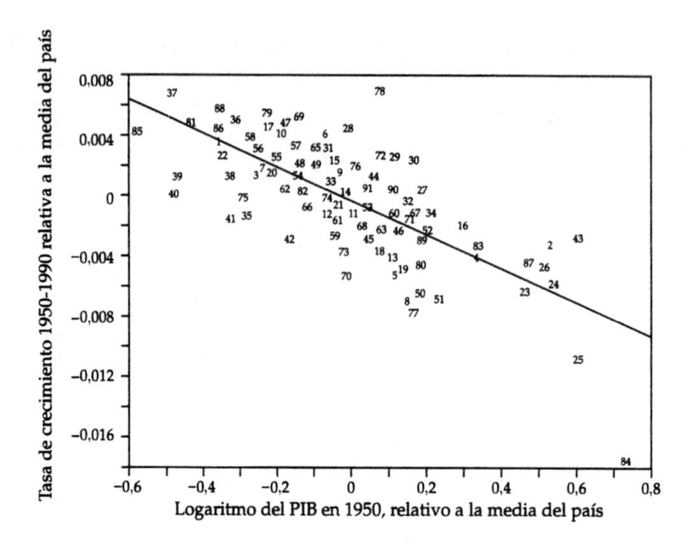

Gráfico 10.7. Convergencia del PIB per cápita entre 90 regiones de cinco países europeos.

Las estimaciones obtenidas con la muestra larga para cada uno de los cinco países más grandes (Alemania, Reino Unido, Francia, Italia y España) se presentan en las cinco filas siguientes. Las estimaciones van desde 0, 010 (error estándar = 0, 003) para Italia hasta 0, 030 (error estándar = 0, 007) para el Reino Unido. Las estimaciones restringidas de panel para cada país se muestran en la columna 3. Nótese que todas las estimaciones puntuales individuales están próximas al 0, 020 o dos por ciento anual. Van desde 0, 0148 para Francia hasta 0, 0292 para el Reino Unido. Las estimaciones para España son 0, 023 (error estándar = 0, 007) con la muestra larga y 0, 016 (error estándar = 0, 004) para el panel con efectos fijos temporales (véase Dolado, González-Páramo y Roldán (1994) para un estudio detallado de la convergencia regional en España).

La última fila del cuadro muestra los resultados para Canadá durante el periodo 1961 a 1991 obtenidos por Coulombe y Lee (1993). La estimación de β con la muestra de 30 años es 0, 024 (error estándar = 0, 008).

El gráfico 10.8 muestra el comportamiento de σ_t para las regiones dentro de los cinco mayores países de la muestra: Alemania, Reino Unido, Italia, Francia y España. La clasificación de los países por el tamaño de su dispersión regional es siempre la misma: de mayor a menor dispersión, la clasificación es Italia, España, Alemania, Francia y el Reino Unido. El patrón generalmente observado muestra un descenso en σ_t en el tiempo y en todos los países, aunque desde 1970 en Alemania y el Reino Unido el cambio neto habido ha sido pequeño. En particular, el aumento en σ_t en el Reino Unido —el único productor de petróleo en la muestra europea— entre 1974 y 1980 refleja probablemente el efecto de las crisis del petróleo. En 1990, los valores de

σ_t son 0, 27 para Italia, 0, 22 para España (este valor corresponde a 1987), 0, 186 para Alemania, 0, 139 para Francia y 0, 122 para el Reino Unido.

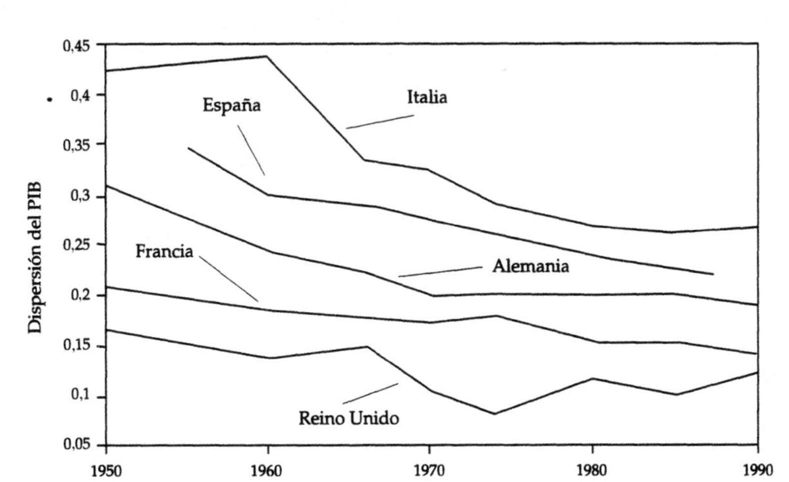

Gráfico 10.8. Dispersión del PIB per cápita entre las regiones de cinco países europeos.

10.7 Regresiones de Barro y evidencia nacional

La principal lección que podemos extraer del apartado anterior es que existe convergencia tanto en el sentido β como en el σ entre las regiones de Estados Unidos, Japón, Europa, España y Canadá. Además, hemos visto que la velocidad de β-convergencia es sorprendentemente similar entre países: alrededor de un dos por ciento.

Desde un punto de vista teórico, esto representa evidencia en favor del modelo neoclásico si estamos dispuestos a suponer que las diferentes regiones de un mismo país tienen tecnologías, gustos e instituciones similares, de manera que no sea descabellado imaginar que se acercan a un mismo estado estacionario. Bajo estas circunstancias, los fenómenos de convergencia condicional y convergencia absoluta son idénticos.

El supuesto de tecnología, gustos e instituciones similares es menos atractivo cuando se comparan diferentes países del mundo. Aunque también estén poblados por distintos tipos de personas, Oklahoma y Tennessee son "más parecidos" que Ghana y Japón. Lo mismo se podría decir de las tecnologías a las que estas mismas economías tienen acceso o las instituciones sociales y políticas que las gobiernan. Por este motivo, cuando hacemos estudios internacionales de sección cruzada, no podemos suponer que las distintas economías se acercan a un mismo estado estacionario.

Para estudiar la existencia de convergencia condicional en este caso, como ya se indicó anteriormente, se recurre a la regresión múltiple. Es decir, se tiene que hacer una regresión de la tasa de crecimiento como variable dependiente y el nivel inicial de renta y las variables que creemos que determinan el estado estacionario como variables explicativas. Formalmente, para investigar la posibilidad de existencia de convergencia condicional, es necesario extender la ecuación [10.1] a

$$\gamma_{i,t} = a - \beta \log(y_{i,t-1}) + \phi X_{i,t-1} + u_{it}, \tag{10.7}$$

donde $\gamma_{i,t}$ es la tasa de crecimiento de la economía i entre el periodo $t-1$ y t, u_{it} es el shock estocástico que recoge las perturbaciones transitorias de la función de producción, tasa de ahorro, etcétera, y $X_{i,t-1}$ es un vector de variables que determinan la posición de estado estacionario de la economía. Diremos que hay convergencia condicional si el signo del coeficiente β es negativo, una vez se han incluido las variables X en la regresión. Desde el punto de vista econométrico, la distinción entre convergencia condicional y absoluta tiene que ver con el problema clásico de variables excluidas. Por ejemplo, imaginemos que la ecuación que verdaderamente describe el comportamiento de las economías bajo estudio es la ecuación [10.7] pero que, en lugar de estimar [10.7], estimamos una regresión de convergencia absoluta

$$\gamma_{i,t} = a - \beta \log(y_{i,t-1}) + \omega_{it}. \tag{10.8}$$

La perturbación $\omega_{i,t}$ es igual a $\phi X_{i,t-1} + u_{it}$, de manera que incluye los elementos que determinan el estado estacionario de la economía. Si, como parece normal, el término $X_{i,t-1}$ está correlacionado con el nivel de renta $y_{i,t-1}$, entonces la exclusión de la variable $X_{i,t-1}$ de la regresión (y su consiguiente inclusión en el error de estimación) hace que el error de la ecuación [10.8] esté positivamente correlacionado con la variable explicativa. Esto introduce un sesgo en la estimación del coeficiente de convergencia, β, hacia cero. En otras palabras, la ecuación de convergencia absoluta [10.8] está mal especificada y su estimación puede llevarnos a pensar que β es cero cuando en realidad es positiva.

El cuadro 2 utiliza los datos del PIB real desarrollados por Summers y Heston para analizar el problema de la convergencia condicional para 114 países del mundo. En este cuadro estimamos ecuaciones del tipo [10.7] y [10.8], donde la variable dependiente es la tasa media anual de crecimiento del PIB per cápita entre 1960 y 1985. Las diferentes columnas incluyen diferentes variables económicas como regresores. La primera incluye el logaritmo del PIB per cápita en 1960. Es decir, en la primera columna estimamos una ecuación como [10.8]. Vemos que el coeficiente del PIB inicial es positivo, aunque la bondad de ajuste de la regresión no es muy impresionante ($R^2 = 0,04$). Es decir, los 114 países estudiados no presentan convergencia absoluta. Este fenómeno ya había sido observado en el gráfico 10.1.

Lo realmente interesante del cuadro 10.2 es lo que pasa con el signo del coeficiente del PIB inicial cuando se incluyen otras variables, X_{it-1} en la regresión; es decir,

Cuadro 10.2 **Determinantes de la tasa de crecimiento**

	(1)	(2)	(3)	(4)	(5)
Constante	0,0194	0,0149	0,0236	0,0146	−0,0194
	(0,0018)	(0,0085)	(0,0084)	(0,0124)	(0,0168)
log GDP(60)	0,0047	−0,0124	−0,0128	−0,0052	−0,0101
	(0,0016)	(0,0032)	(0,0028)	(0,0018)	(0,0030)
SEC60		0,0253	0,0061		0,0080
		(0,0108)	(0,0107)		(0,0099)
PRIM60		0,0301	0,0304		0,0257
		(0,0067)	(0,0062)		(0,0063)
GOV		−0,0826	−0,0642		
		(0,0271)	(0,0248)		
PPI60DEV		−0,0107	−0,0081		
		(0,0047)	(0,0042)		
REVCOUP		−0,0242	−0,0227		
		(0,0060)	(0,0056)		
ASSASS		−0,0013	−0,0010		
		(0,0021)	(0,0022)		
LAT.AMER.			−0,0142		
			(0,0038)		
ÁFRICA			−0,0168		
			(0,0041)		
TASA AHORRO				0,1721	0,0139
				(0,0224)	(0,0218)
$n + \delta$				−0,3706	−0,0648
				(0,1548)	(0,1708)
Adj. R^2	0,04	0,45	0,55	0,41	0,49
E.S.	0,0191	0,0144	0,0130	0,0149	0,0139

Nota:
Número de observaciones: 114.

La variable dependiente en todas las regresiones es la tasa de crecimiento medio anual del producto interior bruto per cápita entre los años 1960 y 1985.

Las variables explicativas son las siguientes:

- **log GDP(60)** Logaritmo del PIB per cápita en el año 1960.
- **SEC60** Fracción de la población en edad escolar que en el año 1960 asistía a escuelas secundarias.
- **PRIM60** Fracción de la población en edad escolar que en el año 1960 asistía a escuelas primarias.
- **GOV** Consumo público promedio entre los años 1960 y 1985 (excluye educación y gasto militar).
- **PPI60DEV** Desviación del deflactor de la inversión respecto de la media muestral.
- **REVCOUP** Número de revoluciones y golpes de estado acaecidos durante el periodo 1960-1985.
- **ASSASS** Número de asesinatos por cada 1.000 habitantes y año.
- **LAT.AMER.** Variable *Dummy* (0,1) para América Latina.
- **ÁFRICA** Variable *Dummy* (0,1) para África subsahariana.
- **TASA AHORRO** Inversión total bruta de la economía dividida por el PIB.
- $\boldsymbol{n + \delta}$ Tasa de crecimiento de la población más tasa de depreciación (la tasa de depreciación se ha supuesto constante e igual a 0,05).

Entre paréntesis se reproducen los errores estándar.

cuando en lugar de [10.8] se estima una ecuación como [10.7]. La columna 2 incluye las variables que Robert Barro utilizó en su seminal estudio sobre los determinantes empíricos de la tasa de crecimiento (Barro (1991)). Éstas incluyen los coeficientes de escolarización primaria y secundaria, el consumo del sector público como fracción del PIB, una medida de la distorsión de los precios de la inversión, y dos variables sociales como son el número de revoluciones y golpes militares, y el número de asesinatos acaecidos durante el periodo de estudio. Vemos que el coeficiente del nivel del PIB inicial se convierte en negativo y es significativamente distinto de cero, $-0,0124$ (error estándar = $0,0032$). Si aceptamos la hipótesis de que las variables explicativas X_{it-1} están relacionadas con los niveles tecnológicos e institucionales que determinan la posición de estado estacionario, entonces podemos interpretar el hecho de que el coeficiente del PIB inicial sea negativo como evidencia de convergencia condicional. Es más, el coeficiente estimado de $-0,0124$ corresponde a una velocidad de convergencia del $1,5\%$ por año.[8] Es decir, no sólo encontramos evidencia en favor de la convergencia condicional sino que, además, vemos que la velocidad de convergencia es muy parecida a la que estimamos en las secciones precedentes para las economías regionales de los distintos países.

Los signos de los coeficientes de las variables adicionales también tienen su interés. Por ejemplo, los coeficientes positivos en las variables educacionales (SEC60 y PRIM60) indican que, dadas las demás variables, los países que en 1960 invertían más en educación han tendido a crecer más en el periodo siguiente de 25 años. La importancia que la educación ha tenido en el proceso de crecimiento se enfatizó en el capítulo 8.

El consumo del sector público parece tener un efecto negativo en la tasa de crecimiento, $-0,0826$ (error estándar = $0,0271$). Aunque éste no sea productivo, tiene que financiarse con impuestos distorsionadores. Es decir, a diferencia de los bienes públicos productivos estudiados en el capítulo 6, en los que el efecto negativo de la necesidad de financiación se contrarrestaba con el efecto positivo que los bienes

[8]Para calcular la velocidad de convergencia, podemos utilizar la fórmula $\beta = [1 - e^{-\lambda T}]/T$, donde β es la estimación del coeficiente de $\log(y)$ en la regresión [10.7], T es la duración del intervalo de estimación (en este caso 25 años) y λ es la velocidad de convergencia. Vemos que, para una misma velocidad de convergencia λ, cuanto mayor es el intervalo de estimación, menor tenderá a ser la estimación del coeficiente β. En el límite donde se estima una ecuación de crecimiento instantánea, $T \to 0$, el coeficiente de la regresión lineal β tiende a la verdadera velocidad de convergencia λ. La velocidad de convergencia λ podría estimarse directamente utilizando una estimación no lineal como

$$\gamma_{i,t} = a - \left[[1 - e^{-\lambda T}]/T\right] \cdot \log(y_{i,t-1}) + \phi X_{i,t-1} + u_{it}.$$

Este procedimiento fue el que utilizamos en el apartado de convergencia interregional. La razón es que en aquella sección estimábamos ecuaciones de crecimiento con distintos periodos de estimación muestral. Este simple hecho hace que las distintas regresiones tiendan a dar distintos coeficientes, aun en el caso de que la velocidad de convergencia sea la misma. Para facilitar la comparación, estimamos las ecuaciones de crecimiento utilizando estimadores no lineales. En esta sección solamente utilizamos regresiones de 25 años de duración, por lo que la comparación entre regresiones es más sencilla. Por este motivo estimamos el coeficiente β en una regresión lineal.

productivos tienen sobre la productividad privada, en el caso del consumo público solamente existe el efecto negativo de la imposición fiscal. De ahí que empíricamente observemos una relación negativa entre crecimiento económico y gasto público.

La variable PPI60DEV es una medida de la distorsión en el precio de los bienes de inversión. El coeficiente negativo indica que las economías que en 1960 estaban más distorsionadas han experimentado una menor tasa de crecimiento en el subsiguiente periodo de 25 años (véase De Long y Summers (1991) para una exploración más extensiva de la relación entre el precio de los bienes de inversión y la tasa de crecimiento).

Las dos variables sociales demuestran la importancia que el mantenimiento de la ley y el orden tiene para el desarrollo de la actividad económica, la inversión y el crecimiento económico. REVCOUP representa el número de revoluciones y golpes de estado. El coeficiente $-0,0242$ (error estándar $= 0,0060$) indica que una mayor inestabilidad política va acompañada de un menor crecimiento económico. Por su parte, ASSASS representa el número de asesinatos por cada 1.000 habitantes y año durante el periodo de estudio. Esta variable, que también es un signo de inestabilidad social, está negativamente correlacionada con la tasa de crecimiento.

La tercera columna del cuadro 2 añade dos variables *dummy* (una para América Latina y otra para África subsahariana) a la regresión que acabamos de estudiar. Vemos que el coeficiente del PIB inicial es significativamente negativo, $-0,0128$ (error estándar $= 0,0028$). Los signos de las demás variables explicativas permanecen iguales. Debe señalarse que las dos variables *dummy* son negativas y muy significativas. Esto significa que estas dos regiones del mundo han crecido mucho menos de lo que las variables explicativas predicen. Dicho de otro modo, los datos dicen que África debería haber crecido poco porque ha tenido muy poca inversión en educación, ha habido grandes distorsiones de precios, un gran derroche público, y una gran inestabilidad política. Pues bien, el hecho de que la variable *dummy* sea negativa indica que África todavía ha crecido menos de lo que todos estos aspectos negativos predicen. En general, las variables *dummy* son importantes desde el punto de vista econométrico (vemos que el R^2 ajustado sube en casi diez puntos si comparamos las columnas 2 y 3), pero desde el punto de vista de la investigación económica, no son más que una confesión de ignorancia: África y América Latina han crecido muy poco y no sabemos por qué. Lo bueno de este descubrimiento es que las confesiones de ignorancia son el punto de partida de las futuras investigaciones económicas, y esto nos debe llevar a investigar lo sucedido en estas regiones con renovada energía.

La columna 4 substituye todas las variables explicativas (excepto el nivel del PIB inicial) por dos: la tasa de ahorro y la tasa de crecimiento de la población más la tasa de depreciación. La razón por la que hacemos esta regresión es que el modelo de

Solow y Swan dice que el estado estacionario de la economía viene dado precisamente por estas dos variables.[9] Bajo esta interpretación, la tasa de ahorro debería tener un coeficiente positivo, el crecimiento de la población debería ser negativo y, una vez estas dos variables estén incluidas en la regresión, el nivel del PIB inicial debería tener un coeficiente negativo. En la columna 4 vemos que, a pesar de la simplicidad del modelo de Solow y Swan, estas simples predicciones se cumplen. El coeficiente de la tasa de ahorro es positivo, $0,1721$ (error estándar = $0,0224$), el crecimiento de la población más la tasa de depreciación es negativo, $-0,3706$ (error estándar = $0,1548$), y, una vez incluidas estas dos variables, el nivel del PIB inicial es significativamente negativo, aunque es algo menor que los que encontramos en las otras columnas, $-0,0052$ (error estándar = $0,0018$).

El hecho de que el coeficiente del PIB inicial sea más bajo que el encontrado en las otras regresiones puede ser debido a que las variables del modelo simple de Solow y Swan no son suficientes para capturar el estado estacionario de la economía desde un punto de vista empírico. En el capítulo 1 presentamos el modelo de Solow y Swan aumentado con capital humano (véase también Mankiw, Romer y Weil (1992)). Este modelo sugiere la inclusión de las tasas de inversión en capital humano, es decir, las tasas de escolarización. Esto se hace en la quinta y última columna del cuadro 10.2. Vemos que el coeficiente del PIB inicial es ahora $-0,0101$ (error estándar = $0,0030$), ya más parecido a los anteriores. Tal como predice el modelo, también vemos que las tasas de inversión en educación aparecen con signo positivo (aunque la tasa de escolarización secundaria no es significativa), la tasa de ahorro es positiva y la tasa de crecimiento de población y depreciación es negativa.

Las lecciones más importantes que se podían extraer del estudio de Robert Barro eran las siguientes: primero, hay fuerte evidencia de convergencia condicional entre las 114 naciones del mundo que aparecen en los datos de Summers y Heston. Segundo, la velocidad de convergencia es muy parecida al 2% por año que se encuentra en los estudios empíricos de economías regionales. Tercero, las distorsiones políticas y de mercado tienen efectos importantes sobre la tasa de crecimiento. Cuarto, la tasa de ahorro está muy positivamente correlacionada con la tasa de crecimiento. Y

[9]El modelo de Solow y Swan supone que tanto la tasa de ahorro (e inversión) como la tasa de crecimiento de la población son variables exógenas, y como tales pueden ser tratadas en el estudio econométrico. Sin embargo, los agentes económicos toman decisiones de ahorro e inversión basadas en la optimización de sus preferencias o beneficios. En el capítulo 3, por ejemplo, vimos que el modelo de Ramsey toma las preferencias de los consumidores como exógenas y de ahí se deducen las tasas de ahorro e inversión endógenamente. Éstas, a su vez, afectan a la tasa de crecimiento de la economía y se ven afectadas por ella. Bajo este punto de vista es difícil aceptar la validez del supuesto de exogeneidad de la tasa de ahorro que subyace en las regresiones de las columnas 4 y 5 del cuadro 10.2. Por el contrario, las tasas de crecimiento y ahorro deberían ser determinadas simultáneamente en un sistema de ecuaciones. Barro y Sala-i-Martin (1994, capítulo 12) presentan evidencia en favor de la hipótesis de endogeneidad de s.

quinto, el coeficiente del nivel inicial del PIB es negativo una vez se introducen la tasa de ahorro, el crecimiento de la población y la depreciación en la regresión.

10.8 La crítica de Levine y Renelt

Después de la publicación del artículo de Robert Barro, cientos de artículos utilizaron su metodología (y sus datos) para enfatizar la importancia de determinados tipos de políticas o distorsiones sobre la tasa de crecimiento de la economía. Desde entonces, se han encontrado más de 50 variables que se correlacionan significativamente con la tasa de crecimiento en al menos una regresión.[10]

Dada la explosión en el número de factores que parecen ser importantes a la hora de explicar la tasa de crecimiento, es lógico preguntarse sobre la robustez de estos resultados. En 1992, Levine y Renelt utilizaron el llamado test de los límites extremos[11] de Leamer para ver cuán robustas eran cada una de las variables utilizadas en cada uno de los estudios empíricos realizados hasta el momento.

De manera simplificada, el test de los límites extremos consiste en lo siguiente. Considérese una regresión de sección cruzada de la forma:

$$\gamma_{i,t} = \beta_x \cdot X_{i,t-1} + \beta_m \cdot M_{i,t-1} + \beta_z \cdot Z_{i,t-1} + u_{it} \, , \qquad [10.9]$$

donde $\gamma_{i,t}$ es la tasa de crecimiento, $X_{i,t-1}$ es un conjunto de variables básicas que se van a incluir en todas las regresiones, $M_{i,t-1}$ es la variable cuya robustez nos interesa investigar, y $Z_{i,t-1}$ es un conjunto de hasta tres variables adicionales. El test consiste en hacer regresión tras regresión cambiando las variables Z hasta que el signo de β_m cambie o hasta que no sea significativo. Cuando esto suceda, diremos que la variable de interés no era robusta. Si somos incapaces de encontrar un conjunto de variables Z que hagan que el coeficiente β_m no sea significativo o cambie de signo, diremos que la variable M era robusta.

Utilizando este método, Levine y Renelt encontraron que la mayoría de variables utilizadas en la literatura empírica no eran robustas. Cuando la muestra utilizada era la de 1960 a 1985, encontraron que solamente había dos excepciones: el nivel del PIB inicial (que era robustamente negativo) y la tasa de ahorro (que era robustamente positiva). Algunos economistas interpretaron este descubrimiento como que no se

[10] Para citar unos ejemplos, Alesina y Perotti (1993) enfatizan el papel de las desigualdades de riqueza, Barro y Lee (1994) y Benhabib y Spiegel (1994) analizan el papel de la educación, DeGregorio (1993) estudia el papel de las políticas macroeconómicas e inflacionistas, King y Levine (1993) analizan el papel del desarrollo del sector financiero, Roubini y Sala-i-Martin (1992) estudian la interacción entre la represión financiera y el crecimiento económico, Knack y Keefer (1994) utilizan medidas de inestabilidad social y política.

[11] En inglés, "extreme bounds test".

podía (o debía) dar ninguna importancia a los resultados de regresiones de este tipo y, por lo tanto, que no debía ponerse demasiada atención a la literatura empírica.

Nuestra lectura de la crítica de Levine y Renelt es, sin embargo, bastante distinta. Primero, las estimaciones del coeficiente β_m siguen una distribución de probabilidad al enfrentarse a diferentes variables adicionales. Es decir, a medida que las variables Z cambian, las estimaciones de β_m cambian también, y por lo tanto es lógico suponer que dichas estimaciones siguen una determinada distribución de probabilidad. Sería mucha casualidad que dicha distribución de probabilidad tuviera solamente dominio positivo o solamente negativo. Lo más normal es que el dominio se extienda de los números positivos a los negativos pasando por el cero. Si esto es así, no es sorprendente ver cómo la estimación de β_m pasa de positivo a negativo para algún conjunto de variables Z. De hecho, esto es lo que se esperaría a medida que el número de regresiones aumenta ilimitadamente. De alguna manera, el test de los límites extremos es un test demasiado fuerte, un test que pocas (o ninguna) variables van a pasar. En este sentido, se tendría que estudiar la distribución exacta de las estimaciones de β_m y ver la frecuencia con la que éstas se sitúan alrededor de la media.

Sala-i-Martin (1997b) proporciona medidas de estas distribuciones de estimadores de β_m. La conclusión a la que llega el estudio de Sala-i-Martín es muy distinta a la de Levine y Renelt. De entre las 60 variables utilizadas en la literatura, unas 21 se podrían considerar seriamente correlacionadas con el crecimiento económico, a pesar de que ninguna de ellas pasa el test de Levine y Renelt. En términos económicos, las lecciones que se desprenden de Sala-i-Martín (1997b) se pueden resumir en los siguientes puntos. El crecimiento económico está positivamente correlacionado con: (1) la estabilidad política y económica, (2) el grado de apertura de la economía al exterior, (3) el mantenimiento de la ley y de los derechos de propiedad, (4) la poca intervención pública (es decir, cuanto más socialista es un país, menos crece su economía), (5) la inversión en capital humano, educación y salud, y (6) la inversión en capital físico y maquinaria.

Casi tan interesante como la identificación de los factores que están fuertemente correlacionados con el crecimiento es la identificación de los factores que NO lo están. Entre ellos, cabe destacar el del *tamaño* del gobierno. Es decir, si bien es bueno tener un gobierno estable que haga cumplir las leyes y mantenga los derechos de propiedad, el tamaño del gobierno no parece importar: se puede crecer con gobiernos pequeños y con gobiernos grandes. Lo que importa es la "calidad" del gobierno y no su tamaño. Otro tipo de variables que no parecen ser muy importantes son las que miden los efectos de escala: no es cierto que los países grandes crezcan más que los pequeños. Esto es importante dado que, como hemos visto a lo largo del libro, hay muchos modelos que predicen este tipo de efectos de escala.

10.9 Lecciones finales de la literatura de regresiones

¿Cómo interpretamos toda esta evidencia empírica? Pues diríamos que las lecciones que hemos aprendido son las siguientes:

1) A diferencia de lo que se pensó a mediados de los años ochenta, la evidencia empírica es consistente con el modelo neoclásico, en el sentido de que hay suficiente evidencia en favor de la convergencia condicional.

2) La velocidad de convergencia es sorprendentemente uniforme entre los distintos conjuntos de datos utilizados. Podemos adoptar la regla mnemotécnica del 2% por año sin errar demasiado.
Hay que señalar que una velocidad del 2% por año es bastante lenta. Como indicamos en los capítulos 1 y 3, el modelo neoclásico con una participación de capital del 30% predice una velocidad de convergencia mucho mayor. El modelo es consistente con la velocidad del 2% sólo si se aumenta la participación del capital al 70 u 80%. Esto se puede hacer si se considera que una fracción de lo que llamamos trabajo es, de hecho, capital humano que se puede acumular con la inversión en educación.

3) La tasa de ahorro e inversión es el factor determinante más importante de la tasa de crecimiento. En este sentido, podemos notar que uno de los fenómenos observados en los países llamados "milagro" (los países del este asiático que han mantenido tasas de crecimiento superiores al 5%) es que han tenido tasas de ahorro e inversión de hasta el 70% (esta tasa staliniana es gigantesca si la comparamos con la del 20% que se observa en países como los Estados Unidos).[12]

4) La inversión en educación es muy importante a la hora de determinar la tasa de crecimiento de la economía.

5) Las malas políticas económicas llevadas a cabo por el sector público y las distorsiones e inestabilidades económicas y sociales tienen efectos perjudiciales para con la tasa de crecimiento. Al estar todas estas políticas y factores negativos altamente correlacionados entre sí, es difícil averiguar cuál es el mecanismo a través del que operan. Lo que parece claro es que, de una u otra manera, una mala gestión pública se traduce en una reducida tasa de crecimiento.

6) El mantenimiento del orden público y los derechos de propiedad y la poca intervención del gobierno en la economía parecen contribuir positivamente a la tasa de crecimiento.

[12] En este sentido, véase también Young (1994).

10.10 Contabilidad de crecimiento

En otro seminal trabajo, Solow (1957) proporcionó una metodología que permite medir la contribución de los tres componentes básicos a la tasa de crecimiento agregada. Estos tres componentes básicos son el crecimiento del capital, el crecimiento del trabajo y el progreso tecnológico. El análisis empieza en la función de producción neoclásica

$$Y_t = A_t F(K_t, H_t), \tag{10.10}$$

donde hemos sacado el factor tecnológico fuera de la función $F(\cdot)$ para simplificar un poco el análisis. Los dos inputs privados son el capital físico, K, y el capital humano, H. El capital humano, a su vez, podría suponerse igual al trabajo, L, multiplicado por un índice, q, que mide su calidad (que puede aumentar, por ejemplo, a través de la educación):

$$H = qL. \tag{10.11}$$

Tomemos logaritmos en los dos lados de [10.10] y derivemos con respecto al tiempo para obtener la tasa de crecimiento agregado

$$\frac{\dot{Y}}{Y} = \frac{\dot{A}}{A} + \left(\frac{AF_K}{Y}\right)\dot{K} + \left(\frac{AF_H}{Y}\right)\dot{H}. \tag{10.12}$$

Multipliquemos y dividamos los términos de dentro del primer paréntesis por K y los del segundo paréntesis por H para obtener:

$$\frac{\dot{Y}}{Y} = \frac{\dot{A}}{A} + \left(\frac{AF_K K}{Y}\right)\frac{\dot{K}}{K} + \left(\frac{AF_H H}{Y}\right)\frac{\dot{H}}{H}. \tag{10.13}$$

Si los mercados de factores son competitivos, el producto marginal del capital humano es igual al salario, $AF_H = w$, y el producto marginal del capital es igual a su precio de alquiler, $AF_K = R$. El término $AF_K K/Y$, pues, es la participación del capital en la renta nacional, mientras que el término $AF_H H/Y$ es la participación del capital humano en la renta nacional. Si denotamos estas participaciones con α y $1 - \alpha$, respectivamente, tenemos que la tasa de crecimiento del PIB o renta nacional agregada se puede escribir como

$$\frac{\dot{Y}}{Y} = \frac{\dot{A}}{A} + \alpha\frac{\dot{K}}{K} + (1-\alpha)\frac{\dot{H}}{H}. \tag{10.14}$$

Las participaciones del capital y el capital humano pueden ser o no constantes (si la función de producción fuera Cobb-Douglas serían constantes, pero la función de producción en la vida real no tiene por qué ser de este tipo). Lo que sí sabemos, sin embargo, es que estas participaciones son fácilmente medibles con los datos de la contabilidad nacional. Para calcular la participación del capital humano, $1-\alpha$, basta con ir a la contabilidad nacional, tomar la suma de todos los salarios y dividirla por la renta nacional. La participación del capital es igual a uno menos la participación del capital humano.

La ecuación [10.14] nos dice que el crecimiento del PIB agregado es igual a la suma del crecimiento tecnológico, $\dot{A}/A$, el crecimiento del capital multiplicado por la importancia que el capital tiene en el PIB, $\alpha\dot{K}/K$, y el crecimiento del capital humano multiplicado por la importancia que éste tiene en el PIB agregado, $(1-\alpha)\dot{H}/H$. Obsérvese que todos los componentes de [10.14] son directamente observables a excepción del crecimiento de la tecnología. Ésta, sin embargo, se puede medir de forma indirecta como la diferencia entre el crecimiento agredado y el crecimiento ponderado de los inputs medibles. Reescribiendo [10.14] obtenemos:

$$\frac{\dot{A}}{A}=\frac{\dot{Y}}{Y}-\left(\alpha\frac{\dot{K}}{K}+(1-\alpha)\frac{\dot{H}}{H}\right). \tag{10.15}$$

A menudo, se utiliza el término *"residuo de Solow"* cuando se habla de $\dot{A}/A$ porque mide el crecimiento tecnológico como la diferencia o residuo entre el crecimiento observado del PIB y el crecimiento ponderado de los factores directamente observables.

Como ya hemos indicado en más de una ocasión, es más interesante analizar las tasas de crecimiento del PIB *por trabajador* (o per cápita) que no *las agregadas*. Como el PIB por trabajador es igual al PIB agregado dividido por el número de trabajadores, $y=Y/L$, tenemos que

$$\frac{\dot{y}}{y}=\frac{\dot{Y}}{Y}-\frac{\dot{L}}{L}. \tag{10.16}$$

Según [10.11], el capital humano es igual al número de trabajadores multiplicado por su nivel de educación. Si esto es cierto, la tasa de crecimiento del capital humano es igual a la tasa de crecimiento de la educación más la tasa de crecimiento del número de trabajadores, $\gamma_H=\gamma_q+\gamma_L$. Substituyendo esta igualdad y [10.14] en [10.16] obtenemos una expresión interesante de la tasa de crecimiento del PIB por trabajador:

$$\begin{aligned}\frac{\dot{y}}{y}&=\left(\frac{\dot{A}}{A}+\alpha\frac{\dot{K}}{K}+(1-\alpha)\frac{\dot{H}}{H}\right)-\frac{\dot{L}}{L}=\\&=\frac{\dot{A}}{A}+\alpha\left(\frac{\dot{K}}{K}-\frac{\dot{L}}{L}\right)+(1-\alpha)\left(\frac{\dot{H}}{H}-\frac{\dot{L}}{L}\right)=\\&=\frac{\dot{A}}{A}+\alpha\frac{\dot{k}}{k}+(1-\alpha)\frac{\dot{q}}{q}.\end{aligned} \tag{10.17}$$

Cuadro 10.3 **Contabilidad de la productividad para regiones y países seleccionados.**

	Crecimiento del producto por trabajador (%)	Contribución del capital (%)	Contribución de la educación (%)	Contribución de la tecnología (%)
REGIONES				
África	0,5	1	0,2	−0,7
América Latina	1,4	1	0,3	0,1
Extremo Oriente	4,1	2,8	0,5	0,8
Occidente	2,4	1	0,3	1
Oriente Medio	1,8	1,8	0,4	−0,4
Sur de Asia	2,3	1,3	0,3	0,7
PAÍSES SELECCIONADOS				
China	4,2	1,7	0,4	2,0
Corea	5,8	3,8	0,7	1,3
India	2,4	1,3	0,3	0,7
Israel	3,1	1,1	0,3	1,7
Japón	4,9	2,4	0,3	2,1
Singapur	5,2	4.0	0,3	0,8
Taiwan	5,9	3,6	0,6	1,6
Etiopía	0,5	1,6	0,1	−1,1
Ghana	−0,3	0,7	0,4	−1,1
Ruanda	0,2	1,4	0,1	−1,2
Argentina	1,1	0,7	0,3	0,1
Bolivia	1,1	0,4	0,2	0,4
Chile	1,4	0,4	0,3	0,8
Colombia	2,0	0,7	0,3	1,0
México	1,5	1,3	0,4	−0,2
Perú	−0,2	0,3	0,4	−1,3
Uruguay	1,1	0,2	0,4	0,5
Venezuela	−0,4	−0,1	0,5	−0,9
Alemania	2,7	1,1	0,2	1,4
España	4,2	1,7	0,4	2,0
Italia	3,5	1,3	0,3	1,8
EE UU	1,1	0,4	0,4	0,4

Esta igualdad se puede utilizar para descomponer el crecimiento del PIB por trabajador entre la contribución del progreso tecnológico, la del capital físico y la de la educación. Esta descomposición se llama *contabilidad del crecimiento.*

En el cuadro 10.3 se muestran los cálculos de la contabilidad del crecimiento para una muestra de países representativos durante el periodo 1960-1992. Los datos se han sacado de Collins y Bosworth (1997). En la primera columna se muestra el nombre del país o de la región del mundo. En la segunda columna se muestra la tasa de crecimiento anual del PIB por trabajador. Vemos que el crecimiento anual experimentado por los países del Extremo Oriente era del 4,1%, el del continente africano era del 0,5% y el de occidente del 2,4%. Entre los países del Extremo Oriente, por supuesto, se encuentran los llamados milagros económicos del Asia oriental (Corea del Sur, Singapur, Taiwan, Hong Kong, Malasia, Tailandia, o Indonesia). La tercera columna muestra cuál es la contribución de la acumulación del capital a esa tasa de crecimiento. Esta columna se corresponde con el término $\alpha\gamma_k$ de la ecuación [10.17]. Vemos que la región del Extremo Oriente también experimentó un crecimiento del capital por trabajador muy superior al experimentado por el resto de las regiones del mundo. La cuarta columna se refiere a la contribución de la educación, que se corresponde con el término $(1-\alpha)\gamma_q$ de [10.17]. El Extremo Oriente aventaja al resto de las regiones del mundo también en esta categoría. Finalmente, la contribución de la tecnología (medida como el residuo de Solow) se presenta en la última columna. Observamos que el Extremo Oriente no obtiene unos crecimientos de productividad tan espectaculares como los crecimientos del PIB per cápita. La razón es bien simple: si bien es cierto que el Extremo Oriente experimenta una extraordinaria tasa de crecimiento, ésta se debe, básicamente al extraordinario esfuerzo inversor y de educación llevado a cabo por estos países. No se debe, al parecer, al progreso tecnológico.[13]

Esta conclusión se ve reforzada si analizamos el comportamiento de algunos países representativos: el extraordinario crecimiento del PIB por trabajador experimentado por Corea, Singapur o Taiwan durante las últimas décadas se debe mayoritariamente a la extraordinaria acumulación de capital físico y humano (debido a las elevadísimas tasas de inversión y educación). Una vez se han tomado en cuenta las acumulaciones de factores privados, lo que queda por explicar (es decir, el crecimiento tecnológico) no es "milagroso", en el sentido de que hay muchos países que no son considerados milagros que tienen tasas de crecimiento de la productividad muy similares (el crecimiento de la productividad experimentado por España, Italia, Colombia o Chile es igual o superior al experimentado por el supuesto milagro de Singapur). La lección que nos dan los datos es que el crecimiento de la productividad medida con el método de Solow nos muestra una imagen muy distinta de la que vemos si simplemente observamos las tasas de crecimiento de los países. El lector puede ver la descomposición del crecimiento de su país preferido en el cuadro 10.3.

10.11 El enfoque dual de la contabilidad de crecimiento

En 1998, Hsieh propuso un enfoque alternativo para el cálculo del residuo de Solow basado en el movimiento de los precios de los factores. El enfoque se puede entender partiendo del supuesto de que la función de producción exhibe rendimientos constantes a escala (la derivación que presentamos aquí, que es más sencilla que la que aparece en Hsieh (1998) aparece en Barro (1998)). Como hemos comprobado en

[13] El primero en llegar a esta conclusión fue Young (1994).

capítulos anteriores, cuando los rendimientos a escala son constantes, el producto total es igual al pago de los factores. Es decir, si la función de producción viene dada por [10.10], R es la tasa de alquiler del capital físico y w es el salario del capital humano, entonces se puede escribir

$$Y = RK + wH. \qquad [10.18]$$

Si tomamos logaritmos y derivadas con respecto del tiempo de esta expresión, obtenemos

$$\begin{aligned} \frac{\dot{Y}}{Y} &= \frac{\dot{R}K + \dot{K}R + \dot{w}H + \dot{H}w}{RK + wH} = \\ & \frac{\frac{\dot{R}}{R}RK + \frac{\dot{K}}{K}KR + \frac{\dot{w}}{w}wH + \frac{\dot{H}}{H}Hw}{RK + wH} = \\ & \frac{\dot{R}}{R}\alpha + \frac{\dot{K}}{K}\alpha + \frac{\dot{w}}{w}(1-\alpha) + \frac{\dot{H}}{H}(1-\alpha). \end{aligned} \qquad [10.19]$$

Nótese que esta expresión se puede reorganizar para encontrar:

$$\frac{\dot{Y}}{Y} - \frac{\dot{K}}{K}\alpha - \frac{\dot{H}}{H}(1-\alpha) = \frac{\dot{R}}{R}\alpha + \frac{\dot{w}}{w}(1-\alpha).$$

Hay que observar que, de acuerdo con [10.15], el lado izquierdo de esta igualdad no es más que la tasa de crecimiento tecnológico, $\dot{A}/A$, por lo que se obtiene:

$$\frac{\dot{A}}{A} = \frac{\dot{R}}{R}\alpha + \frac{\dot{w}}{w}(1-\alpha). \qquad [10.20]$$

Es decir, una manera alternativa de calcular el progreso tecnológico es a través del crecimiento de los precios de los factores. La intuición es bastante simple. Si el producto crece gracias a la acumulación de capital físico, la ley de rendimientos decrecientes del capital reducirá el producto marginal del capital y, con él, el precio del capital físico, R. Sin embargo, al ser el capital físico complementario de capital humano, el salario subirá. Si el crecimiento se produce solamente gracias a la acumulación de capital humano, entonces el salario se reducirá y el precio del capital subirá. Por lo tanto, el precio del capital físico y humano pueden subir a la vez solamente si existe el progreso tecnológico. Esto es lo que refleja la ecuación [10.20]. Esta manera alternativa (llamada "enfoque dual") de calcular la tasa de crecimiento de A puede resultar ventajosa si es más difícil calcular los capitales físico y humano que calcular u observar sus precios respectivos. Hsieh (1998) argumenta que calcular precios siempre es más sencillo que calcular cantidades por lo que su método de análisis puede dar mejores resultados aunque, y eso debería quedar claro, si se miden correctamente los stocks de capital, la producción y los precios, la ecuación [10.20] dice que ambos métodos dan lugar a resultados idénticos.

La sorpresa aparece cuando se utiliza este método dual para calcular el progreso técnico para la economía del Asia Oriental y, muy en particular, de Singapur. A diferencia de los resultados señalados en el cuadro 10.3, si se utiliza el método dual se obtiene que el crecimiento de la productividad de estos países es muy positiva por lo que se concluye que el resultado obtenido con anterioridad se obtenía simplemente por el hecho de que los investigadores no calculaban bien las cantidades. Una interpretación alternativa es que los líderes políticos de esos países tenían la tendencia a hinchar los datos de capital físico con el objetivo de aparentar mayores logros de sus programas de inversión. Sin embargo, dichos políticos no podían manipular los precios de mercado de los factores, por lo que sus mentiras estadísticas aparecen cuando uno utiliza la metodología dual. Una tercera posibilidad, apuntada por Young (1998), dice que el estudio de Hsieh no trata correctamente los impuestos sobre el capital: si bien es cierto que la tasa de retorno del capital, R, ha crecido mucho si se mide antes de impuestos, una vez se incorporan éstos se observa un decrecimiento de la R neta, debido a los sucesivos aumentos impositivos experimentados por economías como la de Singapur. Una vez se calcula el crecimiento de A según la fórmula [10.20] pero teniendo en cuenta la R neta de impuestos se muestra que el crecimiento estimado de la productividad es parecido al que hemos mostrado en el cuadro 10.3.

10.12 La distribución de la renta mundial

Una rama de la literatura empírica que se ha desarrollado recientemente estudia la *distribución mundial de la renta*. En particular, se critica la literatura de la convergencia porque ésta se concentra demasiado en los dos parámetros de convergencia (β y σ) y no estudia la distribución *global* de la renta. Estos investigadores, liderados por Quah (1996), empiezan su análisis en un gráfico como el 10.9. En este gráfico se calcula la distribución de probabilidad del PIB por trabajador de todos los países del mundo relativo a los Estados Unidos en 1960 y en 1988.[14] Es decir, el área por debajo de la distribución entre $0,02$ y $0,04$ nos indica la probabilidad de que en el mundo haya países con una renta por trabajador entre el 2 y el 4% de la renta de los Estados Unidos.

El gráfico 10.9 nos da un número importante de lecciones. Primero, la distribución de la renta mundial es bastante grande. Por ejemplo, en 1988, la relación entre la renta más alta (la de los Estados Unidos) y la más baja (Myanmar) era de 35. Segundo, la distribución en 1960 parece tener una sola moda (un solo máximo), mientras que la de 1988 parece ser bimodal (esto es lo que llevó a Danny Quah a

[14]Los datos provienen de Summers y Heston (1991). La función de probabilidad se calculó utilzando un Kernel Gaussiano.

llamar "Twin Peaks" la distribución mundial[15]). Este cambio refleja un hecho importante: de los países que en 1960 eran de renta intermedia, unos convergieron hacia los países pobres (nótese que la densidad de probabilidad en la región pobre es más alta en 1988 que en 1960), mientras que otros convergieron hacia los países ricos (obsérvese también que la densidad de probabilidad para estos países es superior en 1988 que en 1960). Para decirlo de un modo coloquial, es como si los países de clase media hubieran desaparecido: con relación a los Estados Unidos, los que eran pobres en 1960 eran todavía más pobres en 1988 y los que eran ricos en 1960 lo eran todavía más en 1988. Finalmente, un hecho importante es que la variabilidad en 1988 es superior a la del 1960. Este hecho está relacionado con el anterior: el número de países pobres con relación a los Estados Unidos ha subido y también lo ha hecho el número de países ricos.

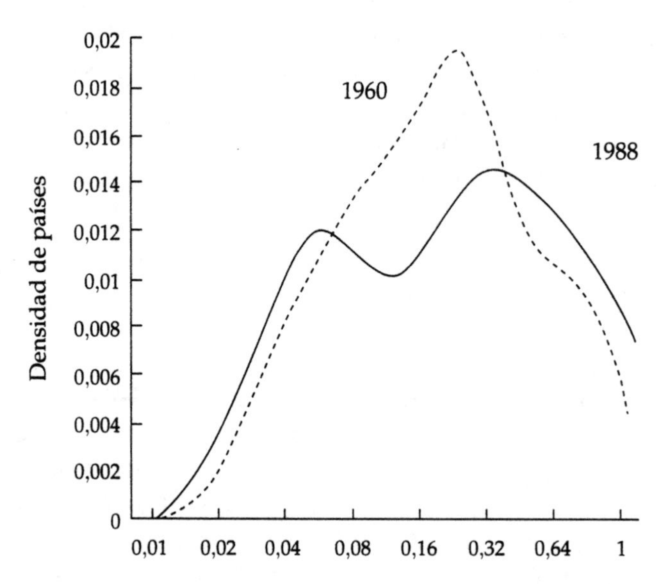

Gráfico 10.9. La distribución de la renta mundial, 1960-1988. Fuente: Jones (1997).

Hay que recordar que la distribución presentada en el gráfico 10.9 es la del PIB por trabajador *relativa a la de los Estados Unidos*. Ahora bien, no hay que olvidar que los Estados Unidos han mantenido una tasa de crecimiento del 1,4% anual durante este periodo. Por este motivo, si en lugar de hacer la distribución *relativa* hubiéramos

[15]N. del T.: esto es un juego de palabras en inglés. *Twin-Peaks* quiere decir, literalmente, "montes gemelos" aunque también es el título de una popular serie de televisión.

calculado la distribución *absoluta*, notaríamos que la distribución de 1988 está desplazada hacia la derecha. En términos absolutos, la mayoría de países ha mantenido tasas de crecimiento positivas (sólo el 11% de los países ha tenido tasas de crecimiento negativas durante el periodo 1960-1988).

Una pregunta interesante que hace esta literatura es la siguiente: dentro de 100 años, ¿la distribución mundial se parecerá a la distribución unimodal del 1960, o a la distribución bimodal de 1988? Para responder a esta pregunta, Quah (1993) propuso el siguiente análisis. Primero, ordenemos todos los países del mundo en diferentes "categorías" por orden de renta por trabajador con relación a la de los EE UU en 1960. Por ejemplo, en la primera categoría estarían los países con menos del 5% del PIB de los EE UU, en la segunda estarían los que tienen entre el 5 y el 10%, etcétera. Para simplificar la exposición, imaginemos que tenemos dos categorías: R (de ricos) y P (de pobres). Se coloca cada país en una de las dos categorías en 1960 y en 1988. A continuación se calcula la fracción de países que, siendo pobres en 1960, seguían siendo pobres en 1988, fracción que denotemos con π_{PP}. De manera similar, calculemos la fracción de países que pasaron de ser pobres en 1960 a ser ricos en 1988, π_{PR}, los que eran ricos en 1960 y en 1988, π_{RR}, y los que pasaron de ricos a pobres, π_{RP}. Una vez se tienen estas frecuencias o probabilidades de transición, el número de países pobres en 1988 es el número de países pobres en 1960 multiplicado por la probabilidad de que los pobres permanezcan pobres, más el número de ricos en 1960 multiplicado por la probabilidad de que los ricos se vuelvan pobres. Es decir, si el número de pobres y ricos en 1960 es P_{60} y R_{60}, respectivamente, el número de pobres en 1988 es

$$P_{88} = P_{60}\pi_{PP} + R_{60}\pi_{RP}. \qquad [10.21]$$

Del mismo modo, se puede calcular el número de países ricos en 1988 como

$$R_{88} = P_{60}\pi_{PR} + R_{60}\pi_{RR}. \qquad [10.22]$$

Si suponemos que las probabilidades de transición permanecen constantes en el tiempo, incluso se puede calcular el número de pobres y ricos en el 2016 como

$$\begin{aligned} P_{2016} &= P_{88}\pi_{PP} + R_{88}\pi_{RP} \\ R_{2016} &= P_{88}\pi_{PR} + R_{88}\pi_{RR}. \end{aligned} \qquad [10.23]$$

Una vez sabido el número de pobres y ricos en 2016, se pueden volver a aplicar las probabilidades de transición como se ha hecho en [10.23] para calcular los del año 2044, y así sucesivamente hasta encontrar el número de pobres y ricos (o la distribución) de largo plazo. De esta manera, aunque no se puede decir con exactitud cuáles serán los países ricos y cuáles los pobres en el largo plazo, sí que se puede hacer una descripción de la distribución de ricos y pobres en el largo plazo.

En el cuadro 10.4 se hace el análisis que se acaba de describir para 6 categorías. Las dos primeras columnas corresponden a las distribuciones de 1960 y 1988. Un análisis rápido de estas dos primeras columnas nos muestra cómo había muchos más países cerca de los Estados Unidos en 1988 que en 1960. Es decir, mientras en 1960 solamente 3 países tenían más del 80% de la renta americana, en 1988 el número de países había subido a 9. Este es un hecho del que ya hemos hablado al discutir la convergencia: entre los países ricos ha habido convergencia absoluta. Según la tercera columna, la predicción es que este proceso seguirá existiendo, por lo que, en el largo plazo, habrá muchos más países con rentas cercanas a la de los Estados Unidos. La predicción es que, en el largo plazo, el número de países llegará a 19. Lo mismo ocurre con los países que tienen entre el 40% y el 80% de la renta americana: eran 17 en 1960, 22 en 1988 y la predicción es que acabarán siendo unos 30. El segundo hecho notable es que, si bien el número de países con menos del 5% de la renta norteamericana subió de 15 a 17 entre 1960 y 1988, la predicción es que este número bajará hasta 8 en el largo plazo. Es decir, a pesar de que el gráfico 10.9 podría hacernos pensar que convergemos hacia una distribución bimodal, la predicción es que, en el largo plazo, los "twin-peaks" van a desaparecer. La razón que lleva a este resultado es que, entre 1960 y 1988 ha habido muchos más "milagros" que "desastres" (muchas más Italias y Coreas que Venezuelas). Es decir, la probabilidad de que haya grandes desastres es tan pequeña que desaparece a lo largo del tiempo, por lo que la predicción es que la fracción de pobres tenderá a decrecer. El resultado de este análisis debe hacernos ser optimistas sobre el futuro de la distribución mundial de la riqueza.

Cuadro 10.4. La distribución a largo plazo de la renta mundial.

Categorías	Distribución 1960	Distribución 1988	Distribución en el largo plazo
$y < 0,05$	15	17	8
$0,05 < y < 0,10$	19	13	8
$0,10 < y < 0,20$	26	17	11
$0,20 < y < 0,40$	20	22	24
$0,40 < y < 0,80$	17	22	30
$y > 0,80$	3	9	19

Fuente: Jones (1997).

APÉNDICE MATEMÁTICO

1. El teorema de Kuhn-Tucker

Consideremos un problema de maximización típico en teoría económica, donde los agentes escogen diferentes variables, $x_1, ..., x_n$ con el objetivo de maximizar una función objetivo, $U(x_1, ..., x_n)$, sujeto a unas restricciones en forma de desigualdad, $g_i(x_1, ..., x_n) \leq ai$ donde i toma los valores, $1, 2, \ldots, m$. Se supone que las funciones $g(\cdot)$ son dos veces diferenciables y que los téminos a_i son constantes. El problema, pues, se puede escribir como

$$\begin{aligned} &\max_{x_1,\ldots,x_n} U(x_1, \ldots, x_n) \\ \text{sujeto a} \quad & g_1(x_1, \ldots, x_n) \leq a_1 \\ & g_2(x_1, \ldots, x_n) \leq a_2 \\ & \ldots \\ & g_m(x_1, \ldots, x_n) \leq a_m. \end{aligned} \qquad [A.1]$$

La mayor parte de problemas económicos tienen la forma [A.1]. Un ejemplo sería el de la maximización de la utilidad del consumidor sujeto a una restricción presupuestaria según la cual el consumidor no puede gastar más que su renta disponible. En este caso, las variables x_j, para $j = 1, \ldots, n$, serían las cantidades de cada uno de los bienes escogidos por el consumidor, la función $U(\cdot)$ sería su función de utilidad, la función $g(\cdot)$ sería la suma de las cantidades de los bienes consumidos multiplicados por su precio y el término a_i seria su renta disponible. Otro ejemplo sería el de la maximización de beneficios por parte de la empresa. La función objetivo $U(\cdot)$ en este caso sería la función de beneficios. Las variables a escoger, x_j, serían la cantidad de cada uno de los inputs que la empresa decide contratar, y la función $g(\cdot)$ representaría la producción que se obtiene para cada combinación de inputs, es decir, sería la función de producción. Una manera sencilla de solucionar [A.1] es utilizar el teorema de Kuhn-Tucker. Este teorema dice que si el vector $x^* \equiv (x_1^*, \ldots, x_n^*)$ es la solución del problema [A.1], entonces existe un conjunto de multiplicadores de Lagrange con las siguientes propiedades:

$$\begin{aligned} &(a) \quad DU(x_1^*, \ldots, x_n^*) = \sum_{i=1}^{m} \nu_i \left[Dg_i(x_1^*, \ldots x_n^*) \right] \\ &(b) \quad g_i(x_1^*, \ldots, x_n^*) \leq a_i \quad , \quad \nu_i \geq 0 \\ &(c) \quad \nu_i \left(a_i - g_i(x_i^*, \ldots, x_n^*) \right) = 0 \end{aligned} \qquad [A.2]$$

donde $DU(\cdot)$ es el vector de derivadas parciales (el gradiente) de la función objetivo evaluado en el óptimo, x^*, y Dg_i es el vector de derivadas parciales de la restricción i. La condición [A.2a] dice que el gradiente de la función objetivo debe ser igual a una *combinación lineal* de todas las restricciones. Los pesos en esa combinación lineal son los *precios implícitos* o *multiplicadores de Lagrange*. En el caso particular de que solamente haya una restricción, $m = 1$, la condición [A.2a] dice que la función objetivo debe tener la misma pendiente que la restricción. Dicho de otro modo, la restricción y el objetivo deben ser tangentes. La condición [A.2b] dice que, en el óptimo, todas las restricciones deben ser satisfechas y los multiplicadores deben ser positivos.

La condición [A.2c] se llama, *Condición Complementaria de Relajación*.[1] El producto de cada restricción por su propio multiplicador de Lagrange debe ser igual a cero. Dicho de otro modo, si la condición no es importante (es decir si $g_i(\ldots) < a_i$, con desigualdad estricta), el precio implícito asociado con la restricción i es cero[2] y dicha restricción conlleva un peso nulo en la combinación lineal que muestra el óptimo según [A.2a]. Por contra, si el precio implícito es positivo, la restricción se debe satisfacer necesariamente con igualdad.

Un ejemplo sencillo se puede obtener analizando el caso del consumidor que maximiza su función de utilidad sujeto a que el gasto no sea mayor que el ingreso. Para poder dibujarlo en un gráfico, imaginemos que solamente hay dos bienes, x_1 y x_2 , cuyos precios son p_1 y p_2 respectivamente. La renta total disponible es igual a y. El problema [A.1] se convierte en:

$$\begin{aligned} &\max_{x_1, x_2} U(x_1, x_2) \\ \textit{sujeto a} \quad & p_1 x_1 + p_2 x_2 \leq y \end{aligned}$$

[1] N. del T.: del inglés "complementary slackness condition".

[2] Recordemos que una interpretación del multiplicador de Lagrange es que es el precio implícito de la restricción: el multiplicador ν_i nos dice el aumento de beneficios (o utilidad) que experimentará el agente cuando se "relaja" la restricción i en una unidad.

Si la función de utilidad es siempre creciente y cóncava, las curvas de indiferencia tienen la típica forma decreciente y convexa. Las curvas más cercanas al origen están asociadas con niveles de utilidad inferiores (cuanta más cantidad de ambos bienes, x_1 y x_2, más feliz es el consumidor) tal como se muestra en el gráfico A1. La restricción presupuestaria dice que la suma de lo que el consumidor gasta en cada uno de los bienes (el gasto, a su vez, es igual a la cantidad adquirida por el precio de compra) debe ser inferior o igual a su renta disponible, y. La restricción presupuestaria es la zona sombreada en el gráfico A1. El consumidor debe escoger la combinación de x_1 y x_2 que le lleve a la curva de indeferencia situada lo más lejos posible del origen sin salirse del triángulo sombreado. Es sabido que la solución en este caso es el punto donde la restricción presupuestaria es tangente a la curva de indiferencia, x_1^* y x_2^*. En este punto, el vector de primeras derivadas de la función de utilidad, DU, debe ser proporcional al vector de primeras derivadas de la restricción presupuestaria, Dg. El factor de proporcionalidad es el multiplicador de Lagrange, ν. Esta es la condición [A.2a] del teorema de Kuhn-Tucker. Obsérvese que, en el óptimo, x_1^* y x_2^*, la restricción presupuestaria se satisface con igualdad, $p_1x_1 + p_2x_2 = y$, y el multiplicador de Lagrange es positivo (si ν fuera el vector DU seria igual a cero, por lo que no sería cierto que la restricción presupuestaria es tangente a la curva de indiferencia). La condición [A.2b], pues, también se cumple. Finalmente, como la restricción se cumple con igualdad, el producto $\nu(p_1x_1 + p_2x_2 - y)$ es cero, por lo que la condición complementaria de relajación [A.2c] también se cumple. Vemos que el óptimo satisface las tres condiciones de Kuhn-Tucker.

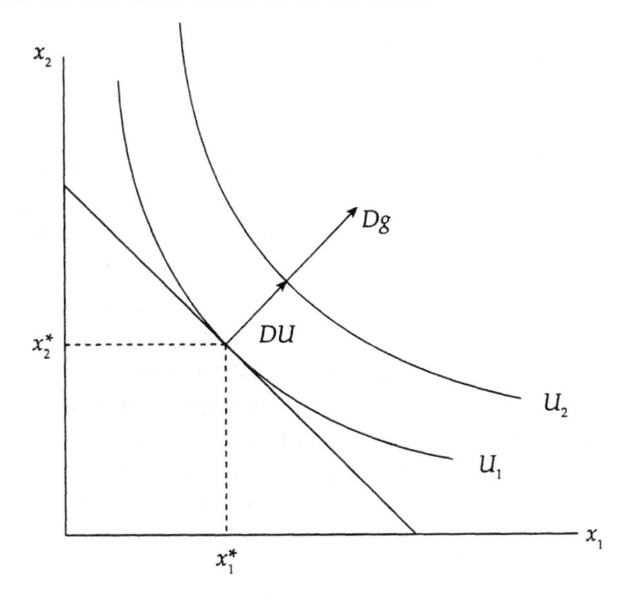

Gráfico A.1

Es interesante comparar este resultado con el que se obtendría si la función de utilidad no fuera siempre creciente, sino que existe un punto de saciedad, como sucede en el gráfico A.2. Por ejemplo, imaginemos que los bienes que estamos considerando son vino y cava durante la cena. El individuo es más feliz con un poco de vino y un poco de cava que sin ellos. A medida que éste aumenta su consumo de dichas bebidas espirituosas, su felicidad aumenta. Llega un punto a partir del cual, un aumento en el consumo de vino o cava reducen la felicidad del consumidor (la habitación empieza a moverse, el camino del lavabo se vuelve tortuoso, incluso el dormir se complica tremendamente cuando se consume demasiado vino o demasiado cava). El máximo nivel de felicidad, pues, se consigue con un consumo finito de ambos bienes. En este gráfico, las curvas de indiferencia se podrían expresar como círculos concéntricos alrededor del punto de máxima utilidad x_1^* y x_2^*. En el caso dibujado en el gráfico A.2, da la casualidad que este punto se encuentra dentro de la restricción presupuestaria. Es decir, el individuo puede consumir la cantidad óptima de los dos bienes sin necesidad de agotar toda su renta disponible. Lógicamente, en este caso la restricción no se cumple con igualdad (el individuo prefiere quedarse en el interior del triángulo sombreado). Si el individuo maximizara su utilidad sin estar sujeto a ninguna restricción presupuestaria escogería el mismo óptimo. Es como si la restricción no fuera importante. Claramente, el óptimo en este caso viene dado por la igualación de las derivadas de $U(\cdot)$ a cero, $DU(x_1, x_2) = 0$, y no en el punto donde la restricción es tangente a la curva de indiferencia. ¿Se cumplen en este caso las condiciones del teorema de Kuhn-Tucker? Observe el lector que la condición clave en este caso es la [A.2c]: dado que la restricción se cumple con desigualdad estricta (el término $p_1x_1 + p_2x_2 - y$ es estrictamente negativo), la condición [A.2c] requiere que el multiplicador sea cero, $\nu = 0$, para que de esta manera el producto de un término no nulo con ν sea igual a cero. La interpretación es que, si relajamos la restricción presupuestaria y aumentamos la renta disponible, el consumidor seguirá eligiendo la misma combinanción de bienes. Al consumir la misma cantidad de x_1 y x_2, su utilidad no variará. Es decir, una unidad adicional de renta disponible no genera ningún cambio en el nivel de utilidad alcanzado. Dado que el multiplicador de Lagrange muestra el cambio en el nivel de utilidad obtenido cuando la renta disponible aumenta en una unidad, el multiplicador debe ser cero. La condición [A.2a] se satisface si el multiplicador ν es igual a cero dado que $DU = \nu Dg = 0$. Es decir, el óptimo no es el punto donde la restricción y la curva de indiferencia son tangentes sino el punto interior donde la derivada de U con respecto de cada uno de los bienes es cero. La condición [A.2b] también se cumple porque $p_1x_1 + p_2x_2 < y$ y $\nu = 0$. En resumen, la condición complementaria de relajación es una condición crucial que nos ayuda a decidir si una restricción es "importante" o no. Esta condición juega un papel determinante en la optimización dinámica, como veremos en la siguiente sección.

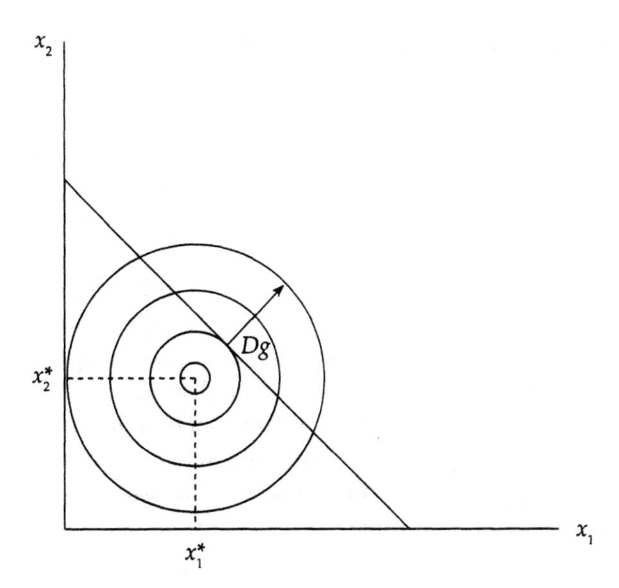

Gráfico A.2

1.B. El Método del lagrangiano

Las condiciones de optimalidad descritas en el apartado anterior a menudo se memorizan con la utilización del denominado *lagrangiano*. Para ello, se construye una función artificial a base de sumar la función objetivo, $U(\cdot)$, con cada una de las restricciones multiplicadas por su constante ν_i. Esta constante es el precio implícito o multiplicador de Lagrange asociado con la restricción i. Obsérvese que tenemos uno de estos multiplicadores para cada una de las restricciones. El lagrangiano es, pues:

$$\mathcal{L} = U(x_1, \ldots, x_n) + \sum_{i=1}^{m} \nu_i \, (a_i - g_i(x_1, \ldots, x_n)) \qquad [A.3]$$

La condición [A.2a] dice que, si x^* es el óptimo, entonces las derivadas parciales de $\mathcal{L}$ con respecto de cada uno de los x_j deben ser igual a cero. Las condiciones [A.2b] dicen que el lagrangiano, $\mathcal{L}$, tiene un mímino con respecto de los multiplicadores, ν_i (la condición [A.2b] dice que los dos componentes de [A.2c] son no-negativos por lo que el producto se minimiza cuando éste es cero).

2. Optimización dinámica: la teoría de control óptimo.

2.A. Introducción

A pesar de que la teoría matemática de la optimización dinámica es muy antigua, los economistas no empezaron a utilizar métodos dinámicos sistemáticamente hasta los años sesenta (en los años veinte algunos economistas como Hotelling y Ramsey utilizaron modelos dinámicos, pero la incapacidad de sus colegas para entender sus teorías hizo que aquellas investigaciones no se utilizaran hasta la década de los sesenta). La metodología utilizada por los matemáticos clásicos para solucionar problemas dinámicos se conocía con el nombre de *cálculo de variaciones*. Esa primera metodología se perfeccionó a través de dos vias distintas. La primera via, conocida como *programación dinámica,* fue desarrollada por el matemático norteamericano Richard Bellman en los años cincuenta. Este método es especialmente útil para solucionar problemas estocásticos de tiempo discreto. La segunda vía, llamada *control óptimo,* fue desarrollada por un equipo de matemáticos rusos liderados por L. Pontryagin. Esta metodología, que se basa en el hamiltoniano, es especialmente útil para solucionar problemas de optimización dinámica cuando una de las restricciones es una ecuación diferencial. Como hemos visto durante todo el libro, este tipo de restricciones son especialmente comunes en la teoría de crecimiento económico. Por este motivo, en este apéndice mostraremos la metodología desarrollada por Pontryagin.

2.B. El problema típico

El problema típico al que nos enfrentamos es el siguiente. El agente económico (el consumidor, la empresa, el gobierno, el planificador, o quien sea) debe escoger o controlar una serie de variables en el tiempo llamadas *variables de control.* Se quiere maximizar una *función objetivo* (función de utilidad, de beneficio, etc) sujeto a una serie de restricciones. Las restricciones son dinámicas en el sentido que describen la evolución del estado de la economía, representado por las llamadas *variables de estado.* El problema es, pues, el siguiente:

$$\max_{c_t} V(0) = \int_0^T u(c_t, k_t, t)dt$$

$$\begin{aligned} &\text{sujeto a} \\ &\text{(a)} \quad \dot{k}_t = g[k_t, c_t, t] \\ &\text{(b)} \quad k_0 \text{ está dada} \\ &\text{(c)} \quad k_T e^{-\bar{r}_T T} \geq 0 \end{aligned} \qquad \text{[A.4]}$$

donde $V(0)$ es el valor de la función objetivo desde el punto de vista del momento inicial, 0, donde 0 y T son los momentos inicial y final respectivamente, mientras que $\bar{r}_T$ es la tasa de descuento que se aplica en el último momento. El momento final, T, podría ser finito o infinito.

La variable k_t (que aparece con un punto encima en la restricción dinámica [A.4a]) es la *variable de estado*. La variable c_t (la que NO aparece con un punto en la restricción dinámica) es la *variable de control*. Las dos variables son dinámicas en el sentido de que varian en el tiempo (de ahí el subíndice, t). Es importante distinguir las variables de control de las de estado antes de empezar a solucionar un problema dinámico porque, como veremos a continuación, las condiciones de primer orden referentes a unas y otras son distintas.

La función objetivo en [A.4] es la suma o integral de las funciones objetivo instantáneas, $u(\cdot)$, desde el momento inicial al final. Cada una de estas funciones instantáneas, a su vez, dependen de las variables de control, c_t, y de estado, k_t, así como también del tiempo, t.

La restricción de acumulación [A.4a] es una ecuación diferencial en k_t que muestra como la variable de control, c_t, afecta los movimientos en el tiempo de la variable de estado, k_t. Esta expresión de se llama *ecuación de transición* o *ecuación de movimiento*. Aunque solamente escribamos una de estas ecuaciones, en realidad hay una de ellas a cada momento del tiempo entre 0 y T.

La condición inicial [A.4b] dice que la variable de estado tienen un valor inicial que está dado y que no se puede cambiar (viene dado por decisiones pasadas que no se pueden ya alterar). Finalmente, la restricción [A.4c] dice que la cantidad de k que se deja en el último momento, T, una vez descontada a la tasa $\bar{r}_T$, debe ser no negativa. Para valores finitos de T, esta desigualdad implica $k_T \geq 0$ dado que el factor de descuento, $e^{-\bar{r}_T T}$ nunca será cero. Cuando T es infinito la cantidad terminal puede ser estrictamente positiva o negativa si la tasa de descuento se aproxima a cero. Si k_T representa la cantidad de activos que una persona deja al final de su vida, la restricción [A.4c] impide que esa persona muera endeudada. Si T es infinito, la condición dice que la cantidad de activos puede ser negativa e incluso puede crecer, siempre y cuanto lo haga a un ritmo inferior a la tasa de descuento. Esta condición evita que los agentes se embarquen en juegos financieros conocidos como "pirámides" según los cuales, siempre pagan sus deudas pidiendo prestado por lo que los "activos", k, se vuelven cada vez más negativos.

Un ejemplo de problema dinámico como el expresado en [A.4] es el modelo de crecimiento neoclásico de optimización según el cual la función objetivo es una función de utilidad

$$u(c_t, k_t, t) = e^{-\rho t}\frac{c_t^{1-\theta} - 1}{1 - \theta}$$

En este ejemplo, la función objetivo no depende de la variable de estado, k_t, aunque sí depende del tiempo, t, a través del factor de descuento, ρ. La ecuación de transición vendría dada por

$$\dot{k}_t = f(k_t) - c_t - \delta k_t$$

donde δ es la tasa de depreciación del capital. Esta ecuación dice que el stock de capital aumenta con el ahorro y disminuye con la depreciación. El ahorro, a su vez, es la diferencia entre la cantidad de recursos producidos, $f(k_t)$, y los consumidos, c_t.

2.C. Las condiciones de primer orden

Para solucionar los problemas dinámicos como [A.4], deberemos proceder de la siguiente manera.

Primer paso: Identificación las variables de control y de estado.

El primer paso para solucionar el problema dinámico es saber cual es la variable de control y cual es la variable de estado. La variable de estado es la que aparece con un puntito en la restricción [A.4a]. La variable de control es la que NO aparece con un puntito en la restricción [A.4a]. Esta identificación es importante porque las condiciones de primer orden para las variables de contro y de estado son distintas.

Segundo paso: El hamiltoniano.

La función llamada "hamiltoniano" juega el mismo papel que juega el lagrangiano en los problemas estáticos: nos sirve para memorizar de una manera sencilla el procedimiento para solucionar el problema. El hamiltoniano es la suma de la función objetivo instantánea (la función que aparece dentro de la integral en [A.4]) más un precio implícito o multiplicador de Lagrange multiplicado por la parte de la restricción que no tiene un punto. Es decir,

$$H(k_t, c_t, t, \lambda_t) \equiv u(c_t, k_t, t) + \nu_t g[k_t, c_t, t]. \quad [A.5]$$

Observese que, dado que existe una restricción $g(\cdot)$ para cada momento del tiempo, existe un multiplicador de Lagrange asociado con cada una de esas restricciones. El multiplicador asociado con la restricción del momento t se llama ν_t y de ahí el subíndice temporal.

Tercer Paso: Se toma la derivada del hamiltoniano con respecto de las variables de control y se iguala a cero:

$$\frac{\partial H}{\partial c} = \frac{\partial u}{\partial c} + \nu\frac{\partial g}{\partial c} = 0, \quad [A.6]$$

donde los subíndices temporales se han ignorado para simplificar la notación.

Cuarto Paso: Se toma la derivada del hamiltoniano con respecto de las variables de *estado* y se iguala al negativo de la derivada del multiplicador con respecto del tiempo:

$$\frac{\partial H}{\partial k} = \frac{\partial u}{\partial k} + \nu\frac{\partial g}{\partial k} = -\dot{\nu}. \quad [A.7]$$

Es importante señalar que la condición de primer orden con respecto a la variable de estado, k, no iguala la derivada del hamiltoniano a cero si no a $-\dot{\nu}$. Esta es una diferencia crucial que se debe tener siempre en cuenta. De ahí la importancia de empezar a solucionar el problema identificando cuales son las variables de estado y cuales las de control.

Quinto Paso (La condición de transversalidad): Se multiplica la variable de estado por el precio implícito en el momento terminal y se iguala a cero.

$$\nu_T k_T = 0. \qquad [A.8]$$

En el caso que el horizonte temporal sea infinito, la condición de transversalidad es

$$\lim_{t \to \infty} \nu_t k_t = 0. \qquad [A.9]$$

En el caso que la función objetivo no tenga una tasa de descuento, la condición de transversalidad es

$$\lim_{t \to \infty} H_t = 0 \qquad [A.10]$$

Estas condiciones describen completamente la solución del problema [A.4].

2.D. Derivación de las condiciones de primer orden.

La demostración formal de porqué las condiciones de primer orden descritas en el apartado anterior corresponden al máximo que buscamos está fuera del alcance de este libro. En lugar de hacer la demostración formal, lo que haremos aquí es hacer una derivación un poco informal pero intuitiva. Cuando el lector quiera solucionar un modelo de crecimiento dinámico deberá solamente proceder con los pasos especificados en el apartado anterior y olvidarse del presente apartado. Solamente el lector que se pregunta de dónde salen las condiciones de primer orden debe leer esta sección.

Imaginemos que no sabemos solucionar el problema [A.4]. Imaginemos que ni siquiera sabemos que se trata de un problema dinámico por lo que utilizamos el método de los multiplicadores de Lagrange. Según ese método, construimos un lagrangiano de la forma:

$$\mathcal{L} = \int_0^T u(c_t, k_t, t)dt + \int_0^T \left[\nu_t \left(g[k_t, c_t, t] - \dot{k}_t\right)\right] dt + \psi k_T e^{-\bar{r}_T T}, \qquad [A.11]$$

donde la variable ν_t es el multiplicador de Lagrange asociado con cada una de las restricciones en [A.4a] y donde ψ es el multiplicador asociado con la restricción [A.4c]. Como hay un contínuo de restricciones [A.4a] para cada instante entre 0 y T, hay un contínuo de multiplicadores asociados. De ahí el subíndice temporal en ν_t. Recuérdese que el lagrangiano incluye la suma de todas las restricciones multiplicadas por su precio implícito. En nuestro caso, esta suma se corresponde con la integral $\int_0^T [\nu_t(g[k_t, c_t, t] - \dot{k}_t)]dt$. Dado que solamente hay una restricción del tipo [A.4c], solamente hay un multiplicador asociado a esa restricción (y de ahí la ausencia de subíndice temporal para ψ).

Si se tratara de un problema estático, encontariamos la solución a base de igualar las derivadas del Lagrangiano con respecto de cada una de las variables a cero (condición [A.2a]). El problema surgiría cuando tuviéramos que tomar la derivada de $\dot{k}_t$ con respecto a k_t. Una manera de solucionar este problema sería integrar el término $\int_0^T \nu_t \dot{k}_t dt$ por partes:[3]

$$\int_0^T \nu_t \dot{k}_t dt = \nu_T k_T - \nu_0 k_0 - \int_0^T \dot{\nu}_t k_t d_t. \quad [A.12]$$

Utilizando [A.12], el Lagrangiano [A.11] se puede reescribir como:

$$\begin{aligned} \mathcal{L} = & \int_0^T (u(c_t, k_t, t) + \nu_t g[k_t, c_t, t])\, dt - \\ & - \nu_T k_T + \nu_0 k_0 + \int_0^T \dot{\nu}_t k_t dt + \psi k_T e^{-\bar{r}_T T}. \end{aligned} \quad [A.13]$$

La expresión dentro de la primera integral es el hamiltoniano que ya hemos escrito en [A.5]. Utilizando el hamiltoniano, la ecuación [A.13] se puede reescribir como:

$$\mathcal{L} = \int_0^T (H(c_t, k_t, t) + \dot{\nu}_t k_t)\, dt - \nu_T k_T + \nu_0 k_0 + \psi k_T e^{-\bar{r}_T T} \quad [A.14]$$

Recordemos que este es el lagrangiano que hubiéramos obtenido de considerar el problema [A.4] como un problema estático. Las condiciones de primer orden en este caso nos llevarían a tomar las derivadas del lagrangiano con respecto de c_t y k_t e igualarlas a cero por lo que obtendríamos:

$$\frac{\partial H}{\partial c} = \frac{\partial u}{\partial c} + \nu \frac{\partial g}{\partial c} = 0 \quad [A.15]$$

$$\frac{\partial H}{\partial k} + \dot{\nu} = \frac{\partial u}{\partial k} + \nu \frac{\partial g}{\partial k} + \dot{\nu} = 0. \quad [A.16]$$

Estas dos condiciones se corresponden con las anteriormente señaladas [A.6] y [A.7]. Vemos, pues, el origen de que la condición de primer orden con respecto de k no sea igual a cero sino igual a $-\dot{\nu}$.

[3]Para ello, basta con darse cuenta que la derivada del producto es igual a $\frac{\partial k\nu}{\partial t} = \dot{k}\nu + \dot{\nu}k$. Si integramos ambos lados de esta expresión encontramos que $\int_0^T \frac{\partial k\nu}{\partial t} dt = \int_0^T \dot{k}\nu dt + \int_0^T \dot{\nu}k dt$. Si nos damos cuenta que el primer término es la integral de la derivada, observamos que la integral se puede escribir como $\nu_T k_T - \nu_0 k_0 = \int_0^T \dot{k}\nu dt + \int_0^T \dot{\nu}k dt$.

Parte del problema [A.4] estriba en escoger el nivel de capital en el "último momento", k_T. Para ello, deberíamos tomar la derivada con respecto del último k_T e igualarla a cero:

$$\psi e^{-\bar{r}_T T} - \nu_T = 0. \qquad [A.17]$$

Finalmente, la *condición de relajación* [A.2c] del teorema de Kuhn-Tucker nos dice que el producto de la restricción de desigualdad, [A.4c], multiplicado por su multiplicador debe ser igual a cero:

$$\psi k_T e^{-\bar{r}_T T} = 0. \qquad [A.18]$$

De acuerdo con [A.17], $\psi e^{-\bar{r}_T T} = \nu_T$. Substituyendo esta expresión en la condición de relajación obtenemos:

$$\nu_T k_T = 0 \qquad [A.19]$$

La condición [A.19] se corresponde con la condición de transversalidad [A.8] y nos dice que el valor del capital que los agentes deciden dejar en el último momento debe ser cero, ya sea porque la cantidad que dejan es cero ($k_T = 0$) o porque el valor o precio que ese capital tiene es cero ($\nu_T = 0$).

Hemos derivado las condiciones de primer orden que describen la solución al problema dinámico [A.4] cuando el momento terminal es finito. Note el lector que si el horizonte temporal fuera infinito, la derivación del lagrangiano sería exactamente la misma excepto que el numerito encima de la integral en [A.14] sería infinito en lugar de T. Como en las condiciones de primer orden [A.15] y [A.16] no aparece el término T, éstas no variarían con la substitución de T por ∞. El único cambio aparecería cuando deriváramos la condición [A.19]. En este caso, el producto del capital por su precio implícito en el momento terminal (en este caso, infinito) debe ser igual a cero. La condición [A.19] debe, pues, ser substituida por

$$\lim_{t \to \infty} \nu_t k_t = 0. \qquad [A.20]$$

Esta condición se corresponde con [A.9]. Barro y Sala-i-Martin (1995) muestran que en el caso en que el problema no presenta una función objetivo donde se descuenta el futuro, la condución de transversalidad requiere que el valor del hamiltoniano se acerque a cero a medida que t se acerca a infinito (condición [A.10]).

2.E. El caso de múltiples variables

El caso más general en que hay múltiples variables de control y múltiples variables de estado representa una generalización sencilla de lo expuesto hasta ahora. En el capítulo 8 vimos un modelo de capital humano con dos variables de control y dos variables de estado. Aunque en este libro no se presentan modelos más complicados que ése, en general se podría pensar en modelos con muchas variables de cada tipo. Cuando hay n variables de control, $c_{1t}, c_{2t}, \ldots, c_{nt}$ y m variables de estado, $k_{1t}, k_{2t}, \ldots, k_{mt}$, el problema es:

$$\max_{c_i t} V(0) = \int_0^T u(c_{1t}, c_{2t}, \ldots, c_{nt}, k_{1t}, \ldots k_{mt}, t)dt$$

$$\begin{aligned} \text{sujeto a} \quad &(\text{a.1}) \quad \dot{k}_{1t} = g_1[c_{1t}, c_{2t}, \ldots c_{nt}, k_{1t}, \ldots k_{mt}, t] \\ &(\text{a.2}) \quad \dot{k}_{2t} = g_2[c_{1t}, c_{2t}, \ldots c_{nt}, k_{1t}, \ldots k_{mt}, t] \\ &(\text{a.m}) \quad \dot{k}_{mt} = g_m[c_{1t}, c_{2t}, \ldots c_{nt}, k_{1t}, \ldots k_{mt}, t] \\ &(\text{b}) \quad k_{10}, k_{20}, \ldots, k_{m0} \text{ están dadas} \\ &(\text{c}) \quad k_{1T}e^{-\bar{r}_T T} \geq 0, \ldots, k_{mT}e^{-\bar{r}_T T} \geq 0. \end{aligned} \qquad [\text{A.21}]$$

La solución a este problema es similar al problema con una variable de control y una de estado.

Primer Paso: Identificación de las variables de control y de estado.

El primer paso para solucionar el problema dinámico es saber cuales son las variables de control y cuales las variables de estado. Las variables de estado son las que aparecen con un puntito en la restricción [A.21a]. Las de control son las que NO aparecen con un puntito en la restricción [A.21a].

Segundo Paso: El hamiltoniano.

Escribimos el hamiltoniano como la suma de la función objetivo instantánea más la suma de un multiplicador de Lagrange por cada restricción multiplicado por la parte de la restricción que no tiene un punto. Es decir:

$$H \equiv u(c_{1t}, c_{2t}, \ldots, c_{nt}, k_{1t}, \ldots k_{mt}, t) + \sum_{i=1}^{m} \nu_{it} g_i[\ ].- \qquad [\text{A.22}]$$

Observese que existe un multiplicador asociado con una de las restricciones g_i en cada momento t. De ahí que cada multiplicador tenga un subíndice temporal y un subíndice i, ν_{it}.

Tercer Paso: Se toma la derivada del hamiltoniano con respecto de cada una de las variables de control y se iguala a cero:

$$\frac{\partial H}{\partial c_j} = 0 \qquad \textit{para cada} \quad j = 1, 2, \ldots, n, \qquad [\text{A.23}]$$

donde los subíndices temporales se han ignorado para simplificar la notación.

Cuarto Paso: Se toma la derivada del hamiltoniano con respecto de cada una de las variables de *estado* y se iguala al negativo de la derivada del multiplicador con respecto del tiempo:

$$\frac{\partial H}{\partial k_i} = -\dot{\nu}_{it} \qquad \textit{para cada} \quad i = 1, 2, \ldots, m \qquad \text{[A.24]}$$

Quinto Paso (La condición de transversalidad): Se multiplica cada una de las variables de estado en el momento terminal por su multiplicador correspondiente en el mismo momento y se iguala a cero.

$$\nu_{iT} k_{iT} = 0 \qquad \textit{para cada} \quad i = 1, 2, \ldots, m \qquad \text{[A.25]}$$

En el caso que el horizonte temporal sea infinito, las condiciones de transversalidad vienen dadas por

$$\lim_{t \to \infty} \nu_{it} k_{it} = 0 \qquad \textit{para cada} \quad i = 1, 2, \ldots, m \qquad \text{[A.26]}$$

Estas condiciones describen la solución del problema dinámico [A.21].

REFERENCIAS

Aghion, Philippe y Peter Howitt (1992). "A Model of Growth through Creative Destruction", *Econometrica*, 60, 2 (marzo), 323-351.

Aghion, Philippe y Peter Howitt (1998). Endogenous Growth Theory, MIT Press, Cambridge, MA.

Alesina, Alberto y Roberto Perotti (1993). "Income Distribution, Political Instability, and Investment", *NBER Working Paper* nº 4486 (octubre).

Arrow, Kenneth J. (1962). "The Economic Implications of Learning by Doing", *Review of Economic Studies*, 29 (junio), 155-173.

Azariadis, Costas y Allan Drazen (1990). "Threshold Externalities in Economic Development", *Quarterly Journal of Economics*, 90, 501-526.

Bakus, David; Patrick Kehoe y Timothy Kehoe (1992). "In Search of Scale Effects in Trade and Growth", *Journal of Economic Theory*, 377-409.

Banco de Bilbao (varios años). *Renta Nacional de España y su distribución provincial*, Bilbao, Banco de Bilbao-Vizcaya.

Barro, Robert J. (1974). "Are Government Bonds Net Wealth?", *Journal of Political Economy*, 81, 6 (diciembre), 1095-1117.

Barro, Robert J. (1990). "Government Spending in a Simple Model of Endogenous Growth", *Journal of Political Economy*, 98, 5 (octubre), part II, S103-S125.

Barro, Robert J. (1991). "Economic Growth in a Cross Section of Countries", *Quarterly Journal of Economics*, 106, 2 (mayo), 407-443.

Barro, Robert J. y Jong-Wha Lee (1994). "Sources of Economic Growth", *Carnegie-Rochester Conference Series on Public Policy*.

Barro, Robert J. y Xavier Sala-i-Martin (1991). "Convergence across States and Regions", *Brookings Papers on Economic Activity*, nº 1, 107-182.

Barro, Robert J. y Xavier Sala-i-Martin (1992a). "Convergence", *Journal of Political Economy*, 100, 2 (abril), 223-251.

Barro, Robert J. y Xavier Sala-i-Martin (1992b). "Regional Growth and Migration: A Japan-United States Comparison", *Journal of the Japanese and International Economies*, 6 (diciembre), 312-346.

Barro, Robert J. y Xavier Sala-i-Martin (1992c). "Public Finance in Models of Economic Growth", *Review of Economic Studies*, 59, 4 (octubre), 645-661.

Barro, Robert J. y Xavier Sala-i-Martin (1995), *Economic Growth*, McGraw Hill, New York.

Barro, Robert J.; N. Gregory Mankiw y Xavier Sala-i-Martin (1992). "Capital Mobility in Neoclassical Models of Growth", *NBER Working Paper* nº 4.206 (noviembre).

Baumol, William J. (1986). "Productivity Growth, Convergence, and Welfare: What the Long-Run Data Show", *American Economic Review*, 76, 5 (diciembre), 1072-1085.

Benhabib, Jess y Mark M. Spiegel (1993). "The Role of Human Capital and Political Instability in Economic Development", mecanografiado, New York University (marzo).

Braun, Juan (1993). *Essays on Economic Growth and Migration*, tesis doctoral no publicada, Harvard University.

Caballé, Jordi y Manuel Santos (1993), "On Endogenous Growth with Physical and Human Capital", Journal of Political Economy, 101, 6 (diciembre), 1042-67.

Caballero, Ricardo J. y Adam B. Jaffe (1993). "How High are the Giants' Shoulders: an Empirical Assessment of Knowledge Spillovers and Creative Destruction in a Model of Economic Growth", en *NBER Macroeconomics Annual 1993*, Cambridge, MA, MIT Press, 15-74.

Caballero, Ricardo J. y Richard Lyons (1992). "The Case foe External Economies", en A. Cukierman, Z. Hercowitz y L. Leiderman Ed. Political *Economy, Growth, and Business Cycles*, Cambridge, MA., M.I.T. Press.

Cass, David (1965). "Optimum Growth in an Aggregative Model of Capital Accumulation", Review of Economic Studies, 32 (julio), 233-240.

Chua, Hak B. (1993). Regional Spillovers and Economic Growth, tesis doctoral no publicada, Harvard University.

Cohen, Daniel y Jeffrey Sachs (1986). "Growth and External Debt under Risk of Debt Repudiation", European Economic Review, 30, 3 (junio), 526-560.

Coulombe, Serge y Frank C. Lee (1993). "Regional Economic Disparities in Canada", mecanografiado, University of Ottawa (julio).

DeGregorio, José (1993), "Inflation, Taxation and Long Run Growth", *Journal of Monetary Economics*, 31: 271-298.

De La, A. y José Marín (1994). "Innovation, Bank Monitoring and Endogenous Financial Development", *Universitat Pompeu Fabra working paper 59*, (enero).

DeLong, J. Bradford (1988). "Productivity Growth, Convergence, and Welfare: Comment", *American Economic Review*, 78, 5 (diciembre), 1138-1154.

DeLong, J. Bradford y Lawrence H. Summers (1991). "Equipment Investment and Economic Growth", *Quarterly Journal of Economics*, 106, 2 (mayo), 445-502.

Dixit, Avinash K. y Joseph E. Stiglitz (1977). "Monopolistic Competition and Optimum Product Diversity", *American Economic Review*, 67, 3 (junio), 297-308.

Dolado, Juan; Alessandra Goria y Andrea Ichino (1993). "Immigration, Human Capital, and Growth in the Host Country: Evidence from Pooled Country Data", mecanografiado, Banco de España (abril).

Dolado, J.; J. M. González-Páramo y J. M. Roldán (1994), "Convergencia Económica entre las provincias españolas", *Moneda y Crédito*, 198.

Domar, Evsey D. (1946). "Capital Expansion, Rate of Growth, and Employment", *Econometrica*, 14 (abril), 137-147.

Dowrick, Steve y Duc Tho, Nguyen (1989). "OECD Comparative Economic Growth 1950-85: Catch-Up and Convergence", *American Economic Review*, 79, 5 (diciembre), 1010-1030,

Durlauf, Steve y P. Johnson, (1992). "Global versus Local Convergence across National Economies", *NBER working paper* 3.996 (febrero).

Easterlin, Richard A. (1960a). "Regional Growth of Income: Long-Run Tendencies", en Simon Kuznets, Ann Ratner Miller y Richard A. Easterlin, eds., *Population Redistribution and Economic Growth, United States, 1870-1950, II: Analyses of Economic Change*, Philadelphia, The American Philosophical Society.

Eaton, J. (1981). "Fiscal Policy, Inflation and the Accumulation of Risky Capital", *Review of Economic Studies*, 435-455.

Ethier, Wilfred J. (1982). "National and International Returns to Scale in the Modern Theory of International Trade", *American Economic Review*, 72, 3 (junio), 389-405.

Faig, Miquel (1991), "A Simple Economy with Human Capital", mecanografiado, University of Toronto.

Friedman, Milton (1992). "Do Old Fallacies Ever Die?", *Journal of Economic Literature*, 30 (4), 2129-32.

Grossman, Gene M. y Elhanan Helpman (1991). *Innovation and Growth in the Global Economy*, Cambridge, MA, MIT Press.

Harrod, Roy F. (1939). "An Essay in Dynamic Theory", *Economic Journal*, 49 (junio), 14-33.

Jones, Charles I. (1997), "On the Evolution of the World Income Distribution", *Journal of Economic Perspectives*, vol. 11, número 3, Summer, 19-36.

Jones, Larry E. y Rodolfo E. Manuelli (1992). "Finite Lifetimes and Growth", *Journal of Economic Theory*, 58, 2 (diciembre), 171-197.

King, Robert G. y Ross Levine (1993). "Finance, Entrepreneurship, and Growth: Theory and Evidence", *Journal of Monetary Economics*, 32 (diciembre), 513-542.

Knack, Stephen y Philip Keefer (1994). "Institutions and Economic Performance: Cross-Country Tests Using Alternative Institutional Measures", mecanografiado, American University (febrero).

Koopmans, Tjalling C. (1965). "On the Concept of Optimal Economic Growth", en *The Econometric Approach to Development Planning*, Amsterdam, North Holland (1965).

Kremer, Michael (1993). "Population Growth and Technological Change: One Million B.C. to 1990", *Quarterly Journal of Economics*, 108, 3 (agosto), 681-716.

Kurz, Mordecai (1968). "The General Instability of a Class of Competitive Growth Processes", *Review of Economic Studies*, 35 (abril), 155-174.

Levine, Ross y David Renelt (1992). "A Sensitivity Analysis of Cross-Country Growth Regressions", *American Economic Review*, 82, 4 (septiembre), 942-963.

Lucas, Robert E., Jr. (1988). "On the Mechanics of Development Planning", *Journal of Monetary Economics*, 22, 1 (julio), 3-42.

Mankiw, N. Gregory; David Romer y David N. Weil (1992). "A Contribution to the Empirics of Economic Growth", *Quarterly Journal of Economics*, 107, 2 (mayo), 407-437.

Mulligan, Casey B. y Xavier Sala-i-Martin (1993). "Transitional Dynamics in Two-Sector Models of Endogenous Growth", *Quarterly Journal of Economics*, 108, 3 (agosto), 737-773.

Murphy, Kevin M.; Andrei Shleifer y Robert W. Vishny (1989). "Industrialization and the Big Push", *Quarterly Journal of Economics*, 106, 2 (mayo), 503-530.

Nelson, Richard R. y Edmund S. Phelps (1966). "Investment in Humans, Technological Diffusion, and Economic Growth", *American Economic Review*, 56, 2 (mayo), 69-75.

North, Douglass, C. (1981), *Structure and Change in Economic History*, New York, Norton.

Phelps, Edmund S. (1962). "The New View of Investment: a Neoclassical Analysis", *Quarterly Journal of Economics*, 76, 4 (noviembre), 548-567.

Phelps, Edmund S. (1966). *Golden Rules of Economic Growth*, New York, Norton.

Quah, Danny (1993). "Galton's Fallacy and Tests of the Convergence Hypothesis", *Scandinavian Journal of Economics*, 95, 4, 427-443.

Quah, Danny (1996), "Twin Peaks: Growth and Convergence in models of Distribution Dynamics", *Economic Journal*, julio, 70, 65-94.

Ramsey, Frank (1928). "A Mathematical Theory of Saving", *Economic Journal*, 38 (diciembre), 543-559.

Rapping, Leonard (1965). "Learning and World War II Production Functions", *Review of Economics and Statistics*, 47 (febrero), 81-86.

Rebelo, Sergio (1991). "Long-Run Policy Analysis and Long-Run Growth", *Journal of Political Economy*, 99, 3 (junio), 500-521.

Robinson, Joan (1938). "The Classification of Inventions", *Review of Economic Studies*, 5 (febrero), 139-142.

Robinson, Joan (1954). "The Production Function and the Theory of Savings", *Review of Economic Studies*.

Romer, Paul M. (1986). "Increasing Returns and Long-Run Growth", *Journal of Political Economy*, 94, 5 (octubre), 1002-1037.

Romer, Paul M. (1987). "Growth Based on Increasing Returns Due to Specialization", *American Economic Review*, 77, 2 (mayo), 56-62.

Romer, Paul M. (1990). "Endogenous Technological Change", *Journal of Political Economy*, 98, 5 (octubre), part II, S71-S102.

Roubini, N. y X. Sala-i-Martin (1992), "Financial Repression and Economic Growth", *Journal of Development Economics* 39, 5-30.

Saint-Paul, Gilles (1992), "Fiscal Policy in an Endogenous Growth Model", *Quarterly Journal of Economics*, 107, 4 (noviembre), 1243-1259.

Sala-i-Martin, Xavier (1990). *On Growth and States*, tesis doctoral no publicada, Harvard University.

Sala-i-Martin, Xavier (1997), "Transfers, Social Safety Nets, and Growth". *IMF Staff Papers*, vol. 44, nº 1, 81-102.

Sala-i-Martin, Xavier (1997b), "I Just Ran Two Million Regressions", *American EconomicReview*, vol. 87, nº 2, 178-183.

Samuelson, Paul A. (1954). "The Pure Theory of Public Expenditure", *Review of Economics and Statistics*, 36 (noviembre), 387-389.

Schumpeter, Joseph A. (1934). *The Theory of Economic Development*, Cambridge, MA, Harvard University Press.

Searle, Allan D. (1946). "Productivity Changes in Selected Wartime Shipbuilding Programs", *Monthly Labor Review*.

Sheshinski, Eytan (1967). "Optimal Accumulation with Learning by Doing", en Karl Shell, ed., *Essays on the Theory of Optimal Economic Growth*, Cambridge, MA, MIT Press, 31-52.

Shioji, E. (1994). "Regional Growth in Japan", capítulo 1 de tesis doctoral no publicada, Universidad de Yale.

Solow, Robert M. (1956),"A Contribution to the Theory of Economic Growth", *Quarterly Journal of Economics*, 70, 1 (febrero), 65-94.

Solow, Robert M. (1969). "Investment and Technical Change", en Kenneth J. Arrow, et al., eds., *Mathematical Methods in the Social Sciences*, Palo Alto, Stanford University Press.

Spence, Michael (1976). "Product Selection, Fixed Costs, and Monopolistic Competition", *Review of Economic Studies*, 43, 2 (junio), 217-235.

Summers, Robert y Alan Heston (1991). "The Penn World Table (Mark 5): An Expanded Set of International Comparisons, 1950-1988", *Quarterly Journal of Economics*, 106, 2 (mayo), 327-368.

Swan, Trevor W. (1956). "Economic Growth and Capital Accumulation", *Economic Record*, 32 (noviembre), 334-361.

Thompson, Earl A. (1976). "Taxation and National Defense", *Journal of Political Economy*, 82, 4 (agosto), 755-782.

U.S. Department of Commerce, Bureau of the Census (1975). *Historical Statistics of the United States, Colonial Times to 1970,* Washington D.C., U.S. Government Printing Office.

U.S. Department of Commerce, Bureau of the Census (1989). *State Personal Income: 1929-87,* Washington D.C., U.S. Government Printing Office.

U.S. Department of Commerce, Bureau of the Census (1990). *Statistical Abstract of the United States,* Washington D.C., U.S. Government Printing Office.

Uzawa, Hirofumi (1961). "Neutral Inventions and the Stability of Growth Equilibrium", *Review of Economic Studies,* 28 (febrero), 117-124.

Uzawa, Hirofumi (1965). "Optimal Technical Change in an Aggregative Model of Economic Growth", *International Economic Review,* 6 (enero), 18-31.

Von Neumann, John (1937). "Über ein Ökonomisches Gleichungssystem und eine Verallgemeinerung des Brouwerschen", *Ergebnisse eines Mathematische Kolloquiums,* 8, traducido por Karl Menger como "A Model of General Equilibrium", Review of Economic Studies (1945), 13, 1-9.

Wright, Theodore P. (1936), "Factors Affecting the Cost of Airplanes", *Journal of the Aeronautical Sciences,* 3, 122-128.

Young, Alwyn (1991). "Learning by Doing and the Dynamic Effects of International Trade", *Quarterly Journal of Economics,* 106, 369-405.

Young, Alwyn (1994). "The Tyranny of Numbers: Confronting the Statistical Realities of the East Asian Growth Experience", mecanografiado, MIT (febrero).

ÍNDICE ANALÍTICO

Otros títulos

Curso de macroeconomía, 2ª ed.
Óscar Bajo y Mª Antònia Monés

El banco central: teoría y práctica
Alan S. Blinder

La globalización del capital
Barry Eichengreen

Desarrollo, geografía y teoría económica
Paul Krugman

La organización espontánea de la economía
Paul Krugman

Macroeconomía, 3ª ed.
N. Gregory Mankiw

Estadística aplicada básica
David S. Moore

Microeconomía intermedia, 4ª ed.
Hal R. Varian

Lecciones de microeconomía
Antonio Villar